LOBBY E INTERESSE PÚBLICO

a regulamentação da influência privada no ordenamento jurídico brasileiro

CONTRACORRENTE

Gustavo Martinelli

LOBBY E INTERESSE PÚBLICO

a regulamentação da influência privada no ordenamento jurídico brasileiro

SÃO PAULO
2023

CONTRACORRENTE

Alameda Itu, 852 | 1º andar |
CEP 01421 002
www.loja-editoracontracorrente.com.br
contato@editoracontracorrente.com.br

EDITORES
Camila Almeida Janela Valim
Gustavo Marinho de Carvalho
Rafael Valim
Walfrido Warde
Silvio Almeida

EQUIPE EDITORIAL
COORDENAÇÃO DE PROJETO: Juliana Daglio
REVISÃO: Carla Carreiro
PREPARAÇÃO DE TEXTO: Amanda Dorth
REVISÃO TÉCNICA: Ayla Cardoso e Douglas Magalhães
DIAGRAMAÇÃO: Pablo Madeira
CAPA: Maikon Nery

EQUIPE DE APOIO
Fabiana Celli
Carla Vasconcelos
Regina Gomes
Nathalia Oliveira

Dados Internacionais de Catalogação na Publicação (CIP)
(Câmara Brasileira do Livro, SP, Brasil)

Martinelli, Gustavo
Lobby e interesse público : a regulamentação da influência privada no ordenamento jurídico brasileiro / Gustavo Martinelli. -- 1. ed. -- São Paulo : Editora Contracorrente, 2023.

Bibliografia.
ISBN 978-65-5396-117-3

1. Interesse público - Brasil 2. Lobby - Brasil
3. Ordenamento jurídico 4. Pandemia - Aspectos sociais I. Título.

23-155522 CDD-659.2

Índices para catálogo sistemático:
1. Lobby e comunicação : Relações públicas : Comunicação empresarial : Empresas 659.2
Aline Graziele Benitez - Bibliotecária - CRB-1/3129

@editoracontracorrente
Editora Contracorrente
@ContraEditora

Tinha fortuna, grande fortuna,
se bem que duvidosa.[1]

1 TOLSTÓI, Liev. *O diabo e outras histórias*. 1ª ed. São Paulo: Cosac Naify, 2015, p. 81.

Para Milton e Andrea, sempre.

SUMÁRIO

PREFÁCIO

Os grupos de pressão são um elemento indispensável de um sistema democrático

"Quem conhece o Direito Constitucional clássico", escrevia Maurice Duverger,

> e ignora o papel dos partidos políticos, tem uma ideia errada dos regimes contemporâneos; quem conhece a forma dos partidos e ignora o Direito Constitucional clássico, tem uma ideia incompleta mas correta dos regimes políticos contemporâneos.[2]

Essa afirmação do cientista político francês, junto com o estabelecimento das democracias industriais e a evolução do papel do Estado na gestão econômica, poderia ser ampliada, adicionando a ela os grupos de pressão.

O desenvolvimento das democracias industriais na segunda metade do século XX fez emergir o fenômeno dos grupos de pressão ou grupos de pessoas que compartilham o mesmo interesse – que

2 DUVERGER, M. *Os partidos políticos*. São Paulo: Zahar, 1951.

pode não ser necessariamente econômico –[3] e que se organizam para influenciar o decisor público a fim de obter uma vantagem ou evitar uma desvantagem.

A transição do Estado Liberal para o Estado Social fez crescer as expectativas por uma cidadania mais ativa, levando muitos a se organizarem para poder influenciar o ato conclusivo do processo decisional público.

A partir dos anos 90 do século XX entrou em crise o papel do articulador entre a sociedade e as instituições tradicionalmente feito pelos partidos políticos. Consequentemente, a questão da representação de interesses tornou-se relevante para o jurista, como aquela da representação política.

O livro de Gustavo Martinelli parte dessa consideração: os grupos de pressão são, hoje, elementos indefectíveis de um sistema democrático. É impossível passar sem grupos de pressão em uma democracia. Portanto, é necessário introduzir regras para assegurar que todos os lobbies tenham igual acesso ao decisor público e que o processo de tomada de decisão seja transparente.

As democracias mais avançadas, como assinalei no livro *Teorie e tecniche del lobbying* (publicado pela editora italiana *Il Mulino* e agora traduzido para o português pela editora Contracorrente),[4] "responderam" à ação de influência dos grupos de pressão não proibindo ou limitando tal atividade, mas tornando-a transparente, transformando a dimensão espaço-temporal do processo de tomada de decisão a fim de incluir diretamente os lobbies.

---

3 Como enfatiza MURILLOS, C.G.P. "La politica del interés: el Lobby y el estudio de la influencia politica". *Revista Parlamentaria*, nº 1, 2005, p. 231.

4 PETRILLO, Pier Luigi. *Teorias e técnicas do lobbying*. 1ª ed. Trad. Antonio Araldo Ferraz Dal Pozzo e Augusto Neves Dal Pozzo. São Paulo: Contracorrente, 2022.

A "resposta" dos sistemas legais a esse fenômeno certamente não é uniforme: em alguns o acesso dos grupos de pressão em lugares de decisão é objeto de legislação específica, em que são estabelecidas as obrigações e direitos; em outros, contam muito os procedimentos habituais ou códigos de conduta e ética profissional; em outros ainda, não possuem qualquer legislação, como se a questão não existisse. A "resposta" muda dependendo dos aspectos que o Poder Legislativo prefere privilegiar: transparência, de um lado, e a participação, do outro.

A análise comparativa mostra como em sistemas nos quais o Parlamento é "forte" – no sentido de que ele desempenha um papel fundamental no processo político – há uma regulamentação da representação parlamentar dos lobbies; por outro lado, a um Parlamento fraco correspondem interesses obscuros.

A OCDE demonstrou que existe uma estreita correlação entre a regulamentação dos lobbies e o crescimento do produto interno bruto de um país: de acordo com a OCDE, os países nos quais os lobbies operam de acordo com leis específicas são mais competitivos, atraem mais investimentos e a riqueza da população aumenta. Esse fato econômico deveria justificar por si só a aprovação de uma lei sobre o assunto.

Há uma outra questão. Nos países onde o lobby não é regulamentado, a corrupção é muito alta. Como mostram estudos da *Transparency International* – uma organização não governamental que opera em todo o mundo –, todos os anos a taxa de corrupção dos tomadores de decisão públicos é alta em países onde o lobby não é regulamentado.

Lobbying é um direito constitucional, mas precisa de regras

Martinelli, na segunda parte do seu livro, tenta ilustrar as razões que deveriam levar o Brasil a adotar uma lei sobre lobby, perguntando-se: "a ausência de uma regulamentação do lobby é prejudicial para o interesse público?". O escritor responde positivamente a essa pergunta. A ausência de uma regulamentação sobre lobby mina profundamente o interesse público e a própria essência da democracia.

Em uma democracia, de fato, todos os direitos e liberdades fundamentais devem ser regulamentados para evitar que seu exercício prejudique o interesse público. Tomemos a liberdade de expressar o nosso pensamento: toda democracia é fundada nessa liberdade e não há democracia se essa liberdade não for reconhecida. Entretanto, essa liberdade não significa que eu possa dizer o que eu quiser e como eu quiser; eu não posso "explorar" tal liberdade para ofender, insultar ou odiar alguém. Há limites para o exercício dessa liberdade fundamental: os limites são estabelecidos por lei e pela jurisprudência.

O mesmo se aplica à atividade de lobby. Tentar convencer o decisor público, por meios lícitos, da bondade de seus interesses é um direito constitucional em todos os sistemas democráticos. Mas esse direito precisa de regras para evitar que seja usado da forma errada ou que seja usado apenas por uns em detrimento de outros. Como Martinelli escreve neste livro:

> no vácuo regulatório e às ocultas das instituições de controle, muitos grupos de interesses passaram a exercer influência hegemônica sobre os representantes do povo, desviando-os da realização do interesse público.

Por essas razões, Martinelli examina alguns modelos de regulamentação de lobby, desde os Estados Unidos da América até os casos do Chile e da Colômbia.

O contexto latino-americano é caracterizado pela recente transição constitucional que, para a maioria dos países da região, pode se dizer realizada.[5] Como tem sido observado, a presença de lobbies e seu reconhecimento legal em sistemas jurídicos da América Latina é um dos sintomas de uma transformação democrática dos países dessa região:

> la pluralidad política abrió las puertas um esta práctica. Cuando dominaba um partido (município), escena política y parlamentaria nacional, eran suficientes los concretizar en el más alto nivel sin tomar en cuenta la composição de los poderes (principalmente el Legislativo).[6]

Claramente a transição constitucional sofre muito com a precedente ordem política, tanto é que os verdadeiros poderes executivo, legislativo e judiciário continuam a ser limitados por uma combinação de "poderes residuais", prerrogativas "militares" e "regimes autoritários".[7]

A soma desses sistemas constitucionais é uma forma presidencial de governo completamente original, profundamente influenciada pelos Estados Unidos e caracterizada por uma concentração de poderes nas mãos do Presidente eleito diretamente pelo corpo eleitoral, que muitas vezes contrasta com um Parlamento que está desamarrado de quaisquer laços políticos com o Presidente. O arquétipo americano foi aplicado na realidade latino-americana de maneira tão deformada, tornando hipertrofiado os poderes do Presidente, que criou assim um produto *sui generis*, uma espécie de híbrido resultante de vários componentes.

---

5 MEZZETTI, L. "L'America Latina". *In*: CARROZZA, P.; DI GIOVINE, A.; FERRARI, G. F. (Coord.). *Diritto costituzionale comparato*. Bari: Laterza, 2009, pp. 467 e ss.

6 VALLE J. J. G. *El cabildeo de los grupos de presión*. Guadalajara: Instituto Electoral del Estado de Jalisco, 2006, p. 86.

7 LINZ, J.; STEPAN, A. "Towards Consolidated Democracies". *In*: DIAMOND, L. *et al.* (Coord.). *The Third Wave. Themes and Perspectives*. Baltimore: Johns Hopkins University Press, 1997, pp. 14/15.

Esse contexto, embora com diferentes tons e tendências, é caracterizado por três elementos: em primeiro lugar, a presença de partidos políticos divididos, fracos, mal institucionalizados ou dominados por líderes carismáticos ou estruturas políticas hegemônicas (pense nas eleições do México, de 1997); em segundo, a existência de uma relação entre o executivo e o legislativo definidas pela doutrina constitucional de "bloqueio mútuo", no sentido de que um poder bloqueia o outro; em terceiro, a coexistência de duas políticas (e dois níveis de normalização) às vezes opostas: aquela do Presidente que detém poderes especiais ou faz uso extensivo de seu poder para decretações; aquela do Parlamento "funcional para a realização das metas eleitorais dos parlamentares".[8] O princípio da separação de poderes que não opera, portanto, como um critério absoluto, mas relativo, adaptável às condições histórico-econômicas do subcontinente, em relação às circunstâncias.

Portanto, parece claro que, em tais regimes políticos, a ação de grupos de pressão encontra solo fértil, muitas vezes apenas para mediar entre as posições do Presidente e do Congresso. Tais atividades acontecem principalmente em modo obscuro e as regras que foram introduzidas não parecem adequadas para assegurar a transparência. Como resultado, na América Latina, o *lobbying* "tende a ser interpretado, tanto em termos práticos como abstratos, como uma atividade prejudicial para um sistema democrático" enquanto "a opinião pública conecta este tipo de tarefas a obscuros interesses que operam por trás de autoridades públicas a fim de condicioná-los".[9]

Para combater essa visão negativa e tentar tornar cognoscíveis as ações desses organismos intermédios, no Chile, Colômbia, Peru, México, Costa Rica e Argentina foram introduzidas regras

8 MEZZETTI, L. "L'America Latina". *In*: CARROZZA, P.; DI GIOVINE, A.; FERRARI, G. F. (Coord.). *Diritto costituzionale comparato*. Bari: Laterza, 2009, p. 474.

9 PIZZOLO, C. "Il lobbismo in America Latina, un lungo cammino da percorrere". *Percorsi costituzionali*, vol. 4, 2012, pp. 165 e ss., espec. p. 169.

específicas. Essas tentativas de regulamentação falharam, no entanto, com a única exceção, talvez, do caso chileno – como assinala Martinelli neste livro.

O caso brasileiro

Em um contexto tão definido, o caso do Brasil surge como um exemplo negativo. No Brasil, como Martinelli aponta muito claramente em seu livro, a fraca capacidade dos partidos políticos tradicionais de filtrar os interesses da sociedade, o alto índice de corrupção política, a ausência de obrigações efetivas de transparência por parte do decisor público, permitem a ação de numerosos grupos de pressão. A falta de regulamentação do lobby permitiu que os lobbies mais fortes economicamente determinassem decisões públicas a seu favor, "capturando" o regulador e impedindo que ele cuidasse do interesse público. Isso teve um impacto negativo na proteção e na eficácia dos direitos e liberdades fundamentais dos cidadãos, associações e até mesmo empresas que não são representadas por esses lobbies.

Os lobbies, portanto, representam hoje um problema para a democracia no Brasil. A culpa, no entanto, não é dos grupos de pressão, mas da classe política que ainda não adotou uma regulamentação sobre lobby. Como assinala Martinelli na segunda parte do livro, é emblemático que até o momento apenas cinco projetos de lei para regular o lobby foram apresentados no Congresso Nacional. Isso prova a falta de interesse político em regular esse fenômeno, provavelmente porque é conveniente que os políticos não intervenham.

O livro de Martinelli explica bem o quanto o fracasso em regular o lobby está custando à sociedade brasileira e à democracia. É um livro estimulante ao pensamento, que deve ser lido com muito cuidado por qualquer pessoa que se preocupe com o futuro do Brasil e de sua grande democracia.

PIER LUIGI PETRILLO

Doutor em Direito Comparado pela Universidade de Siena e Mestre em História Constitucional Europeia pela Universidade Sapienza de Roma. Professor de Direito Público Comparado na Universitá degli Studi di Roma (Unitelma Sapienza). Consultor da OCDE em *lobbying*, é atualmente Vice-Presidente do órgão de peritos mundiais da UNESCO.

APRESENTAÇÃO

"O lobby da morte cruzou a Praça dos Três Poderes".[10] Assim começa o artigo de opinião do jornalista Rolf Kuntz, publicado n'*O Estado de São Paulo*, para designar a empreitada de representantes da indústria na reabertura da economia, após a restrição de atividades econômicas não essenciais, durante o estado de calamidade pública decorrente da pandemia da Covid-19. Apesar do tom sensacionalista, a notícia retrata os elementos de fundo que construíram esta obra.

De um lado, o enigma sofisticado e sórdido que ronda a temática do lobby, ainda retratado como algo imoral ou cruel no imaginário popular brasileiro. Apesar de impactante, a ideia de "lobby da morte" poderia ter sido utilizada em inúmeras outras situações, sem causar estranhamento. Os comensais da morte poderiam ser engravatados da indústria farmacêutica, importadores de armas e munições ou concessionários de presídios que buscassem algum benefício governamental. Chamamos essas figuras de lobistas: agentes imorais que se valem da máquina pública para elevar seus ganhos privados, custe o que custar. Do outro lado,

10 KUNTZ, Rolf. "O lobby da morte na incursão ao Supremo". *O Estado de São Paulo*, São Paulo, 10 mai. 2020. Disponível em: https://opiniao.estadao.com.br/noticias/espaco-aberto,o-lobby-da-morte-na-incursao-ao-supremo,70003298027. Acessado em: 15.05.2023.

a pandemia da Covid-19, parte integrante do meu processo de pesquisa, reflexão e escrita.

Mas o lobby não surgiu com a pandemia da Covid-19. Ao revés, nas democracias modernas, o povo é livre para se associar e defender pautas específicas, inclusive perante o governo, requerendo a satisfação de determinado interesse privado.

Cientes da disparidade de força político-econômica existente entre os grupos de pressão, e receosos da captura das instituições políticas por interesses privados, muitos países ocidentais buscaram regular as atividades de lobby. No Brasil, contudo, a regulamentação dos grupos de pressão com vistas a influenciar a tomada de decisões políticas jamais se concretizou. Isso não significa desinteresse pela temática.

Desde 1989, foram apresentados ao menos cinco projetos de lei e emenda constitucional no Congresso Nacional, com intenção de reconhecer e regular a atividade de lobby, além de propostas de alteração do regimento de cada uma das Casas Legislativas. Ainda que nenhum projeto tenha prosperado, os lobistas – ou profissionais de relações governamentais, como preferem ser chamados – seguem operando nos gabinetes de todas as esferas federativas, nos Três Poderes.

Tendo isso em consideração, meu processo de pesquisa enfrentou os seguintes questionamentos: (i) como o lobby se opera na prática? (ii) a prática de lobby está conforme o ordenamento jurídico brasileiro? (iii) o lobby é positivo para a democracia? (iv) é necessário regular a prática? (v) o lobby configura conduta criminosa? (vi) como outros países enfrentaram a questão? (vii) as iniciativas de regulamentação nacional são suficientes? Por fim, o problema que guiou toda a pesquisa científica: a ausência de uma regulamentação do lobby é prejudicial para o interesse público?

Procurei responder a cada um desses questionamentos de maneira lógica, dividindo-os conforme os capítulos desta obra.

Assim, após breve introdução no assunto, dedico a primeira parte do livro para situar o leitor no universo dos grupos de pressão e da influência privada sobre a política. Incialmente, apresento a evolução dos referenciais teóricos que, na Ciência Política, contribuíram com o desenvolvimento da chamada teoria de grupos. Na sequência, o capítulo II discorre sobre o conceito e a materialidade do lobby, investiga como lobistas operam em cada um dos poderes e detalha as principais ferramentas de persuasão. Para encerrar esse capítulo, destaco a influência privada na política como sendo conforme ao ordenamento jurídico brasileiro, na medida em que integra o conteúdo do direito fundamental à participação popular.

Na segunda parte, analiso os aspectos positivos que o lobby, em igualdade de condições, pode trazer para a eficiência administrativa. Por outro lado, quando ausentes predicados de transparência e regulação, a influência privada pode contribuir com a captura das políticas públicas, fenômeno investigado no capítulo V. Após entender o que é e quais são os efeitos do lobby, cuido de distingui-lo dos crimes de corrupção ativa, tráfico de influência, exploração de prestígio e advocacia administrativa.

Ulteriormente, a parte III lança olhares sobre dois regramentos paradigmáticos no cenário global: o *Lobbying Disclosure Act*, dos Estados Unidos, e a *Ley de Lobby* (*Ley* n. 20.730/2014) do Chile. Na sequência, utilizo a metodologia desenvolvida pelo *Center for Public Integrity* (CPI), a fim de comparar os projetos de lei apresentados no Congresso Nacional desde 1989 e concluir se seriam razoavelmente eficazes para barrar desvios do interesse público. Por fim, o último tópico desta obra possui objetivo propositivo: apresento sugestões legislativas para a regulamentação do lobby no Brasil.

Nesse processo, utilizei duas abordagens metodológicas: o método dedutivo, com revisão de literatura interdisciplinar, foi aplicado a fim de responder os problemas postos nos capítulos de I a VIII. Com efeito, a literatura especializada na temática de lobby – ainda que escassa – encontra-se dispersa no campo das ciências jurídicas, econômicas e políticas.

Posteriormente, para elaboração das sugestões de regulamentação, empreguei metodologia hipotético-dedutiva, ou seja, a recomendação legislativa formulada teve de ser testada em face do estudo pretérito e dos referenciais apresentados, em especial o índice do CPI.

Além das razões de cunho eminentemente pessoal, expostas no início, a justificativa para realização desta obra pode ser lida sob as lentes da relevância social e a relevância científica.

Quanto à importância social, entendo que o fenômeno do lobby segue desconhecido na realidade brasileira e, bem por isso, marcado por uma compreensão negativa. Em que pese este estudo reconhecer o lobby como forma de ação política importante em todas as sociedades democráticas, a compreensão popular não é sem razão. Com efeito, no vácuo regulatório e às ocultas das instituições de controle, muitos grupos de interesses passaram a exercer influência hegemônica sobre os representantes do povo, desviando-os da realização do interesse público.

Em vista disso, proponho um marco normativo que potencialize os canais de comunicação entre sociedade civil e Estado, mas que siga preocupado em nivelar a participação entre grupos e garantir transparência em todo o processo de influência. Pensar uma regulamentação nesse sentido é dar condições para uma profusão de interesses contrastantes, os quais podem auxiliar na tomada de decisão mais eficiente e conhecedora das vantagens e prejuízos decorrentes da escolha política.

No que se refere à contribuição para as ciências jurídicas, fato é que as pesquisas dedicadas a analisar o lobby são escassas no Brasil. Quando existem, os estudos são encontrados com mais facilidade nas ciências políticas e econômicas, as quais já tomam os grupos de interesses como um dado do sistema político. Na seara jurídica, os raros textos tratam o assunto apenas para apresentar as vicissitudes do lobby, indicando as ocorrências de assimetria e hegemonia de influência por determinados segmentos político-econômicos. Em outras palavras, as investigações se pautam em uma visão exclusivamente negativa e restritiva das entidades civis atuantes no governo.

Evidentemente, a ausência de estudos jurídicos sobre a atuação, o monitoramento e a regulação de lobistas no cenário brasileiro permitiu consequências prejudiciais ao interesse público. A atual inércia legislativa para disciplinar a atividade facilita a captura dos interesses privados sobre as decisões públicas, a partir de um cenário fundado (i) na inexistência de transparência no processo de tomada de decisão; (ii) na exigência de habilidades e expertise própria para exercício da comunicação; bem como (iii) na exclusão e no desequilíbrio entre as partes interessadas.

Ocorre que os efeitos da captura das escolhas administrativas estão espraiados na sociedade brasileira de maneira interdisciplinar, conjugando aspectos econômicos, sociais e jurídicos. Quando as políticas públicas passam a corresponder a interesses estreitos e não ao bem comum, os resultados previstos são (i) a ineficiência produtiva e alocativa dos recursos públicos, os quais passam a ser destinados para geração de renda de grupos de elite, não para o desenvolvimento nacional; (ii) a exacerbação das desigualdades econômicas e sociais, em um círculo vicioso, uma vez que os benefícios obtidos pela captura habilitam o grupo contemplado a investir novamente na caça de influência e na expansão de riqueza; o (iii) o bloqueio de reformas ou a execução indevida de políticas públicas para proteger interesses escusos.

Com abordagem científica e propositiva, espero contribuir para a edificação de um cenário jurídico que enfrente a influência privada no espaço público e, sem caminhos fáceis, possa reduzir a desigualdade política no Brasil.

INTRODUÇÃO

Jeffrey Brown e Jiekun Huang investigaram o que faz com que grandes executivos passem a conversar com os poderes públicos. Segundo os autores, quando os agentes econômicos passam a se comunicar com o governo, o resultado é invariavelmente um acréscimo de lucratividade. Nos dois meses imediatamente após encontros de lobby, a valorização acionária de todas as empresas que investiram no governo foi de pelo menos 0,9%. Considerando que as organizações estadunidenses que decidem atuar nos poderes públicos totalizam 40% do capital disponível na Dow Jones, o que pode parecer um tímido crescimento representa milhões de dólares em dividendos. Não sem razão, tendo em vista que as companhias com acesso direto ao governo são na mesma medida favorecidas com descontos regulatórios e influenciam a tomada de decisão política.[11]

Na realidade, a dinâmica é tão vantajosa que causa espanto não haver ainda mais esforços empresariais para capturar a decisão pública. Para Luigi Zingales, isso se deve ao fato de que os agentes econômicos ainda estão aprendendo os conceitos básicos

---

11 BROWN, Jeffrey R.; HUANG, Jiekun. "All the president's friends: Political access and firm value". *Journal of Financial Economics*, vol. 138, nº 02, 2020, p. 416.

das relações governamentais. Ainda assim, as despesas totais com lobby, nos Estados Unidos, subiram de U$ 200 milhões, em 1972, para U$ 5 bilhões, em 2008.[12]

Apesar de os estudos sobre as relações entre o domínio público e privado se desenrolarem sobretudo nos Estados Unidos, o raciocínio permanece válido para o Brasil. Ao analisar a pressão desenvolvida pela Confederação Nacional das Indústrias, entre 1996 e 2003, Wagner Pralon Mancuso computou que ao menos dois terços das decisões se deram em favor da indústria.[13]

No histórico brasileiro, os chamados campeões nacionais – empresas brasileiras de grande destaque internacional – devem muito de suas conquistas aos laços semeados e cultivados com o Poder Público. A título de exemplo, entre 2007 e 2010, o frigorífico JBS-Friboi recebeu o incentivo de R$ 4,8 bilhões do BNDES, na aquisição de ações primárias e debêntures. Não há indícios de corrupção neste caso. Ao revés, os gestores do banco estatal internalizaram a tese de que a formação de grandes empresas com relevância setorial seriam fundamentais para manter a competitividade da indústria nacional no mercado global, contribuindo para o desenvolvimento. Contudo, a partir de 2017, constatou-se o íntimo relacionamento entre os sócios da JBS e os tomadores de decisão.[14] Em outras palavras, a proximidade dos atores privados com o grupo político em exercício seria curial para a distribuição de benefícios públicos.[15]

---

12 ZINGALES, Luigi. *Capitalismo para o povo*: reencontrando a chave para a prosperidade americana. São Paulo: BEI Comunicação, 2015, p. 67.

13 MANCUSO, Wagner Pralon. "O lobby da indústria no Congresso Nacional: empresariado e política no Brasil contemporâneo". *Dados – Revista de Ciências Sociais*, Rio de Janeiro, vol. 47, nº 3, 2004, pp. 515-518.

14 LAZZARINI, Sérgio G.; MUSACCHIO, Aldo. "O Leviatã nos negócios no Brasil". *In*: SELIGMAN, Milton; MELLO, Fernando. *Lobby desvendado*: Democracia, políticas públicas e corrupção no Brasil contemporâneo. Rio de Janeiro: Record, 2018, p. 74.

15 LAZZARINI, Sérgio G. *Capitalismo de laços*: os donos do Brasil e suas conexões. Rio de Janeiro: Elsevier, 2011, p. 42.

Bruno Carazza defende que esse passou a ser o comportamento de muitas empresas após o julgamento da ADI n. 4.650/2015, que restringiu a doação de pessoas jurídicas para campanhas eleitorais. Como os grupos de pressão não mais poderiam se aproximar do governo através do patrocínio da coalização vencedora, a interlocução com o Congresso Nacional passou a ocorrer de modo mais técnico e incisivo, a fim de chamar atenção para questões que fogem da agenda decisória do momento.[16]

Para atingir os objetivos de persuasão, é comum que lobistas se valham de diferentes técnicas e ferramentas. Em geral, o planejamento de relações governamentais envolve o levantamento e a produção de informações, a identificação dos atores alinhados com objetivos, o estudo dos riscos e ativos decorrentes da operação, bem como o engajamento da sociedade civil. Realizadas essas etapas, somente então os representantes dos grupos de interesses passam a se encontrar diretamente com os agentes públicos.[17]

Porém, não apenas os agentes privados saem beneficiários dessa relação. A ponte comunicativa instaurada pela atividade de lobby dá voz para a sociedade civil, mas também produz vantagens para os agentes do Poder Público. De um lado, o lobista oferta informações qualificadas ao gestor público; de outro, colhe dados do governo para transmitir na via inversa, de modo a instruir também a sociedade com as tendências políticas.[18] De fato, uma

---

16 CARAZZA, Bruno. *Dinheiro, eleições e poder*: as engrenagens do sistema político brasileiro. São Paulo: Companhia das Letras, 2018, p. 137.

17 RAMOS, Liza Valença. "Advocacy". *In*: MARINS, James; ANASTACIO, Mari Regina; CRUZ FILHO, Paulo R. A. (Coord.). *Empreendedorismo social e inovação social no contexto brasileiro*. Curitiba: PUCPRESS, 2018, p. 249. No mesmo sentido: ALEMANNO, Alberto. *Lobbying for change*: find your voice to create a better society. Londres: Icon Books Ltd., 2017, pp. 135-140; FARHAT, Said. *Lobby, o que é, como se faz*: ética e transparência na representação junto a governos. São Paulo: Aberje, 2007, p. 77.

18 GONTIJO, Conrado Almeida Corrêa. *Lobby*: estudo de Direito Comparado e necessidade de regulamentação do instituto no ordenamento jurídico

das exterioridades positivas do lobby é a dispersão de informações governamentais para o mercado, tal como jornalistas e analistas políticos costumam fornecer.[19]

Diante desse intercâmbio entre setores, Pieter Bouwen cunhou a expressão *exchange relation*. Para o autor, seria um erro imaginar o lobby como atividade unidirecional de interesses privados contra uma instituição. Ao contrário, o que se observa é uma troca de recursos entre entes interdependentes. Os agentes públicos negociam "acesso" aos espaços decisórios e, em contrapartida, recebem conhecimento técnico e legitimidade democrática, elementos essenciais para funcionamento das instituições. Informações confiáveis e estudos sérios são indispensáveis nos momentos de desenvolvimento inicial das políticas públicas, quando não pressupostos para a elaboração legislativa. Igualmente, a legitimidade conferida pelo contato entre representantes e representados age como apoio para as etapas finais das propostas política.[20]

Sob essa ótica, talvez o conceito de mutualismo seja o que melhor defina a dinâmica das relações governamentais, considerando que ambas as partes possuem interesses convergentes – e, não, conflitantes, como seria de se esperar no raciocínio segundo a primeira lei do mercado. A partir daí, é possível afirmar que o lobby eleva naturalmente a eficiência administrativa, por prover o *policy maker* com uma gama de informações potencialmente desconhecidas, devidamente tratadas, de modo não oneroso.[21]

---

brasileiro. São Paulo: Marcial Pons, 2020, p. 51.

19 SANSON, Alexandre. *Dos grupos de pressão na democracia representativa*: os limites jurídicos. Programa de Pós-graduação em Direito. São Paulo: Faculdade de Direito da Universidade de São Paulo, 2013, p. 197. (Tese de Doutorado).

20 BOUWEN, Pieter. "The European Commission". *In*: COEN, David; RICHARDSON, Jeremy (Coord.). *Lobbying in the European Union*. Nova York: Oxford University Press, 2009, pp. 22/23.

21 AUSTEN-SMITH, David; WRIGHT, John R. "Competitive lobbying for a legislator's vote". *Social Choice Welfare*, vol. 9, nº 3, jul. 1992, p. 233.

Resumidamente, a prática de lobby eleva a lucratividade das empresas, possibilita subsídios regulatórios relevantes, repassa ao mercado tendências e estratégias governamentais, auxilia o desenvolvimento de políticas públicas com conhecimento adequado e reforça a legitimidade democrática ao estreitar o vínculo entre cidadãos e os tomadores de decisões políticas. Diante de tantos benefícios sociais, surpreende que muitas democracias ocidentais tenham se preocupado em regular a atividade e aplicar sanções graves para o caso de desvios. O que estaria por trás desse comportamento institucional?

Em janeiro de 2006, Jack Abramoff foi condenado a seis anos de prisão por fraude nos serviços públicos e conspiração contra a Administração Pública. Também conhecido por "*Casino Jack*", Abramoff foi o maior lobista em Washington D.C., responsável por representar comunidades indígenas e seus interesses em jogos de azar nos Estados Unidos. Para obter o apoio de mais de 100 membros do Congresso Estadunidense, sugeria aos parlamentares uma vaga de emprego futuro em seu escritório de relações governamentais, tão logo o agente público deixasse o cargo – prática conhecida como porta giratória, ou *revolving door.*[22]

O escândalo de Jack Abramoff revelou como grupos com poder econômico podem facilmente capturar as instituições. Em resposta, o governo dos Estados Unidos aprovou o *Honest Leadership and Open Government Act*, endurecendo o quadro regulatório do lobby a fim de proteger o espírito republicano. Compreendendo esse risco, muitos países optaram por fazer o mesmo, reconhecendo o direito democrático de participação nas decisões políticas, mas com limitações e vedações a abusos.[23] O Brasil, por outro lado,

---

22 Vide: ABRAMOFF, Jack. *Capitol punishment*: the hard truth about Washington corruption from America's most notorious lobbyist. Washington: WND Books, 2011.

23 HOLMAN, Craig. "The tension between lobbying and campaign finance laws: rolling back gains made under the Honest Leadership and Open

preferiu seguir de olhos fechados, ignorando – ou protegendo – o controle de grupos hegemônicos na política.

Compreendendo-se que já não é possível seguir nessa inércia de vazio regulatório, os próximos capítulos fornecerão argumentos político-jurídicos para disciplinar a influência privada nas decisões políticas. Após adequada apresentação teórica, propõe-se ao debate acadêmico um anteprojeto de lei para regulamentação do lobby no Brasil. Ao conjugar a narrativa descritiva e dedutiva com a proposição final, espera-se colaborar para aproximar a agenda legislativa federal com a temática.

Government Act of 2007". *Election Law Journal*, vol. 13, nº 1, 2014, p. 49.

PARTE I

A PARTIPAÇÃO DA SOCIEDADE CIVIL NAS ESCOLHAS PÚBLICAS

A temática do lobby segue um mistério no Brasil. Mesmo a escassa literatura especializada ainda não conseguiu estabelecer acordos semânticos mínimos sobre o conceito de lobby ou a origem da atividade. Tendo isso em vista, este primeiro capítulo apresenta os fundamentos do pensamento científico que identificou o conflito de grupos de interesses na sociedade, bem como introduz o léxico da influência privada no domínio jurídico.

Ainda, discorre sobre as principais ferramentas e estratégias utilizadas por lobistas quando do contato com agentes públicos dos Três Poderes. Ao final, investiga o alicerce constitucional sobre o qual emerge o direito fundamental à participação popular, pressuposto jurídico para regulamentação do lobby no território nacional.

CAPÍTULO I

GENEALOGIA DA ABORDAGEM DE GRUPOS E DO PLURALISMO NA DEMOCRACIA MODERNA

1.1 As facções de James Madison

A preocupação com o desvirtuamento do interesse público pelas mãos de poucos agentes privados não é recente. Já em 1788, no célebre O *Federalista* nº 10, James Madison se debruçou sobre as inconveniências e os perigos das denominadas facções políticas,[24]

[24] O conceito de facção (*faction*) adotado por Madison no século XVIII não pode ser traduzido para o mundo contemporâneo sem anotação. Em verdade, trata-se de recurso amplo para designar todo agrupamento de pessoas reunidas por interesses comuns, sem guardar a conotação negativa atribuída ao termo "facção" atual. Ao longo de seu O *Federalista* nº 10, Madison utiliza facção indistintamente como sinônimo de associação privada, grupo de interesse ou partido, razão pela qual se fará o mesmo, em fidelidade ao estilo do autor. Vide: YOHO, James. "Madison on the beneficial effects of interest groups: what was left unsaid in 'Federalist' 10?" *Polity*, vol. 27, nº 4, 1995, pp. 589-591.

ou seja, das agremiações que se unem por uma paixão ou interesse comuns, opostos aos direitos dos demais cidadãos e ao bem comum.[25]

Segundo o *founding father* da Constituição dos Estados Unidos, haveria duas maneiras de curar a nocividade de uma facção: ou (i) se removem suas causas, ou (ii) se controlam seus efeitos. Por sua vez, existiriam duas medidas possíveis para interromper os (i) motivos originários: ou (i.i) se cerceia a liberdade política que possibilita sua existência, ou (i.ii) se impõe a todos os cidadãos as mesmas ideias, as mesmas paixões e os mesmos interesses.[26] Na primeira hipótese, o remédio é mais amargo que a doença. Na alegoria de Madison, tal como o ar é pressuposto para a existência do fogo, do mesmo modo, a liberdade que alimenta as agremiações é essencial para a vida política de tal maneira que a abolição desse direito seria o mesmo que renunciar à experiência pública. Ninguém pensaria em acabar com o ar apenas para evitar os perigos da chama.[27]

Por outro lado, a segunda opção (uniformizar os cidadãos) seria inócua. Enquanto o ser humano fosse detentor da razão livre, diferentes opiniões seriam formadas. Ademais, a diversidade existente entre cada indivíduo não remontaria apenas à natureza humana, mas igualmente à função dos agentes na sociedade, decorrente da desigual distribuição de riqueza.[28]

---

25 COSTA, Pietro. *Poucos, muitos, todos*: lições de história da democracia. Curitiba: Editora UFPR, 2012, p. 259.

26 MADISON, James. "Federalist nº 10". *In*: HAMILTON, Alexander; MADISON, James; JAY, John. *The Federalist Papers*. Nova York: Oxford University Press, 2008, pp. 48/49.

27 ASHIN, Mark. "The Argument of Madison's 'Federalist' nº 10". *College English*, vol. 15, nº 1, out. 1953, p. 40. Disponível em: http://www.jstor.org/stable/371602. Acessado em: 14.05.2023.

28 ACHEN, Cristopher H.; BARTELS, Larry M. *Democracy for realists*: why elections do not produce responsive government. Princeton: Princeton University Press, 2016, p. 214.

Interesses imobiliários, industriais, comerciais, financeiros, bem como daqueles que nada possuem, floresceram diante das necessidades da civilização e se dividiram em segmentos distintos, os quais atuam conforme seus pontos de vista.[29]

Isso ocorreria de tal forma, sustenta James Madison, que a regulação dos interesses colidentes constituiria a principal tarefa do Poder Legislativo moderno, envolvendo o espírito das facções na operação mais ordinária do governo. Seja por força da natureza humana, seja em razão do desenho social, a diversidade seria um obstáculo insuperável para a uniformidade de interesses políticos.[30]

Dessa forma, não sendo possível remover as origens dos grupos de interesses, a preocupação acerca das facções deveria ser direcionada ao (ii) controle de seus efeitos. James Madison conclui que apenas o princípio republicano, através da delegação do governo a representantes eleitos plurais, poderia evitar a formação da oligocracia (*cabals of the few*).[31]

Interessante notar que o caminho trilhado pelos estadunidenses foi algo radicalmente distinto do que se passava, no mesmo período, na Europa continental. Para os revolucionários franceses, o legislador seria o verdadeiro receptáculo da vontade geral, externalizada mediante o ato de legiferar. Na emanação

---

29 MADISON, James. "Federalist nº 10". *In*: HAMILTON, Alexander; MADISON, James; JAY, John. *The Federalist Papers*. Nova York: Oxford University Press, 2008, p. 50.

30 MADISON, James. "Federalist nº 10". *In*: HAMILTON, Alexander; MADISON, James; JAY, John. *The Federalist Papers*. Nova York: Oxford University Press, 2008, p. 50.

31 MADISON, James. "Federalist nº 10". *In*: HAMILTON, Alexander; MADISON, James; JAY, John. *The Federalist Papers*. Nova York: Oxford University Press, 2008, p. 51.

da fonte legislativa, não haveria espaço para as peculiaridades do representante do povo, do contrário não seria lei.[32]

Para Pier Luigi Petrillo, se o Parlamento Francês representa toda a sociedade em abstrato, não poderia haver intermediários entre a vontade do cidadão e a decisão pública. A ideia rousseauniana de *volonté générale* e da unidade do corpo social foi o que motivou a inclusão do artigo 6º da Declaração dos Direitos do Homem e do Cidadão, em 1789,[33] e, em 1791, a edição da lei de Le Chapelier, que vedava aos cidadãos se reunirem para a defesa de seus interesses comuns.[34]

No Novo Mundo, contudo, o axioma da vontade geral foi substituído pela multiplicidade social e pelo dissenso político. A nação seria, antes, uma confederação de territórios independentes, cada qual com orientações e expectativas distintas acerca do todo. Com efeito, a preocupação dos *founding fathers* em face da sociedade heterogênea e voltada à busca constante do interesse próprio inspirou uma nova tendência teórica nas ciências políticas: o pluralismo.[35]

---

32 GABARDO, Emerson. *Interesse público e subsidiariedade*: o Estado e a sociedade civil para além do bem e do mal. Belo Horizonte: Fórum, 2009, p. 82.

33 Declaração dos Direitos do Homem e do Cidadão. Art. 6º: "A lei é a expressão da vontade geral. Todos os cidadãos têm o direito de concorrer, pessoalmente ou através de mandatários, para a sua formação. Ela deve ser a mesma para todos, seja para proteger, seja para punir. Todos os cidadãos são iguais a seus olhos e igualmente admissíveis a todas as dignidades, lugares e empregos públicos, segundo a sua capacidade e sem outra distinção que não seja a das suas virtudes e dos seus talentos".

34 PETRILLO, Pier Luigi. *Teorie e tecniche del lobbying*: regole, casi, procedure. Bolonha: Il Mulino, 2019, p. 21.

35 COSTA, Pietro. *Poucos, muitos, todos*: lições de história da democracia. Curitiba: Editora UFPR, 2012, p. 263.

1.2 A abordagem de grupos de Arthur Bentley

Já no início do século XX, um grupo de pesquisadores estadunidenses[36] passou a investigar as manifestações não monistas das grandes nações ocidentais, reunidos pelo elogio comum dedicado às associações privadas. Para eles, tanto o Estado quanto as instituições políticas formais seriam produto das diversas corporações sociais, não meras abstrações.[37] Nesse sentido, a própria noção de democracia corresponderia ao sistema através do qual cada grupo de interesse teria condições de se manifestar e buscar representação política em uma disputa justa e equilibrada.[38]

Nessa primeira fase do que viria a ser reconhecida como a abordagem de grupos (*group approach*), o trabalho seminal de Arthur Bentley, *The Process of Government: a study of social pressures*, escrito em 1908, reformulou o estudo da ciência política. Insatisfeito com a corrente formalista dominante, Bentley defendia que uma análise meramente constitucional e descritiva do funcionamento do governo explicaria muito pouco sobre as dinâmicas do Capitólio. Por outro lado, associações comerciais, corporações, sindicatos e outros grupos fora da estrutura governamental, mas que ocupavam funções de relevo, permaneciam ausentes nas descrições teóricas do século XIX. Longe de ignorar a importância das instituições formais,

---

36 Aqui se reúnem ao menos Arthur Bentley, William James, Harold Laski e Mary Follett. Com exceção de Arthur Bentley, o pensamento vanguardista dos autores não será objeto de aprofundamento. Para imersão nas demais literaturas, vide WENMAN, Mark. "William E. Connolly: resuming the pluralist tradition in American Political Science". *Political Theory*, vol. 43, nº 1, 2015, pp. 54-79.

37 Vide BENTLEY, Arthur F. *The process of government*: a study of social pressures. Chicago: University of Chicago Press, 1908; bem como LASKI, Harold. *The foundations of sovereignty*. New Heaven: Yale University Press, 1921.

38 GUNNELL, John G. "The genealogy of American pluralism: from Madison to behavioralism". *International Political Science Review*, vol. 17, nº 3, 1996, p. 258.

a abordagem de grupos considerou tanto os atores governamentais quanto não governamentais no processo político.[39]

Encarando a ciência política como um estudo empírico – limitado a observar, analisar e descrever – Bentley entende que os grupos ocupariam um papel central na vida político-econômica de uma nação, constituindo a unidade primária de investigação na ciência política.[40]

Nesse espaço, todo interesse encontraria um grupo em que pudesse florescer e se manifestar; ao mesmo tempo em que os indivíduos seriam atraídos entre si com base nos interesses compartilhados. Como o interesse seria o verdadeiro fio condutor das dinâmicas sociais, Bentley foi categórico ao dizer que não haveria grupo sem seu interesse correspondente.[41]

Em face disso, o autor argumenta que os grupos estariam em um estado de atividade constante: colidindo, cooperando ou disputando entre si. Segundo essa tese, haveria um processo contínuo de ajuste e equilíbrio no qual grupos mais fortes dominariam, substituiriam ou destruiriam os grupos mais fracos.[42] Esse modelo seria logicamente necessário, na medida em que um grupo seria definido em oposição aos demais, detentores de interesses conflitantes. Ao estabelecer o grupo de interesse em razão do conflito com outro, Bentley conclui que o resultado dessas pressões seria o único elemento determinante

---

39 BAUMGARTNER, Frank R.; LEECH, Beth L. *Basic interests*: the importance of groups in politics and in political science. Princeton: Princeton University Press, 1998, pp. 46-48.

40 LAVAQUE-MANTY, Mika. "Bentley, Truman, and the study of groups". *Annual review of political science*, vol. 9, 2006, p. 1.

41 BAUMGARTNER, Frank R.; LEECH, Beth L. *Basic interests*: the importance of groups in politics and in political science. Princeton: Princeton University Press, 1998, pp. 46-48.

42 JORDAN, Grant. "The process of government and the governmental process". *Political Studies*, vol. 48, 2000, pp. 791/792.

na política de governo. Em outras palavras, toda decisão governamental seria efeito da pressão exercida por grupos.[43]

Duas categorias na teoria bentleiana merecem atenção: *interesse* e *grupo*. Ao longo de sua obra, ambos os conceitos são despidos do uso coloquial e tratados como figuras pertencentes a uma linguagem técnica. *Grupo*, em sentido político, seria a parcela social destacada do todo coletivo por meio da oposição com as demais. Ao analisar um todo (uma nação, por exemplo), seria possível perceber uma série de identidades, ou interesses, contrastantes entre si. Aí estariam os grupos. Por sua vez, ao tratar a ideia de *interesse* no contexto da ciência política, Bentley se opõe ao sentido de vontade psicológica do indivíduo para situá-la como incondicionalmente ligada ao fenômeno social. Assim, se o espaço político é sempre o espaço das massas, não é possível que o interesse se manifeste de outra forma senão em grupos.[44]

Em uma primeira leitura, os conceitos podem parecer tautológicos, na medida em que a compreensão de grupo depende da noção de interesse, e vice-versa. Na verdade, trata-se de um recurso linguístico utilizado por Bentley para tornar ambas as categorias codeterminantes e indissociáveis: "não há grupo sem seu interesse (...) a questão de se o interesse é responsável pela existência do grupo, ou se o grupo é responsável pela existência do interesse vai além do espectro científico".[45]

Não por menos, em esforço interpretativo acerca da obra *The Process of Government*, Dean Mathiowetz sintetizou interesse como a *atividade* de oposição e contestação realizada por

---

43 OLSON, Mancur. *The logic of collective action*: public goods and the theory of groups. Cambridge: Harvard Economic Studies, 2003, p. 120.

44 MATHIOWETZ, Dean. "'Interest' is a verb: Arthur Bentley and the language of interest". *Political Research Quarterly*, vol. 61, nº 4, dez. 2008, p. 625.

45 BENTLEY, Arthur F. *The process of government*: a study of social pressures. Chicago: University of Chicago Press, 1908, p. 211.

grupos; e *grupos* como a massa humana cuja atividade se oponha à atividade dos demais integrantes da sociedade.[46]

Na tentativa de criar o conceito básico daquilo que seria a nova ciência política, Bentley foi categórico ao afirmar que a noção de "grupos de pressão" (*pressure groups*) não é adequada para representar a dinâmica política, uma vez que o elemento atrativo dos sujeitos não seria a pressão exercida, mas, sim, o interesse em se opor aos demais.[47]

É preciso levar em consideração, contudo, que a abordagem de grupos sempre sofreu de uma certa imprecisão relativa à classificação e definição de sua unidade básica de análise.[48] De fato, com o amadurecimento do estudo, os grupos de interesse se desdobraram em uma miríade de dimensões.

Andrea Cristina Oliveira Gozetto, por exemplo, divide as organizações para influência política entre (i) grupos de interesse, (ii) grupos de pressão, e (iii) lobby, classificados a partir da sofisticação dos seus elementos organizacionais para a atividade política. Em primeiro lugar, um grupo de interesse poderia ser identificado pela associação de indivíduos com base em um ou mais interesses ou preocupações compartilhados e direcionados para influenciar políticas públicas a seu favor, ou apresentar resistências e reivindicações contra grupos opositores. Em que pese seja uma definição bastante ampla, isso não significa que todo grupo social será de interesse, na medida que organizações sociais podem ter como

---

46 MATHIOWETZ, Dean. "'Interest' is a verb: Arthur Bentley and the language of interest". *Political Research Quarterly*, vol. 61, nº 4, dez. 2008, p. 626.

47 OLSON, Mancur. *The logic of collective action*: public goods and the theory of groups. Cambridge: Harvard Economic Studies, 2003, p. 118.

48 BARONI, Laura *et al.* "Defining and classifying interest groups". *Interest groups & Advocacy*, vol. 3, nº 2, 2014, p. 142.

vínculo características pessoais, mas não interesses específicos com base na oposição dos demais.[49]

Um grupo de interesse poderia rapidamente se transformar em um grupo de pressão quando passasse a adotar estratégias mais incisivas de influência social, investindo e instrumentalizando recursos de poder para determinada pretensão. Diferem-se dos grupos de interesse, portanto, pelo exercício de uma pressão instrumentalizada para alterar políticas públicas, inclusive a partir do financiamento desse interesse perante organismos públicos. Grupos de pressão contribuiriam para um sistema político arejado e aberto, visto que muitos atores passam a interagir entre si – por oposição ou convergência – instigando a variância e inconstância do poder no jogo político.[50]

Finalmente, o que diferenciaria o lobby das demais formas de organização seria a atividade de conectar diretamente os interesses privados com os *policy makers*. Ainda que os grupos de pressão invistam recursos para alterar as políticas públicas, não estariam, de fato, dentro do poder – e, usualmente, clamariam apenas por apoio da sociedade civil. O lobby, por sua vez, emergiria a partir do momento em que a prática coletiva passasse a imprimir influência institucional, diretamente na tomada de decisões políticas.[51]

Em que pese a parcimônia da divisão tripartite adotada por Andréa Cristina Oliveira Gozetto, a opção por classificar organizações privadas a partir de suas características empíricas carece de critérios que limitem a ampliação da tipologia. Conforme variam

---

49 GOZETTO, Andréa Cristina Oliveira. "Movimentos sociais e grupos de pressão: duas formas de ação coletiva". *Cenários da Comunicação*, São Paulo, vol. 7, nº 1, 2008, p. 61.

50 BERRY, Jeffrey M. *The interest group society*. Boston: Scott Foresman, 1989, p. 17.

51 BLANCHET, Luiz Alberto; SANTANO, Ana Claudia; MIRANDA NETTO, Fernando Gama de. "O tabu da relação do lobby e políticas públicas no Brasil". *Revista de Direito Econômico e Socioambiental*, vol. 7, 2016, p. 53.

os autores, novos elementos são considerados importantes, resultando em um acréscimo de espécie na lista.

Isso chegou a tal ponto que Frank Baumgartner pôde separar os agrupamentos políticos em 13 tipos únicos: (i) associações empresariais; (ii) associações comerciais; (iii) sindicatos de trabalhadores; (iv) cooperativas rurais; (v) associações profissionais; (vi) grupos de filiação voluntária; (vii) organizações de direitos civis e sociais; (viii) lobby intergovernamental; (ix) coalizões políticas; (x) grupos religiosos; (xi) grupos de hobbies; (xii) *think tanks* e (xiii) associações governamentais.[52] O rol poderia sofrer ainda mais adições, sobretudo após o advento das redes sociais e o fenômeno de grupos orgânicos e de lideranças difusas.[53]

Em contrapartida, uma segunda corrente doutrinária estaria preocupada tão somente em diferenciar os grupos de interesse das demais mobilizações esporádicas, efêmeras ou desorganizadas. Qualificada como comportamental (*behavioral*), tal interpretação dicotômica toma em consideração um conceito amplo de grupos de interesse, englobando toda organização civil que esteja agindo ativamente para influenciar a distribuição de bens políticos. Denominações como grupos de pressão, lobby ou quaisquer outras seriam indiferentes: ou há grupo de interesse, ou não há. Nesse caso, porém, a dificuldade estaria em identificar quanta atividade política seria exigida de uma organização para que ela se tornasse um grupo de interesses.[54]

---

52 BAUMGARTNER, Frank R. *Lobbying and policy change*: who wins, who loses, and why. Chicago: The University of Chicago Press, 2009, p. 9.

53 Para examinar como as redes sociais afetam os agrupamentos humanos e os fenômenos políticos decorrentes da alteração na comunicação, vide PERUZZO, Cicilia M. Krohling. "Movimentos sociais, redes virtuais e mídia alternativa no junho em que 'o gigante acordou'". *Revista Matrizes*, ano 7, nº 2, jul./dez. 2013, pp. 73-93.

54 BARONI, Laura *et al.* "Defining and classifying interest groups". *Interest groups & Advocacy*, vol. 3, nº 2, 2014, p. 145.

Graham Wilson sustenta que, na teoria comportamental, é preciso que haja, simultaneamente, (i) existência institucional, (ii) vontade deliberada de influenciar decisões políticas, e (iii) autonomia diante do governo e dos partidos políticos. Uma reunião de pessoas que simplesmente compartilhem as mesmas características relevantes – gênero ou raça – não seria suficiente para configurar um grupo de interesse. Por outro lado, uma associação de mulheres que, por iniciativa própria, forme uma estrutura organizada para pleitear mais oportunidades no mercado de trabalho merece ser reconhecida como uma unidade política. Não haveria classificação intermediária ou gradiente.[55]

Concordo com essa segunda corrente (comportamental), apenas distinguindo grupos de interesse das mobilizações desorganizadas. Taxonomias baseadas na abordagem empírica certamente possuem relevância para estudos etnográficos, mas carecem de uma justificativa teórica robusta para inclusão/exclusão de tipos específicos de grupos, além de não darem conta da fluidez com que novas agremiações se encontram na ágora pública. Assim, considerando que o presente objeto de estudo se restringe a investigar o aspecto objetivo (a atividade) das formações políticas privadas – e não seu aspecto subjetivo (estrutura, formação e composição) – tratarei as noções de grupo de interesse, grupo de pressão e lobby indistintamente,[56] como sinônimos para associações privadas que buscam impactar na tomada de decisão governamental em benefício exclusivo.

---

55 WILSON, Graham K. *Interest Groups*. Cambridge: Basil Blackwell, 1990, pp. 8/9.

56 Trata-se de lobby em sentido subjetivo. Ainda que o conceito de lobby seja detalhado no próximo capítulo, cumpre esclarecer brevemente que há uma separação entre lobby em sentido subjetivo, enquanto grupo de interesse (e.g. o lobby da indústria farmacêutica) e lobby em sentido objetivo (ou *lobbying*), correspondente à atividade de influência para defesa de interesses privados perante o Poder Público (e.g. o Sindicato dos Professores fez lobby por melhores condições salariais).

1.3 David Truman e a evolução da abordagem de grupos

Dando continuidade à recém-inaugurada teoria dos grupos de interesse, David Truman, discípulo de Arthur Bentley, procurou desenvolver uma variante acerca da teoria sociológica do associativismo voluntário. Na obra *The Governmental Process* (clara resposta ao *The Process of Government*, de seu precursor), o autor defende que a formação de agremiações não seria um fenômeno natural, fruto do ser humano como animal político, mas, sim, resposta às alterações socioeconômicas. Com o avanço da especialização e da complexidade sociais, mais associações seriam necessárias para atender às demandas do povo, florescendo em paralelo às suas necessidades.[57]

O que reúne Bentley e Truman sob a mesma teoria de grupos é, de um lado, a compreensão de que a análise puramente constitucional das estruturas institucionais não traduz com completude o processo governamental; de outro, o reconhecimento partilhado de que grupos, e não indivíduos, são a força motriz da sociedade. Para ambos os autores, o pluralismo social é benéfico – e não potencialmente prejudicial, como alegava Madison – à democracia representativa.[58]

Porém, enquanto o esforço de Bentley foi verdadeiramente epistemológico, a fim de trazer novos conceitos, medidas e valores para as ciências políticas, Truman fez questão de aplicá-los. Na introdução da segunda edição de *The Governmental Process*, sintetiza sua obra como uma análise da "emergência dos grupos de interesses, sua organização e politização, bem como seus esforços

---

57 OLSON, Mancur. *The logic of collective action*: public goods and the theory of groups. Cambridge: Harvard Economic Studies, 2003, p. 125.

58 LAVAQUE-MANTY, Mika. "Bentley, Truman, and the study of groups". *Annual review of political science*, vol. 9, 2006, p. 6.

para atingir e manter o acesso ao poder político, a fim de influenciar a direção e o conteúdo da ação governamental".[59]

Sempre com um forte pragmatismo, Truman argumenta que o governo político seria nada mais que um arranjo de diferentes interesses, em variadas intensidades, todos em um estado de competição relativamente equilibrado entre si. As demais instituições, por sua vez, teriam o papel de meras garantidoras da homeostase do conflito, servindo como mediadoras de novas disputas sempre que as mudanças socioeconômicas mobilizassem novos grupos.[60]

A ideia de engajamento perante ameaças trouxe para a Ciência Política um novo objeto de estudo: o equilíbrio das forças políticas. À medida em que as demandas sociais provocassem o surgimento dos grupos de interesse, aqueles atualmente detentores do poder político tenderiam a se mobilizar para manutenção ou aprimoramento de sua condição, sob risco de serem depostos. Assim, segundo Truman, toda nova formação de poder seria acompanhada de uma contrarreação por aqueles com interesses opostos.[61]

O exemplo dos processos disruptivos ajuda na compreensão. Quando uma nova tecnologia é inserida na cadeia produtiva, geralmente, surge uma primeira onda de ativismo protagonizada por aqueles negativamente impactados – seja pela redução de postos de trabalho, seja pela baixa do preço de um *commodity*. Na sequência, porém, vem a segunda onda, coordenada pelos novos entrantes no

---

59 Tradução livre de "emergence of interest groups, their organization and politicization, and their efforts to achieve and retain access to governmental power in order to influence the direction and content of governmental action". (TRUMAN, David Bicknell. *The Governmental Process*: Political interests and public opinion. Nova York: Alfred A. Knopf, 1971, p. XL).

60 LAVAQUE-MANTY, Mika. "Bentley, Truman, and the study of groups". *Annual review of political science*, vol. 9, 2006, p. 13.

61 BAUMGARTNER, Frank R.; LEECH, Beth L. *Basic interests*: the importance of groups in politics and in political science. Princeton: Princeton University Press, 1998, p. 77.

mercado, em defesa da dita tecnologia. Isso faz parte do jogo de poder, desde que a oposição não seja tão predatória que coloque em risco a estabilidade republicana.

Nessa dinâmica, dois elementos seriam centrais para garantir a higidez da democracia representativa. Por um lado, haveria uma (i) participação sobreposta (*overlapping membership*) entre os membros de diferentes grupos.[62] Isto é, como os interesses dos indivíduos são variados, seria razoável que eles se enquadrassem em mais de uma agremiação não conflituosa ao mesmo tempo. Por outro, considerando a contingência socioeconômica, haveria uma infinidade de (ii) *grupos potenciais*, ou seja, grupos virtuais,[63] que apenas viriam à tona em determinados eventos históricos.[64]

---

62 Truman identifica o vínculo entre o indivíduo com o grupo não em termos formais de inscrição ou pagamentos de anuidade associativa, mas através de atitudes comuns ou mesmo apenas uma ampla simpatia pela postura assumida por outros. Por isso, optou-se por traduzir *membership* por "participação", e não "filiação" (GRANT, Wyn. *David B. Truman, the governmental process*: political interests and public opinion. Oxford: Oxford University Press, 2018, p. 5).

63 Adota-se o conceito de virtual trabalhado por Pierre Lévy, para quem virtual é tudo aquilo que está em potência, em latência. O virtual, nesse sentido, não se opõe ao real, mas sim ao atual. (LÉVY, Pierre. *O que é o virtual?* Trad. Paulo Neves. São Paulo: Editora 34, 2014, p. 16).

64 Aqui está uma diferença central entre Bentley e Truman. Enquanto o primeiro considera o interesse como sendo uma *atividade* de oposição e contestação coletiva a determinados conglomerados humanos, o segundo atrai a dimensão subjetiva e individual dos membros que compõem o grupo. Para Truman, o interesse corresponde ao desejo e à vontade que motiva os indivíduos a interagir entre si. A percepção do voluntarismo individual de Truman faz com que seja possível a existência de grupos em potencial, ou seja, agremiações que ainda não foram mobilizados politicamente (seja pela inércia social ou pelos altos custos envolvidos), mas que podem ser constituídos a partir de uma ameaça futura. A interação motivada entre indivíduos – e não a oposição coletiva – é o que qualifica a potencialidade do grupo de interesse (MATHIOWETZ, Dean. "'Interest' is a verb: Arthur Bentley and the language of interest". *Political Research Quarterly*, vol. 61, nº 4, dez. 2008, p. 627).

Dessa forma, a múltipla participação de sujeitos em diversos grupos, somada à imprevisibilidade social futura, faria com que nenhuma das partes na relação de conflito tivesse em mente a extinção da outra. Explico melhor. Na lógica da (i) participação sobreposta, seria possível que indivíduos situados em posições opostas se encontrassem posteriormente como aliados, conforme os interesses pontuais variassem.

Isso seria verificável, por exemplo, ao se comparar a formação de quatro grupos de interesses: em um primeiro cenário, há uma oposição entre liberais clássicos e sociais-democratas quanto ao papel econômico do Estado; em um segundo cenário, há uma oposição entre conservadores e progressistas quanto aos direitos sexuais e reprodutivos. Ao se esmiuçar a composição de cada uma das agremiações, seria plausível que alguns sujeitos se encontrassem ora em objeção, ora em convergência.

Percebe-se, portanto, que a participação sobreposta levaria os grupos a considerar visões opostas e a tomar opiniões divergentes com tolerância, de modo a possibilitar um acordo político (*political settlement*) equilibrado.[65]

Nada obstante isso, o conceito de (ii) grupos de interesses potenciais seria ainda mais determinante para garantia da estabilidade democrática em um regime pluralista. Para Truman,

> qualquer objetivo recíproco, qualquer atitude compartilhada, é um grupo em potencial. Uma perturbação nas relações e expectativas já estabelecidas na sociedade pode produzir novos padrões de comportamentos direcionados a restringir ou eliminar essa perturbação.[66]

---

65 GRANT, Wyn. *David B. Truman, the governmental process*: political interests and public opinion. Oxford: Oxford University Press, 2018, p. 5.

66 Tradução livre de: "Any mutual interest, any shared attitude, is a potential group. A disturbance in established relationships and expectations anywhere

Sucede que é impossível ter certeza sobre o momento de formação de um grupo de interesse. Esses interesses podem permanecer desorganizados por muito tempo, simplesmente porque não são a preocupação central dos indivíduos que o compõem, ou porque os ataques de opositores não foram insistentes o bastante. Até a quebra da inércia social, haveria um grupo em estado de latência. Contudo, a mera possibilidade de mobilização em face de uma ameaça inesperada seria suficiente, na visão do autor, para constranger os grupos dominantes a considerar as minorias desorganizadas.[67]

1.4 Crítica à abordagem de grupos

A chamada abordagem de grupos da Ciência Política, representada por Arthur Bentley e David Truman foi duramente criticada, a partir da década de 1960, pelo economista Mancur Olson. Precursor da escola da *rational choice*, Olson se recusava a acreditar na espontaneidade ou na naturalidade dos grupos de interesses. Diferentemente do que sugeriam as teorias descritas acima, o autor defende que, ao tomar em conta o comportamento econômico dos membros dos grupos latentes, caso esses estivessem verdadeiramente interessados em seu bem-estar pessoal, eles *não* iriam se organizar voluntariamente.[68]

Em *The logic of collective action: public goods and the theory of groups*, Olson procurou demonstrar como os ganhos pessoais

---

in the society may produce new patterns of interaction aimed at restricting or eliminating the disturbance" (TRUMAN, David Bicknell. *The Governmental Process*: political interests and public opinion. Nova York: Alfred A. Knopf, 1960, p. 511).

67 TRUMAN, David Bicknell. *The Governmental Process*: Political interests and public opinion. Nova York: Alfred A. Knopf, 1971, p. 486.

68 BAUMGARTNER, Frank R.; LEECH, Beth L. *Basic interests*: the importance of groups in politics and in political science. Princeton: Princeton University Press, 1998, p. 67.

obtidos com a organização social seriam inversamente proporcionais ao seu crescimento. Ou seja, quanto mais populosas são as associações,[69] maiores os custos e menores os benefícios individuais.

Assim, de um lado, grupos com menos participantes tendem a ser mais eficientes e durar por mais tempo. Isso ocorre porque o indivíduo conseguiria perceber quão essencial é sua presença para o atingimento da necessidade coletiva. Nos casos de interesses específicos, o dispêndio individual é recompensado, pois o objetivo final significaria um grande avanço também para o próprio indivíduo. Em situações como essa, não é incomum que os participantes estejam dispostos a colaborar integralmente com a persecução do objetivo, arcando sozinhos com todos os custos da operação.[70]

Diferente é o que se passa nos grandes grupos (ou mesmo nos grupos potenciais), nos quais o impacto do indivíduo seria pouco notado, tanto no que diz respeito à sua ação quanto à sua omissão. Segundo a lógica de Olson, nesse cenário, o indivíduo tenderia a reconhecer a sua própria ação como mínima ou insignificante, pois os objetivos coletivos seriam alcançados apesar de sua presença no grupo. Com poucos incentivos para permanecer com o vínculo ativo, o agente preferiria investir em outras atividades que gastar recursos desnecessários no espaço comum.[71]

---

69 Trata-se de associação em sentido lato, não apenas a associação em sentido jurídico, que designada a pessoa jurídica sem fins econômicos. Olson trata indistintamente os conceitos de grupo de interesses, grupos de pressão ou associações, uma vez que sua teoria seria aplicada a todas as agremiações humanas (OLSON, Mancur. *The logic of collective action*: public goods and the theory of groups. Cambridge: Harvard Economic Studies, 2003).

70 MELO, Juliana Gonçalves. "Regulação do lobby no Brasil: Reflexões a partir da Teoria dos Grupos de Mancur Olson e da Teoria Processual Administrativa da Regulação". *Revista de Direito Setorial e Regulatório*, Brasília, vol. 6, nº 1, mai. 2020, p. 167.

71 OLSON, Mancur. *The logic of collective action*: public goods and the theory of groups. Cambridge: Harvard Economic Studies, 2003, pp. 46/47.

Haveria três fatores que impediriam grandes grupos de promover seus próprios interesses. Primeiro: quanto maior o grupo, menor seria a fração do benefício percebido para cada membro. Segundo: quanto menor for o ganho decorrente da participação ativa, menor seria a probabilidade de o indivíduo agir de modo orientado ao grupo para beneficiar igualmente os demais. Por fim, quanto maior a organização, maiores seriam seus custos de estruturação e manutenção, o que demandaria um esforço constante para a filiação de novos membros, sob pena de extinção.[72]

Como economista, Olson não se vale apenas do princípio da racionalidade econômica[73] para justificar o comportamento dos agentes, mas também empresta o modelo de organização do mercado para explicar sua teoria. Ao elaborar uma taxonomia dos grupos, o autor se vale da analogia do mercado em concorrência. Grupos menores (denominados grupos privilegiados e grupos intermediários) seriam comparados a uma situação de monopólio, na qual os participantes são individualmente recompensados para além dos custos envolvidos. A diferença entre eles é que, nos grupos privilegiados, os ganhos seriam tão extravagantes que justificariam a assunção de custos solitária e integralmente por um dos agentes.[74]

---

72 OLSON, Mancur. *The logic of collective action*: public goods and the theory of groups. Cambridge: Harvard Economic Studies, 2003, p. 48.

73 O princípio da racionalidade econômica será verticalizado na segunda parte deste livro. Porém, desde logo esclareço que se trata de um axioma da ciência econômica clássica, que considera o indivíduo como um agente capaz de tomar escolhas que sempre maximizassem seu ganho. Segundo essa ideia, o homem econômico optaria mais a menos e escolheria sempre a mais elevada taxa de retorno com o mínimo custo unitário. É também chamado de racionalidade substantiva (vide THALER, Richard H.; SUSTEIN, Cass R. *Nudge*: o empurrão para a escolha certa – aprimore suas decisões sobre saúde, riqueza e felicidade. Trad. Marcello Lino. Rio de Janeiro: Elsevier, 2009, p. 8).

74 WEIMANN, Joachim *et al.* "Public good provision by large groups: the logic of collective action revisited". *European Economic Review*, vol. 118, 2019, p. 361.

Por sua vez, os grupos grandes ou potenciais se aproximariam de um contexto comparável à concorrência atomista, uma vez que a omissão de um único indivíduo não geraria consequências sensíveis aos demais, considerando a quantidade de membros envolvidos. A contribuição do indivíduo no grupo latente é imperceptível, de modo que tanto ele quanto os demais sequer reagem diante de condutas isoladamente tomadas.[75]

Para garantir sua eficiência e longevidade, grandes grupos teriam de usar mecanismos coercitivos de participação, ou apresentar incentivos exclusivos para os participantes do grupo, distribuídos na proporção de atuação de cada membro. Um exemplo disso seria o Estado-nação, talvez o maior agrupamento da modernidade. Apesar de possuir uma série de razões funcionais e ideológicas para manter o cidadão associado, nem por isso poderia sobreviver sem a tributação compulsória, dependendo exclusivamente de receitas voluntárias, pois os próprios cidadãos seriam incapazes de vislumbrar o pagamento de impostos e contribuições como diretamente vantajosos para si.[76]

Quando nenhum desses recursos – benefícios exclusivos ou coerção – é utilizado, o único resultado possível seria a desmobilização. É o que ocorre com segmentos amplos da sociedade, desorganizados por natureza. Olson ilustra essa tendência com o caso dos consumidores genericamente considerados, que não conseguem fazem lobby para preços mais competitivos, bem como os contribuintes em geral, que não se organizam para promover uma

75 OLSON, Mancur. *The logic of collective action*: public goods and the theory of groups. Cambridge: Harvard Economic Studies, 2003, p. 50.

76 DE BRUYCKER, Iskander; BERKHOUT, Joost; HANEGRAAFF, Marcel. "The paradox of collective action: Linking interest aggregation and interest articulation in EU legislative lobbying". *Governance*, vol. 32, nº 2, 2019, p. 299.

tributação efetivamente redistributiva de renda e que desonere a massa de pagadores.[77]

A lógica da ação coletiva apenas não seria aplicável em grupos com objetivos não econômicos. A ressalva é feita em face de grupos com interesses políticos, religiosos e filantrópicos, os quais fugiriam da aplicação da racionalidade maximizadora. Nessas hipóteses, o motivo para integrar o grupo não se daria tanto a partir de um cálculo custo-benefício, mas levaria em consideração um conjunto de crenças e de formas de satisfação pessoal que fogem ao padrão individualista. As relações entre os propósitos e os interesses do indivíduo e da organização podem ser tão variadas que Olson preferiu por afastá-las da análise.[78]

1.5 O pluralismo de Robert Dahl

Após o duro golpe da teoria olsoniana, a importância dos grupos para a teoria da democracia seria retomada por Robert Dahl e sua escola pluralista. Tomando em consideração as críticas da *rational choice*, Dahl compreende que a formação de grupos de interesses não seria um evento natural ou espontâneo nas sociedades políticas, mas algo verdadeiramente desejável a todos eles. Haveria, portanto, uma separação entre a dimensão ideal ou normativa da democracia, vinculada a seu dever ser; e uma dimensão real ou descritiva, referente à análise do ser social concreto. A primeira serviria como horizonte para a segunda.[79]

Nesse sentido, para avaliar os níveis de democratização política e quanto cada sociedade se aproxima do espectro ideal,

---

77 OLSON, Mancur. *The logic of collective action*: public goods and the theory of groups. Cambridge: Harvard Economic Studies, 2003, pp. 165/166.

78 OLSON, Mancur. *The logic of collective action*: public goods and the theory of groups. Cambridge: Harvard Economic Studies, 2003, p. 160.

79 HOLLANDA, Cristina Buarque de. *Teoria das elites*. Rio de Janeiro: Zahar, 2011, pp. 32/33.

Dahl estabeleceu dois eixos fixos: (i) a competição pública, ou contestação política; e (ii) o acesso ao voto e aos cargos de poder, ou direito de participação. No cúmulo combinado desses dois eixos, estaria a denominada *poliarquia*, expressão de nível ótimo nas democracias concretas; ao passo em que a completa negação desses elementos constitui uma *hegemonia fechada*.[80]

Nos tipos ideais intermediários – quando apenas um dos valores é realizado, e o outro totalmente suprimido – haveria uma deformação no arranjo institucional, com a constituição de ao menos dois regimes indesejáveis:

> as *oligarquias competitivas*, no caso de pleno desenvolvimento da competição pública e supressão do princípio inclusivo; e as *hegemonias inclusivas*, na hipótese avessa, de plena participação política e obstáculo à competição pública.[81]

Dessa forma, embora todos os regimes políticos possam encontrar um eventual equilíbrio entre os grupos que os constituem, isso não permite concluir que tal equilíbrio seja justo. Diferentemente do que sustentava Truman, a respeito da natural homeostase do sistema republicano, para Dahl, a estabilidade política poderia traduzir uma super-representação de grupos privilegiados e a sub/não representação de minorias.[82]

Portanto, ambas as dimensões são essenciais para a democracia e, quando convergentes, produzem um movimento político virtuoso com vantagens reais aos indivíduos. O resultado seria um

---

80 DAHL, Robert A. *Poliarquia*: participação e oposição. São Paulo: Editora da Universidade de São Paulo, 2005, p. 29.

81 HOLLANDA, Cristina Buarque de. *Teoria das elites*. Rio de Janeiro: Zahar, 2011, p. 33 (grifo no original).

82 BAUMGARTNER, Frank R.; LEECH, Beth L. *Basic interests*: the importance of groups in politics and in political science. Princeton: Princeton University Press, 1998, p. 55.

ambiente plural, com renovação de lideranças políticas, incremento da politização do eleitorado, bem como uma maior representatividade dos governantes às preferências dos cidadãos e à garantia das liberdades políticas. Conforme se aproximam da poliarquia, os sistemas de governo tendem a limitar o autoritarismo e rejeitar o uso injustificado da força: quanto mais próximos do horizonte ideal, mais distantes do terror despótico.[83]

Isso se deve à definição de democracia adotada por Dahl. Para ele, um sistema democrático é aquele que tenha como característica ser quase inteiramente (ou inteiramente, para a poliarquia) responsivo aos cidadãos. Nesse caso, todos os participantes da comunidade política deveriam ter oportunidades plenas de formular suas preferências, expressá-las aos demais membros, além de serem efetivamente levados em consideração na ação governamental.[84]

Para Dahl, o desenvolvimento de determinadas instituições marcaria a inclinação de hegemonias em direção à poliarquia, com o acréscimo de grupos cujas visões devem ser tomadas em consideração na escolha política.[85] A democratização, assim, seria um processo ascendente de expansão dos direitos de participação e contestação política, de tal modo que a tomada de decisão considerasse a alternativa preferida pela maior parte dos cidadãos.[86]

---

83 PEREIRA, Antonio Kevan Brandão. *Teoria democrática contemporânea*: o conceito de poliarquia na obra de Robert Dahl. Curso de Pós-Graduação em Sociologia. Fortaleza: Universidade Federal do Ceará, 2013, p. 22. (Dissertação de Mestrado).

84 DAHL, Robert A. *Poliarquia*: participação e oposição. São Paulo: Editora da Universidade de São Paulo, 2005, p. 26.

85 ABU-EL-HAJ, Jawdat. "Robert Dahl e o dilema da igualdade na democracia moderna". *Análise social*, vol. 43, nº 1, 2008, p. 170.

86 ACHEN, Cristopher H.; BARTELS, Larry M. *Democracy for realists*: why elections do not produce responsive government. Princeton: Princeton University Press, 2016, p. 22.

Tendo em vista que o conflito seria marca natural desse estado de democracia otimizada, um dos fatores habilitadores da poliarquia seria o conjunto de custos de tolerância e supressão dos opositores. Na medida em que os custos de supressão de um competidor fossem suficientemente altos, melhor seria para o governo tolerar a oposição em vez de arcar com o desgaste da eliminação. Por sua vez, o respeito a visões dissonantes potencializaria a abertura para um regime competitivo, enfraquecendo as forças hegemônicas (custos de tolerância). Em outras palavras, por mais que a tolerância à oposição implique um desgaste no comando político, a eliminação dos grupos antagonistas traria um custo ainda maior para a legitimidade do governo. Numa poliarquia, ambos os custos se compensariam.[87]

Assim, conclui o professor de New Haven que "as condições que proporcionam um alto grau de segurança mútua para o governo e as oposições tenderiam a gerar e preservar oportunidades mais amplas para as oposições contestarem a conduta do governo".[88]

O fato de, em regimes poliárquicos, haver mais tolerância perante a oposição já ilustra por que razão Dahl se posiciona como um pluralista. Com efeito, a poliarquia não é um fim em si mesmo, mas um sistema de garantia de direitos fundamentais. O acréscimo nos custos de supressão de opositores, por exemplo, possibilitaria o exercício da liberdade de manifestação sem temor de represálias governamentais, o acesso à informação independente, o voto secreto e periódico em disputas eleitorais competitivas, bem como o direito à liberdade de associação e de formação de organizações.[89]

---

87 GIBSON, James L. "The Political Consequences of Intolerance: Cultural Conformity and Political Freedom". *The American Political Science Review*, vol. 86, nº 2, 1992, p. 83.

88 DAHL, Robert A. *Poliarquia*: participação e oposição. São Paulo: Editora da Universidade de São Paulo, 2005, p. 37.

89 HOLLANDA, Cristina Buarque de. *Teoria das elites*. Rio de Janeiro: Zahar, 2011, pp. 33-35.

Por seu turno, a ampla participação política provocaria uma alternância na composição de cargos públicos, com mais representatividade de minorias. Isso teria ocorrido ao longo de todo o século XX, conforme o sufrágio se estendeu a diferentes camadas sociais, até atingir a universalidade em inúmeras democracias. “Na medida em que novos grupos obtêm o sufrágio, candidatos com características sociais mais próximas às camadas recém-incorporadas ganham uma fatia maior dos cargos eletivos”.[90] Como resultado, demandas vinculadas a diferentes estratos sociais passariam a se incorporar à agenda política e ganhar prioridade no endereçamento das políticas públicas, concluiria Robert Dahl.[91]

Ademais, a poliarquia teria vocação para ampliar sistemas de governo inclusivos, com mais apoio de grupos da sociedade civil. Quanto maiores as oportunidades de se expressar e se organizar civilmente, maior seria a variedade de interesses passíveis de representação. Um regime poliárquico abarcaria um número e uma variedade de preferências representadas na atividade política

90 DAHL, Robert A. *Poliarquia*: participação e oposição. São Paulo: Editora da Universidade de São Paulo, 2005, p. 42.

91 Décadas após a publicação de *Polyarchy: participation and opposition*, Renato Perissinotto e Luiz Domingos Costa resolveram investigar empiricamente a minoria dirigente no Parará. O resultado foi pouco promissor, se comparadas às promessas da poliarquia. De 41 parlamentares entrevistados, que ocuparam a 13ª e 14ª legislatura na Assembleia Legislativa do Paraná (ALEP), 97,76% são homens, havendo apenas uma mulher; no quesito raça, 87,8% dos legisladores são brancos, 4,9% são pardos, 4,9% são amarelos, 2,4% não souberam responder e 0,0% se considera negro; quanto à religião, 80,5% são católicos romanos, 12,2% são evangélicos e 2,4% não possui religião. No Paraná, a elite masculina, branca e católica insere uma crítica à previsão sufragista de Dahl que não poderia passar despercebida. Para aprofundamento nos dados de políticos paranaenses, vide PERISSINOTTO, Renato; COSTA, Luiz Domingos. “O perfil dos parlamentares paranaenses: gênero, religião e classe (1995-2002)”. *In*: PERISSINOTTO, Renato; CODATO, Adriano; FUKS, Mario; BRAGA, Sérgio (Coord.). *Quem governa*: um estudo das elites políticas do Paraná. Curitiba, Editora UFPR, 2007.

maiores que um regime misto, o qual, por sua vez, incorporaria mais interesses que uma hegemonia.

O olhar panorâmico pela genealogia da teoria de grupos possibilita compreender a mudança valorativa e deontológica sobre do governo plural. N'O *Federalista* nº 10, publicado em 1787, James Madison demonstrou forte inquietação sobre os perigos das ditas *facções*.[92] Por sua vez, na virada para o século XX, Arthur Bentley inaugurou a escola pluralista, alçando os grupos de interesse à condição de objeto primevo da Ciência Política. Sem lhes imprimir a pecha de desvio moral do republicanismo, Bentley neutralizou os grupos como um dado natural das sociedades modernas: "todo o fenômeno governamental é um fenômeno de grupos se pressionando e se formando a partir de outros grupos".[93] Na sequência, o discípulo David Truman continuou a abordagem de grupos, porém, para refutar a naturalidade das agremiações e acrescentar um novo objeto ao estudo, qual seja, o equilíbrio das forças políticas. Segundo Truman, a mobilização social existiria sempre em estado latente, até que mudanças no cenário político provocassem uma real organização de grupos. Diferentemente de Madison, os estudos pluralistas concluiriam que o conflito de grupos tenderia a um eventual equilíbrio, e não à ruína da república.[94]

A lógica ação coletiva foi reconfigurada após a crítica de Mancur Olson. Para o autor da *rational choice*, apenas pequenas aglomerações poderiam ser verdadeiramente eficientes, bastando

---

92 MADISON, James. "Federalist nº 10". *In*: HAMILTON, Alexander; MADISON, James; JAY, John. *The Federalist Papers*. Nova York: Oxford University Press, 2008, pp. 48/49.

93 Tradução livre de: "All phenomena of government are phenomena of groups pressing one another, forming one another, and pushing out new groups" (BENTLEY, Arthur F. *The process of government*: a study of social pressures. Chicago: University of Chicago Press, 1908, p. 269).

94 GUNNELL, John G. "The genealogy of American pluralism: from Madison to behavioralism". *International Political Science Review*, vol. 17, nº 3, 1996, p. 260.

o interesse dos membros para funcionarem com espontaneidade. Por outro lado, grandes grupos precisariam aplicar instrumentos coercitivos, ou benesses exclusivas, para que houvesse, de fato, engajamento de todos, sem estímulo a *free-riders*.[95]

Por fim, Robert Dahl se apresentou com um defensor dos regimes pluralistas, expressos em seu tipo ideal de democracia, denominado poliarquia. Já em um vértice diametralmente oposto ao pensamento de James Madison, para o professor de New Haven, os grupos ocupariam função fundamental de freios e contrapesos *(checks and balances)* sociais perante as autoridades. Em um regime pluralista, o poder central estaria mitigado pela variedade de preferências políticas e pela ação de inúmeros grupos de interesse, sem que fosse possível identificar um único corpo governante. Nessa compreensão, o triunfo da democracia estaria, justamente, na maior participação política.[96]

---

95 *Free-rider* designa o agente econômico que aproveita a ação e os custos realizados pelos demais para atingir seus próprios interesses (DE BRUYCKER, Iskander; BERKHOUT, Joost; HANEGRAAFF, Marcel. "The paradox of collective action: Linking interest aggregation and interest articulation in EU legislative lobbying". *Governance*, vol. 32, nº 2, 2019, p. 295).

96 DAHL, Robert. A. *A preface to democratic theory*. Chicago: University of Chicago Press, 2006, p. 22.

CAPÍTULO II

O LOBBY COMO ELE É: CONCEITOS E PRÁTICAS DAS RELAÇÕES GOVERNAMENTAIS

2.1 O conceito de lobby

Para atingir seus objetivos, os grupos de interesse podem se valer da prática de lobby. Nas palavras de Mancur Olson, autor abordado no capítulo anterior, o lobby seria o verdadeiro subproduto dos agrupamentos políticos: para além da satisfação das demandas concretas, grupos se formariam para fazer lobby.[97] Para investigar os efeitos sociais dessa prática – tanto positivo quanto negativos – é preciso, inicialmente, investigar o lobby como ele é.

A ausência de um diploma normativo nacional acerca dos atos praticados por lobistas conduz a dificuldades bastante incipientes, porém incontornáveis. Uma delas é carência de um conceito suficientemente precioso e consensual de lobby, consequência não

---

97 OLSON, Mancur. *The logic of collective action*: public goods and the theory of groups. Cambridge: Harvard Economic Studies, 2003, p. 133.

apenas da lacuna jurídica, mas também da falta amadurecimento das pesquisas científicas. Mesmo nos Estados Unidos, onde a prática está institucionalizada há mais de um século, não há um entendimento harmonioso sobre a atividade do lobista: a cada atualização legislativa, lobby e lobista ganham novos contornos semânticos. Essa situação obriga um enfrentamento doutrinário para se extrair uma noção limitada acerca do instituto do lobby.[98]

Segundo Wagner Pralon Mancuso e Andréa Cristina Oliveira Gozetto, o conceito de lobby apareceria usualmente relacionado aos termos relações públicas, relações governamentais e *advocacy*, mas com eles não se confundiria. Primeiramente, as relações públicas corresponderiam a uma figura mais abrangente das estratégias de comunicação, envolvendo todo tipo de manifestação de um agente ou organização com o mundo externo. Nesse sentido, podem incluir, ou não, estratégias de relações governamentais, definidas pela comunicação do interessado com o Poder Público. Por sua vez, o *advocacy* seria a iniciativa de promover uma mudança de política com impacto social amplo, perante a sociedade civil. Em contraposição, haveria lobby quando os agentes sociais se dirigissem aos membros do Poder Público a fim de lhes apresentar demandas exclusivamente de interesse privado. A noção de interesse, ora entendida como objetivos de segmentos sociais, é fundamental para essa acepção.[99]

Para Eduardo Patri, lobby seria especificamente a defesa de interesses privados na tentativa de influenciar uma *legislação* específica. Trata-se de uma concepção restritiva, limitada ao Poder Legislativo, que se constrói por oposição a outras estratégias persuasivas da disputa política. Nessa interpretação, a prática se diferencia dos movimentos sociais pela abordagem institucional

98 MIHUT, Liliana. "Lobbying in the United states and the European Union". *Romanian Journal of European Affairs*, vol. 8, nº 4, nov. 2008, p. 6.

99 MANCUSO, Wagner Pralon; GOZETTO, Andréa Cristina Oliveira. *Lobby e políticas públicas*. Rio de Janeiro: FGV Editora, 2018, pp. 20-31.

mais ativa, com o contato direto diante das instituições e seus agentes. Igualmente, não se confunde com os partidos políticos, uma vez que o lobby não participa, ele próprio, da tomada de decisão, apenas procura persuadir outros que decidam a seu favor.[100]

Caminhando para uma compreensão um tanto mais precisa do instituto, Milton Seligman e Mateus Affonso Bandeira resumem o lobby como a atividade de um "grupo social organizado com o objetivo de intervir diretamente nas decisões do Poder Público e, consequentemente, criar um novo cenário regulatório em favor de suas causas e interesses específicos".[101] Nessa versão, condiciona-se o instituto à finalidade de *criar marco regulatório* favorável ao grupo organizado, o que não entendo correto. Conforme será posteriormente detalhado, o lobby é atividade complexa, a qual pode envolver a busca por novo advento regulatório, como também a perfeita manutenção do *status quo*, quando os interesses em disputa forem ameaçados.[102]

Em que pesem as definições acima contribuam com a compreensão global do instituto, concordo com o desenho semântico de Liliana Mihut, que melhor traduz o conceito para as práticas contemporâneas. Segundo a autora romena, o lobby descreve toda a iniciativa que tenha como fim influenciar os processos políticos

---

100 PATRI, Eduardo Carlos Ricardo da. "Relações governamentais, lobby e advocacy no contexto de public affairs". *Revista brasileira de comunicação organizacional e relações públicas* (Organicom), São Paulo, vol. 8, nº 14, 2011, p. 141.

101 SELIGMAN, Milton. "Manual de melhores práticas em relações institucionais". *In*: SELIGMAN, Milton; MELLO, Fernando (Coord.). *Lobby desvendado*: democracia, políticas públicas e corrupção no Brasil contemporâneo. Rio de Janeiro: Record, 2018, p. 219.

102 RAMOS, Liza Valença. Advocacy. *In*: MARINS, James; ANASTACIO, Mari Regina; CRUZ FILHO, Paulo. R. A (Coord.). *Empreendedorismo social e inovação social no contexto brasileiro*. Curitiba: PUCPRESS, 2018, p. 249.

(*policy-making*) nos Poderes Legislativo, Executivo e Judiciário.[103] Em síntese, o lobby significa "a atividade de influenciar os processos decisórios políticos de qualquer um dos Poderes do Estado, em benefício de interesses privados".[104]

O conceito é feliz, pois expressa os elementos intrínsecos à prática de lobby. Em primeiro lugar, foca-se na ideia de influência. Como coloca Pier Luigi Petrillo, os lobbies possuem um objetivo bem preciso: influenciar. A ação típica está na atividade de influenciar, de solicitar e persuadir. Em segundo ponto, a definição endereça o ato especificamente para o Poder Público. Com efeito, alerta Petrillo, o destinatário da atividade de influência não é qualquer pessoa, mas um decisor público, ou uma pessoa com poder de autoridade e legitimada, por lei, a tomar uma decisão geral e potencialmente abstrata. Nesse sentido, nem todas as ações de persuasão, portanto, são lobby; apenas as dirigidas a um decisor público – sendo necessário identificar, caso a caso, a competência jurídica para a tomada de decisão.[105]

Distingue-se o lobby, ainda, das demais formas de influência social pela sua capacidade de conectar diretamente os interesses organizados e os *policy makers*. Nesse sentido, por mais que os movimentos sociais ou outros agrupamentos de pressão invistam recursos para alterar as políticas públicas, não estão, de fato, dentro do poder.[106] Nessa oposição, o lobby se formaria a partir

---

103 MIHUT, Liliana. "Lobbying in the United states and the European Union". *Romanian Journal of European Affairs*, vol. 8, nº 4, nov. 2008, p. 6.

104 GONTIJO, Conrado Almeida Corrêa. *Lobby*: estudo de Direito Comparado e necessidade de regulamentação do instituto no ordenamento jurídico brasileiro. São Paulo: Marcial Pons, 2020, p. 41.

105 PETRILLO, Pier Luigi. *Teorie e tecniche del lobbying*: regole, casi, procedure. Bolonha: Il Mulino, 2019, pp. 15/16.

106 BLANCHET, Luiz Alberto; SANTANO, Ana Claudia; MIRANDA NETTO, Fernando Gama de. "O tabu da relação do lobby e políticas públicas no Brasil". *Revista de Direito Econômico e Socioambiental*, vol. 7, 2016, p. 53.

do momento em que a prática coletiva imprime influência direta na tomada de decisão governamental.[107]

Tal formulação acerta por ser tecnicamente estrita, a ponto de abarcar apenas as influências dirigidas às esferas institucionais do Estado, não se confundindo com o campo amplo das relações públicas ou qualquer mobilização social. Por outro lado, é suficientemente ampla para não condicionar o conceito a uma finalidade específica (como fez Eduardo Patri, restringindo-o ao âmbito legislativo). Com efeito, seu grande mérito está em superar a visão tradicional de que os lobistas se debruçam apenas sobre os legisladores, haja vista que a eventual edição da norma favorável não seria suficiente para a satisfação dos interesses, sobretudo se não vier acompanhada de uma melhor aplicação executiva e interpretação judicial.[108]

Não é sem motivo o recurso à literatura estrangeira para delimitação do conceito. O estigma brasileiro sobre a prática de lobby impediu um estudo sério acerca da temática, sobretudo no Direito, o que não necessariamente se reflete na doutrina internacional. Embora ainda haja a associação de ideias entre lobistas e práticas desleais e prejudiciais à democracia, o lobby é a uma atividade lícita importante para congregação de múltiplos interesses e participação política popular efetiva.[109]

Importante ressalva: ao se explicar o lobby enquanto atividade de influência sobre os processos decisórios dos poderes estatais, cuida-se de lobby em sentido objetivo. Trata-se, portanto, da própria

---

107 MAICAN, Ovidiu-Horia. "Legal regime of lobby activities: a comparative view". *Juridical Tribune*, vol. 4, nº 2, dez. 2014, p. 104.

108 GONTIJO, Conrado Almeida Corrêa. *Lobby*: estudo de Direito Comparado e necessidade de regulamentação do instituto no ordenamento jurídico brasileiro. São Paulo: Marcial Pons, 2020, p. 41.

109 BLANCHET, Luiz Alberto; SANTANO, Ana Claudia; MIRANDA NETTO, Fernando Gama de. "O tabu da relação do lobby e políticas públicas no Brasil". *Revista de Direito Econômico e Socioambiental*, vol. 7, 2016, p. 55.

ação de comunicação que tenha por objeto promover, defender ou obstar um interesse privado perante os agentes decisores. Essa semântica é observada, habitualmente, através da expressão "fazer lobby", ou por meio do termo "*lobbying*", em inglês. Para efeitos do presente estudo e corroborando com a definição teórica adotada, utilizo as expressões "lobby em sentido objetivo" e "*lobbying*" indistintamente, como sinônimos, numa estratégia de unificação didática e variação de escrita.

Mas há, igualmente, o lobby em sentido subjetivo, ou seja, o agrupamento de pessoas organizadas a fim de pressionar diretamente os órgãos institucionais e responsáveis legitimados para tomar uma decisão política em prol de um interesse privado. A expressão "lobby em sentido subjetivo" é utilizada, usualmente, como uma metonímia para representar setores produtivos específicos ou objetivos determinados, tais como "o lobby da indústria farmacêutica", o "lobby dos cigarros", ou "o lobby dos direitos humanos".[110]

Nessa esteira, Andréa Oliveira classifica quatro tipos de lobby em sentido subjetivo, distinguindo-os a partir dos agentes e profissionais envolvidos. O (i) lobby público concerne à atuação de empresas estatais, autarquias, agências reguladoras, enfim, entes da administração indireta, para pressionar os poderes Executivo e Legislativo, congregando sobretudo reivindicações por mais autonomia e valorização da carreira dos servidores públicos. Em segundo lugar, há o (ii) lobby classista, quando os agentes envolvidos representarem entidades de classe na defesa de interesses de seus filiados, tendo-se como exemplo brasileiro notório a Confederação Nacional das Indústrias.[111] Já o (iii) lobby privado se refere à atuação especializada a partir de escritórios de lobby e relações

110 MANCUSO, Wagner Pralon. "O lobby da indústria no Congresso Nacional: empresariado e política no Brasil contemporâneo". *Dados – Revista de Ciências Sociais*, Rio de Janeiro, vol. 47, nº 3, 2004, p. 515.

111 OLIVEIRA, Andréa Cristina de Jesus. *Lobby e representação de interesses*: lobistas e seu impacto sobre a representação de interesses no Brasil. Instituto

governamentais (*lobbying firms*). Uma vez que a atividade não é regulada no Brasil, é comum que agências de publicidade e relações públicas, bem como escritórios de advocacia, cumpram essa posição, ainda que não se assumam como tais.[112]

Por fim, (iv) o lobby institucional (*in-house lobbying*) é realizado por altos executivos de empresas privadas, alocados em departamentos de assuntos institucionais, os quais se dedicam a representar os interesses dessas empresas diante da esfera governamental. Em nível global, todas as empresas com um faturamento superior a 10 milhões de euros por ano possuem ao menos gabinete interno destinado a lobby, ao passo em que as pequenas e médias empresas preferem contratar pontualmente com o lobby privado.[113]

Os departamentos de assuntos corporativos em grandes empresas e lobistas autônomos não apenas garantem a manutenção permanente da representatividade do grupo no jogo político, como cuidam de seus interesses, antecipando problemas e detectando oportunidades a que não teriam acesso caso não houvesse uma relação direta com os tomadores de decisão.[114] Por mais que variem em cultura organizacional e projetos defendidos, utilizam instrumentos, estratégias e táticas similares, típicas das relações governamentais.

---

de Filosofia e Ciências Humanas. Campinas: Universidade Estadual de Campinas, 2004, pp. 50-70. (Tese de Doutorado).

112 OLIVEIRA, Andréa Cristina de Jesus. *Lobby e representação de interesses*: lobistas e seu impacto sobre a representação de interesses no Brasil. Instituto de Filosofia e Ciências Humanas. Campinas: Universidade Estadual de Campinas, 2004, pp. 50-71. (Tese de Doutorado).

113 PETRILLO, Pier Luigi. *Teorie e tecniche del lobbying*: regole, casi, procedure. Bolonha: Il Mulino, 2019, p. 32.

114 OLIVEIRA, Andréa Cristina de Jesus. "O *lobbying* institucional no Brasil: canal de comunicação entre Estado e sociedade civil?" *Cenários da comunicação*, São Paulo, vol. 6, nº 1, 2007, p. 60.

2.2 Táticas de persuasão política

Em didática obra sobre relações governamentais, Gilberto Galan elenca algumas das principais ferramentas utilizadas pelos lobbies em seu processo de persuasão política. Os *think tanks* (tanques de pensamento) constituem o principal mecanismo de influência governamental para interesses de longo prazo. Utilizados de maneira tímida no Brasil, mas com grande difusão no estrangeiro, funcionam como verdadeiras usinas de ideias, geralmente sob a forma de uma associação (instituto ou grupo de pesquisa independente), para estimular o debate democrático acerca de políticas públicas, bem como temas sociais, econômicos e da tecnologia.[115] Trata-se do local informal para troca de opiniões e posicionamentos, especializados em determinados assuntos e normalmente liderados por acadêmicos.[116]

Esse tipo de iniciativa surgiu no começo do século XX, nos Estados Unidos, liderada pela Câmara de Relações Exteriores e pelo *The Brookings Institute*. A ideia era classificar os centros estadunidenses como referências em pesquisa de qualidade nas áreas de humanidades, ao mesmo tempo em que se difundiam valores e a ideologia norte-americana. Durante a Guerra do Vietnã, cunhou-se o termo "*advocacy think tank*" para designar os estudos que forneciam dados e argumentos, ora para embasar a legitimidade da guerra, ora para criticá-la.[117]

A partir de então, a atividade também ficou conhecida como "filosofia Walmart", em alusão pejorativa às ideias expostas como as mercadorias na prateleira de um mercado, ofertando-se

---

115 GALAN, Gilberto. *Relações governamentais e lobby*: aprendendo a fazer. São Paulo: Aberje, 2012, p. 61.

116 PETRILLO, Pier Luigi. *Teorie e tecniche del lobbying*: regole, casi, procedure. Bolonha: Il Mulino, 2019, p. 32.

117 ABELSON, Donald E. *Do think tanks matter*? Assessing the impact of public policy institutes. Montreal: McGuill-Queen's University Press, 2018, p. 179.

recomendações operacionais precisas para influenciar os detentores de poder.[118]

Contemporaneamente, a realidade é outra. Nos Estados Unidos existem mais de cinco mil *think tanks* reconhecidos por sua seriedade e independência (sem vínculos com o governo ou a universidade).[119] No Brasil, os mais atuantes estão ligados a partidos políticos, com diretrizes políticas claras, ou a uma corporação específica: Instituto Lula (defensor das realizações do ex-Presidente), Instituto Mises Brasil (promotor do livre mercado), bem como o Instituto Palavra Livre (militante da liberdade de imprensa) são exemplos típicos e que ilustram o funcionamento da ferramenta.[120]

Em que pese o conceito de *think tank* carregar o elemento da independência (intelectual, financeira e orgânica) diante de outras instituições, o resultado das pesquisas desenvolvidas e veiculadas

---

118 TEIXEIRA, Tatiana. *Os think tanks e a sua influência na política externa dos EUA*: a arte de pensar o impensável. Rio de Janeiro: Revan, 2007, p. 137.

119 GALAN, Gilberto. *Relações governamentais e lobby*: aprendendo a fazer. São Paulo: Aberje, 2012, p. 62.

120 Sobre o Instituto Lula: "O principal eixo de atuação do Instituto Lula é a cooperação do Brasil com a África e a América Latina. O exercício pleno da democracia e a inclusão social aliada ao desenvolvimento econômico estão entre as principais realizações do governo Lula que o Instituto pretende estimular em outros países" (INSTITUTO LULA. *Missão*, 2020. Disponível em: https://institutolula.org/missao. Acessado em: 15.05.2023). Sobre o Instituto Mises Brasil: "O Instituto Ludwig von Mises – Brasil ('IMB') é uma associação voltada à produção e à disseminação de estudos econômicos e de ciências sociais que promovam os princípios de livre mercado e de uma sociedade livre" (MISES BRASIL. *Quem somos*, 2020. Disponível em: https://www.mises.org.br/About.aspx. Acessado em: 15.05.2023). Sobre o Instituto Palavra Aberta: "Da união de esforços de importantes entidades, como Associação Nacional de Jornais – ANJ, Associação Brasileira de Emissoras de Rádio e Televisão – ABERT, Associação Nacional de Editores de Revistas – ANER e Associação Brasileira de Agências de Propaganda – ABAP, nasceu o Palavra Aberta, um instituto sem fins lucrativos, que defende a plena liberdade de ideias, pensamentos e opiniões" (INSTITUTO PALAVRA ABERTA. *Quem somos*, 2020. Disponível em: https://www.palavraaberta.org.br/sobre-o-instituto. Acessado em: 15.05.2023).

usualmente convergem com o viés adotado pela associação. Conclusões que tragam um ideal antagônico à organização simplesmente não serão publicadas. Em razão disso, não é incomum que lobistas contribuam com tais centros, inclusive economicamente, na expectativa que dali saiam informações valiosas para o processo de convencimento e persuasão. Ademais, o crescimento exponencial desses grupos nas últimas décadas acirrou a competitividade, o que contribuiu ainda mais para dependência financeira e organizacional de terceiros interessados na produção de *think tanks*. Nesse cenário, o tipo ideal de *think tank* foi relativizado, bem como sua autonomia.[121]

Seja como for, na pragmática da influência governamental, os *think tanks* seguem de grande valia. Na medida em que amadurecem e ganham notoriedade, a tendência é que eles divulguem as ideias ancoradas na opinião pública e, consequentemente, em face dos decisores públicos.[122]

Outro recurso de convencimento utilizado por lobistas está no convite às autoridades para que compareçam em grandes eventos: inaugurações de instalações empresariais, participação em congressos do setor econômico, assembleias de novos investimentos, entre outros. Para que o lobby não configure atividade ilícita, hão de ser respeitados limites do ético e do razoável,[123] porém, o mais usual é que tal modalidade de convite seja desprovida de valor

121 HAUCK, Juliana Cristina Rosa. "What are 'Think Tanks'? Revisiting the dilemma of the definition". *Brazilian Political Science Review*, vol. 2, nº 11, 2017, p. 5.

122 GALAN, Gilberto. *Relações governamentais e lobby*: aprendendo a fazer. São Paulo: Aberje, 2012, p. 63.

123 A Resolução n. 3/2000 da Presidência da República permite a aceitação de brindes ofertados à autoridade pública, desde que não tenham valor comercial ou sejam distribuídos por entidade de qualquer natureza a título de cortesia, propaganda, divulgação habitual ou por ocasião de eventos ou datas comemorativas de caráter histórico ou cultural, e que não ultrapassem o valor unitário de R$ 100,00 (BRASIL. Presidência da República. *Resolução*

econômico. Nessa espécie de transação, a riqueza circulante está no prestígio e no reconhecimento ofertado à autoridade pública diante da sociedade. Em contrapartida, há uma aproximação natural entre as partes e um aprofundamento nas relações entre o governo e a entidade anfitriã do evento, algo extremamente vantajoso para a última.[124]

Após o escândalo envolvendo o lobista estadunidense Jack Abramoff, em 2006, a reforma legal estadunidense, denominada *Honest Leadership and Open Government Act*, de 2007, proibiu o oferecimento de vantagens, presentes ou viagens para funcionários públicos que estivessem envolvidos nas estratégias de convencimento. Habitualmente, os lobistas pagavam jantares, realizavam viagens em aviões privados e forneciam ingressos de grandes eventos para os decisores públicos.[125] Mesmo com a alteração legislativa, convites e visitas puderam continuar, desde que constem nos relatórios trimestrais e sejam previamente aprovados por um comitê de ética parlamentar.[126]

Por fim, a formação de alianças e a gestão de atores-chave (*stakeholders*) é tática fundamental para uma campanha de lobby séria. Coalizões são formadas com terceiros igualmente interessados nos resultados concretos da demanda, ainda que façam partes de agrupamentos concorrentes, a fim de fortalecer a mensagem e

---

n. 3, de 23 novembro de 2000. Disponível em: http://www.planalto.gov.br/ccivil_03/codigos/codi_Conduta/resolucao3.htm. Acessado em: 14.05.2023).

124 GALAN, Gilberto. *Relações governamentais e lobby*: aprendendo a fazer. São Paulo: Aberje, 2012, p. 66.

125 GONTIJO, Conrado Almeida Corrêa. *Lobby*: estudo de Direito Comparado e necessidade de regulamentação do instituto no ordenamento jurídico brasileiro. São Paulo: Marcial Pons, 2020, p. 121.

126 HOLMAN, Craig. "The tension between lobbying and campaign finance laws: rolling back gains made under the Honest Leadership and Open Government Act of 2007". *Election Law Journal*, vol. 13, nº 1, 2014, p. 49.

reforçar o caráter amplo da questão.[127] É como explica o conceito de participação sobreposta (*overlapping membership*) de David Truman, anteriormente investigado.[128]

Conforme destaca Alberto Alemanno, no contexto de polarização social, a construção de consensos intersetoriais tende a cativar o público de destino e chamar a atenção do decisor, especialmente quando reunir agentes usualmente opositores, em um acordo não convencional.[129]

Esse foi o caso da Coalizão Brasil Clima, Florestas e Agricultura, iniciativa que reúne empresários do agronegócio, associações civis defensoras do meio ambiente, pesquisadores e acadêmicos para propor uma agenda política que reduza o desmatamento da Amazônia Legal e contribua para uma agenda de sustentabilidade nacional. Com o aumento sensível das queimadas ilegais a partir de 2020, o programa multissetorial foi responsável por encaminhar ações concretas para mitigar rapidamente o desmatamento, incluindo a destinação de 10 milhões de hectares às terras indígenas e a suspensão de regularização fundiária em imóveis com histórico de desmatamento.[130]

A formação de alianças também envolve a gestão de partes interessadas que não farão parte da campanha, seja porque carregam uma carga reputacional negativa, seja porque tornam a

---

127 GALAN, Gilberto. *Relações governamentais e lobby*: aprendendo a fazer. São Paulo: Aberje, 2012, p. 71.

128 Vide tópico 1.3 (GRANT, Wyn. *David B. Truman, the governmental process*: political interests and public opinion. Oxford: Oxford University Press, 2018, p. 5).

129 ALEMANNO, Alberto. *Lobbying for change*: find your voice to create a better society. Londres: Icon Books Ltd., 2017, p. 216.

130 COALIZAÇÃO BRASIL, CLIMA, FLORESTAS E AGRICULTURA. *Ações para queda rápida do desmatamento*, 16 set. 2020. Disponível em: http://www.coalizaobr.com.br/home/phocadownload/documentos/Acoes_para_a_Queda_Rapida_do_Desmatamento.pdf. Acessado em: 14.05.2023.

aplicação excessivamente onerosa ou complexa.[131] Segundo Liza Valença Ramos, nem toda aliança é benéfica para a causa: mais vale agregar sujeitos que disponham de capital político ou recursos econômicos que gastar energia para trazer celebridades sem credibilidade. Assim, costuma-se mapear o ambiente social para que as escolhas favoreçam a estratégia em um sentido global.[132]

Apesar de as ferramentas anteriormente arroladas constituírem um espaço comum das estratégias de lobby, a persuasão política deve se adequar diante dos diferentes cenários, agentes e contextos em que for aplicada. Dessa forma, nos próximos tópicos apresento as particularidades da influência privada em cada um dos Poderes de Estado.

2.3 O lobby no Poder Legislativo

No Poder Legislativo, os profissionais do lobby costumam ter consigo um atento *monitoramento legislativo* para identificar vantagens e riscos políticos. Tomam em consideração os projetos e proposições em trâmite nas casas legiferantes, tanto em nível nacional quanto infranacional, destacando-se aqueles cujos interesses sejam convergentes ao grupo representado. A avaliação não se limita ao mérito dos atos normativos, mas se investiga igualmente o momento da proposição, o andamento do processo legislativo, as propostas congêneres, bem como as emendas editadas sobre a proposta original.[133]

---

131 ALEMANNO, Alberto. *Lobbying for change*: find your voice to create a better society. Londres: Icon Books Ltd., 2017, p. 220.

132 RAMOS, Liza Valença. "Advocacy". *In*: MARINS, James; ANASTACIO, Mari Regina; CRUZ FILHO, Paulo R. A. (Coord.). *Empreendedorismo social e inovação social no contexto brasileiro*. Curitiba: PUCPRESS, 2018, p. 256.

133 OLIVEIRA, Andréa Cristina de Jesus. "O *lobbying* institucional no Brasil: canal de comunicação entre Estado e sociedade civil?" *Cenários da comunicação*, São Paulo, vol. 6, nº 1, 2007, p. 61.

Desde o momento inicial de elaboração legislativa, os lobistas se empenham na análise do impacto da proposta sobre os interesses representados. Para isso, mobilizam especialistas temáticos de diversas ciências (juristas, economistas, engenheiros e biólogos, por exemplo), responsáveis por apreciar o conteúdo da proposta de maneira técnica. O resultado desse estudo multifacetado geralmente é apresentado em pareceres, publicações e demais documentos, contribuindo para compreensão completa do decisor público.[134]

Alberto Alemanno aponta que uma pesquisa de fundo bem desenvolvida é um pressuposto fundamental para qualquer estratégia de lobby. Primeiramente, esse estudo prévio deve reunir (i) evidências detalhadas sobre a questão-problema enfrentada, tais como "por que esse tema merece atenção governamental" e "qual o impacto social decorrente da atual situação".[135]

Em segundo lugar, deve apresentar (ii) argumentos que amparem a solução escolhida pelo grupo de interesse, indicando o que se propõe e por qual razão a alternativa apresentada é a melhor escolha possível em face de variáveis. Caso a resposta vise à alteração do cenário regulatório, orienta-se que ela seja acompanhada por uma análise de impacto econômico-social,[136] uma vez que muitos ordenamentos jurídicos demandam uma análise

---

134 MANCUSO, Wagner Pralon; GOZETTO, Andréa Cristina Oliveira. *Lobby e políticas públicas*. Rio de Janeiro: FGV Editora, 2018, pp. 50-60.

135 ALEMANNO, Alberto. *Lobbying for change*: find your voice to create a better society. Londres: Icon Books Ltd., 2017, pp. 133-140.

136 No Brasil, a exigência de realização da análise de impacto regulatório está prevista no art. 5º da Lei n. 13.874/2019 (Lei da Liberdade Econômica), a qual determina que as propostas de edição e de alteração de atos normativos de interesse geral de agentes econômicos ou de usuários dos serviços prestados sejam precedidas da realização de análise de impacto regulatório, contendo informações sobre os possíveis efeitos do ato normativo para verificar a razoabilidade do seu impacto econômico.

consequencialista *ex ante*.[137] Por fim, a investigação deve expor (iii) precedentes de casos análogos na cena internacional, indicando como a resposta estrangeira pode abordar o tema e quais lições podem ser apreendidas do fenômeno similar. O recurso comparativo poderá ser utilizado tanto para iluminar caminhos possíveis quanto para descartar vias antagônicas ao interesse defendido, exceto quando se estiver diante de um tema inovador acerca do qual ainda não houve tratamento conclusivo.[138]

Ao trazer argumentos baseados em conhecimentos técnicos, estatísticas e dados precisos, o lobista fornece ao decisor público informações antes indisponíveis para motivar suas escolhas. Mas é possível, igualmente, que o grupo interessado opte por ventilar as informações obtidas no seio social, seja através de publicações científicas, seja por meio de pronunciamentos oficiais. Nesse caso, a estratégia varia entre os ditos *white papers* e *position papers*.

Os *white papers* são documentos orientados por uma pretensão analítica sobre uma questão-problema e obedecem à metodologia, formatação e linguagem adequadas à pesquisa científica, ainda que, ao final, defendam um posicionamento específico. Destaca-se que, quando desatento a critérios de transparência metodológica, esse instrumento pode trazer efeitos deletérios para o campo científico.[139]

---

137 No caso do ordenamento jurídico brasileiro, o artigo 20 do Decreto-Lei n. 4.657/42 (Lei de Introdução às Normas do Direito Brasileiro) consagra expressamente a necessidade de consideração das consequências práticas da decisão administrativa ou judicial, quando seu fundamento tenha como base valores jurídicos abstratos. (GABARDO, Emerson; SOUZA, Pablo Ademir de. "O consequencialismo e a LINDB: a cientificidade das previsões quanto às consequências práticas das decisões". *A&C – Revista de Direito Administrativo & Constitucional*, Belo Horizonte, ano 20, nº 81, jul./set. 2020, p. 100).

138 ALEMANNO, Alberto. *Lobbying for change*: find your voice to create a better society. Londres: Icon Books Ltd., 2017, pp. 133-140.

139 GALAN, Gilberto. *Relações governamentais e lobby*: aprendendo a fazer. São Paulo: Aberje, 2012, pp. 62-66.

Por outro lado, os *position papers* são declarações produzidas dentro de determinado setor econômico para guiar as comunicações com o público externo, inclusive o governo. Às vésperas de uma decisão política relevante, é comum que o lobby formalize seu posicionamento na assessoria de imprensa, descrevendo a questão, indicando os impactos no setor, apresentando a posição sobre o assunto e levantando possíveis argumentações. São, portanto, manifestações explicitamente parciais sobre determinado assunto e que visam conferir unicidade e coerência aos envolvidos.[140]

Segundo Pier Luigi Petrillo, um *position paper* deve ser sintético, capaz de comunicar em poucas linhas as diretrizes do grupo de pressão, independentemente da complexidade do tema. O decisor público deve compreender em poucos minutos qual o objetivo do titular do interesse e quais as soluções político-normativas sugeridas para que se atinja a vantagem almejada. Usualmente, os documentos não passam de duas páginas e seu uso é indicado para o momento do encontro pessoal com o decisor.[141]

Quando o projeto de lei já se encontra redigido, a atividade de comunicação do lobby ao *policy maker* ocorre em outros momentos, não tanto através de publicações técnicas, mas diretamente, nas comissões ou no plenário, conforme o estágio do processo legislativo. Distribuída a proposição legislativa à comissão temática, os lobbies terão a oportunidade de participar de audiências públicas, seminários e reuniões de trabalho, de modo a interagir com os legisladores, elevar o debate e apresentar as demandas sociais. Como as comissões se baseiam nos pareceres dos relatores, estes se tornam alvos privilegiados dos lobistas, antes dos demais membros da comissão.[142]

---

140 GALAN, Gilberto. *Relações governamentais e lobby*: aprendendo a fazer. São Paulo: Aberje, 2012, pp. 62-66.

141 PETRILLO, Pier Luigi. *Teorie e tecniche del lobbying*: regole, casi, procedure. Bolonha: Il Mulino, 2019, p. 248.

142 MANCUSO, Wagner Pralon; GOZETTO, Andréa Cristina Oliveira. *Lobby e políticas públicas*. Rio de Janeiro: FGV Editora, 2018, p. 55.

Paralelamente, cria-se um *monitoramento político*, estruturado no mapeamento dos tomadores de decisão. Identificam-se os aliados em determinados assuntos, as lideranças políticas mais atuantes no Congresso Nacional, bem como os atores-chave do governo.[143]

Há um criterioso cálculo de rede capaz de medir a influência entre diversos atores, reconhecendo e distinguindo aqueles que ocupam posições centrais, bem como os *clusters*, ou seja, agentes com alta incidência de ligações entre si, que aproximam e aceleram as trocas de informações, ainda que não sejam os protagonistas.[144] Típico exemplo de *cluster* são os assessores de parlamentares.[145] As métricas consideram (i) o nível de centralidade e vizinhança dos *policy makers*, (ii) a capacidade de influência de determinado indivíduo ou agremiação, bem como (iii) os custos agregados na mudança de opinião, em termos de compromisso político.[146]

2.4 O lobby no Poder Executivo

No Poder Executivo, a atividade dos profissionais de lobby segue igualmente nítida e robusta. Como não poderia deixar de ser, findo o processo legislativo, busca-se influenciar o pronunciamento

143 OLIVEIRA, Andréa Cristina de Jesus. "O *lobbying* institucional no Brasil: canal de comunicação entre Estado e sociedade civil?" *Cenários da comunicação*, São Paulo, vol. 6, nº 1, 2007, p. 61.

144 A abordagem de redes da Ciência Política considera *cluster* os personagens de alto impacto comunicativo e que funcionam como um canal de difusão de informação rápida e facilitada (RAUEN, André Tortato; MONTIBELLER-FILHO, Gilberto. "Eficiência coletiva em clusters industriais: análise do setor químico da Microrregião de Criciúma em SC". *Ensaios FEE*, vol. 29, nº 1, 2008, p. 270).

145 CESÁRIO, Pablo Silva. "Redes de influência no Congresso Nacional: como se articulam os principais grupos de interesse". *Revista de Sociologia e Política*, vol. 24, nº 59, set. 2016, p. 110.

146 BELO, Manoel Alexandre C. "Grupos de pressão e influência política". *Verba Juris*, ano 2, nº 2, jan./ dez. 2003, p. 168.

do chefe do Poder Executivo no sentido da sanção, do veto total, ou do veto parcial do texto aprovado.

Ao lado da administração central, como denota Pier Luigi Petrillo, a estratégia de lobby em longo prazo dirige-se aos ministérios ou secretarias. Nesses ambientes, as comunicações ganham teor menos político e mais técnico, visando fundamentar a escolha do decisor e dar consistência ao interesse defendido perante a alta cúpula.[147]

Contudo, é sobretudo às dependências das agências reguladoras que se dirigem a maior parte das táticas de comunicação entre sociedade civil e setor público.[148] Nessas autarquias, os lobistas oferecem informações técnicas para embasar as escolhas político-normativas, auxiliam na redação de minutas de projetos normativos, participam de audiências para discussão de projetos de regulação, além de requererem os permissivos legais para que seus clientes possam explorar a atividade econômica regulada.[149]

A expansão regulatória em diversos setores produtivos, com a inclusão do Estado em espaços antes exclusivos de agentes privados, fez com que surgissem inúmeros grupos de lobby para acompanhar cada nova atividade regulada. Desde a década de 1990, passaram a ser objeto do Estado diversas áreas econômicas que, historicamente, eram disciplinadas por seus próprios atores e ignoradas pelas autoridades.[150]

---

147 PETRILLO, Pier Luigi. *Teorie e tecniche del lobbying*: regole, casi, procedure. Bolonha: Il Mulino, 2019, p. 74.

148 MANCUSO, Wagner Pralon; GOZETTO, Andréa Cristina Oliveira. *Lobby e políticas públicas*. Rio de Janeiro: FGV Editora, 2018, p. 48.

149 GONTIJO, Conrado Almeida Corrêa. *Lobby*: estudo de Direito Comparado e necessidade de regulamentação do instituto no ordenamento jurídico brasileiro. São Paulo: Marcial Pons, 2020, p. 43.

150 GUERRA, Sérgio. *Discricionariedade, regulação e reflexividade*: uma nova teoria sobre as escolhas administrativas. 4ª ed. revista e atualizada. Belo Horizonte: Fórum, 2017, p. 113.

Com decisões administrativas cada vez mais impactantes para o desenvolvimento dos setores econômicos, a demanda por lobistas no Poder Executivo disparou. Em outras palavras, dentre os fatores que contribuíram para que o lobby experimentasse sensível crescimento, destaca-se a incursão regulatória nas atividades econômicas.[151]

No caso brasileiro, o sistema econômico adotado pela Constituição Federal de 1988 incluiu a regulação enquanto atividade típica do Estado para intervenção na economia, harmonizando a livre-iniciativa do regime capitalista com uma perspectiva "socializante" da ordem econômica.[152] Nesse sentido, compete ao Estado a função de conter os excessos dos agentes que detêm o poder econômico privado, de acordo com os valores e princípios entabulados pela Constituição.[153]

Não se trata, portanto, de conferir subsidiariedade ao Estado na economia, mas do reconhecimento constitucional de que a conformação dos comportamentos dos agentes econômicos é tão determinante para a atividade produtiva quanto a sua exploração direta. No exercício do poder fiscalizador, usualmente praticado pelas agências reguladoras, o Estado deve franquear a livre concorrência e a assunção de riscos econômicos, assegurando, paralelamente, o fornecimento de bens e serviços essenciais para a coletividade.[154]

---

151 GONTIJO, Conrado Almeida Corrêa. *Lobby*: estudo de Direito Comparado e necessidade de regulamentação do instituto no ordenamento jurídico brasileiro. São Paulo: Marcial Pons, 2020, pp. 35/36.

152 MARTINS, Ricardo Marcondes. *Regulação administrativa à luz da Constituição Federal*. São Paulo: Malheiros, 2011, p. 124.

153 GUERRA, Sérgio. *Discricionariedade, regulação e reflexividade*: uma nova teoria sobre as escolhas administrativas. 4ª ed. revista e atualizada. Belo Horizonte: Fórum, 2017, p. 113.

154 JORDÃO, Eduardo. "The three dimensions of administrative law". *A&C – Revista de Direito Administrativo & Constitucional*, Belo Horizonte, ano 19, nº 75, jan./mar. 2019, p. 25.

Justamente por isso, cabe à República Federativa do Brasil intervir na atividade econômica privada, enquanto agente normativo, no sentido de evitar a criação de monopólios danosos à economia popular, bem como regular a competição para assegurar a concorrência ampla e legítima entre os participantes do setor.[155] Não apenas: também mediante a intervenção indireta do Estado-administração, a regulação deve buscar a justa distribuição dos recursos econômicos como forma de melhor tutelar a eficácia dos direitos fundamentais das gerações presentes e futuras.[156]

Na medida em que a atividade governamental se expande e passa a intervir em setores econômicos antes relegados exclusivamente à iniciativa privada, tão maior é a demanda dos agentes econômicos por lobistas. Segundo Beth Leech, Frank Baumgartner, Timothy La Pira e Nicholas Semanko, o crescimento do lobby poderia ser explicado através da chamada *demand theory*, na qual a mobilização de grupos de interesse seria diretamente orientada pelo governo. Nesse sentido, a atividade governamental funcionaria como um ímã, atraindo e impulsionando grupos de todos os tipos para próximo do Estado, na medida em que indicasse novas possibilidades regulatórias.[157] Não por outro motivo, quanto maior a ingerência estatal no plano econômico, maior a quantidade de lobistas que buscarão influenciar os agentes públicos.[158]

---

155 ARAGÃO, Alexandre Santos de. *Agências reguladoras e a evolução do Direito Administrativo econômico*. Rio de Janeiro: Forense, 2005, pp. 24/25.

156 GABARDO, Emerson. "O Princípio da Supremacia do Interesse Público sobre o Interesse Privado como fundamento do Direito Administrativo social". *Revista de Investigações Constitucionais*, Curitiba, vol. 4, nº 2, mai./ago. 2017, p. 122.

157 LEECH, Beth L. *et al.* "Drawing lobbyists to Washington: Government activity and the Demand for advocacy". *Political Research Quarterly*, vol. 58, nº 1, mar. 2005, p. 27.

158 GONTIJO, Conrado Almeida Corrêa. *Lobby*: estudo de Direito Comparado e necessidade de regulamentação do instituto no ordenamento jurídico brasileiro. São Paulo: Marcial Pons, 2020, p. 37.

Para validar essa hipótese, os autores se valeram dos relatórios de lobistas disponíveis nas bases do Congresso estadunidense, que indicam as áreas econômicas sob interesse de cada agente registrado. Logo após, compararam o crescimento de departamentos corporativos e lobistas contratados sob três variáveis: (i) a quantidade de sessões legislativas (*hearings*) sobre a área em questão, (ii) o montante dispendido do orçamento federal, bem como (iii) a quantidade de empresas atuantes em cada setor. Nas conclusões, constataram que, muito embora as variáveis (ii) e (iii) colaborassem proporcionalmente com a demanda por lobby, o fator determinante, seja em curto ou em longo prazo, seria a quantidade de sessões/audiências sobre a temática, critério que indicaria o quão ativo está o governo em determinado assunto econômico.[159]

Diversamente do esperado, investimentos orçamentários não possuem um impacto significativo nas estatísticas de longo prazo e não geram um aumento necessário de lobby. Esse fenômeno pode ser explicado quando se entende que muitos assuntos econômicos – a regulação comercial, por exemplo – não integram as despesas estatais dos Estados Unidos. Ainda assim, como as agências intervêm largamente na circulação de riquezas, continuam sendo objeto de intenso lobby.[160]

Depreende-se que o efeito do dinamismo governamental na mobilização de grupos é mais importante que os demais critérios de mensuração (despesa pública e quantidade de empresas). A atividade governamental age como um catalisador na formação de

---

159 BAUMGARTNER, Frank R; LEECH, Beth L; MAHONEY, Christine. "The co-evolution of groups and government". *Annual Meeting of the American Political Science Association*, Filadélfia, 2003. Disponível em: http://fbaum.unc.edu/papers/Baumgartner-et-al-2003.pdf. Acessado em: 21.05.2023.

160 LEECH, Beth L. *et al.* "Drawing lobbyists to Washington: Government activity and the Demand for advocacy". *Political Research Quarterly*, vol. 58, nº 1, mar. 2005, pp. 27/28.

grupos de interesses e nos investimentos em lobby.[161] Daí porque os autores reduziram a teoria da demanda à expressão "onde o governo está ativo, os grupos são atraídos para monitorar, influenciar ou se opor a tais ações".[162]

E assim deve ser. Afinal, a comunicação transparente entre sociedade civil e agentes do Estado contribui para políticas públicas mais responsivas e marcos regulatórios mais eficientes, em clara oposição ao passado inconsistente, enviesado e opaco de boa parte das agências reguladoras nacionais.[163]

De fato, por muitos anos, a gestão regulatória do Brasil foi criticada pela ausência de critérios racionais na política tarifária dos serviços públicos delegados à iniciativa privada. Diversamente, um regime democrático que se reivindique como tal deve possibilitar o compartilhamento do poder decisório, de modo a reduzir abusos autoritários inconsequentes e elevar a eficiência no sistema.[164]

2.5 O lobby no Poder Judiciário

Finalmente, com a ampliação de funções do Poder Judiciário, típica do constitucionalismo contemporâneo, as atividades de

161 GRAY, Virginia; LOWERY, David; FELLOWES, Matthew; ANDERSON, Jennifer L. "Legislative Agendas and Interest Advocacy". *American Politics Research*, vol. 33, nº 3, mai. 2005, p. 407.

162 LEECH, Beth L. *et al.* "Drawing lobbyists to Washington: Government activity and the Demand for advocacy". *Political Research Quarterly*, vol. 58, nº 1, mar. 2005, p. 29.

163 AMANN, Edmund; BAER, Werner. "From the developmental to the regulatory state: the transformation of the government's impact on the Brazilian economy". *Revista Direito GV*, vol. 1, nº 2, especial nov. 2005, p. 272.

164 SANTANO, Ana Claudia. "La captura de políticas públicas como obstáculo a la buena administración en Brasil". *In*: CARBALLAL Almudena Fernández; MORANDINI, Federico; MALDONADO, Marco Aurelio González (Coord.). *La buena administración y la ética pública en el derecho administrativo*. Bogotá: Ibáñez, 2020, p. 320.

defesa de interesses políticos também passaram a ser sentidas e medidas nessa esfera.[165] Como destaca Matthew Taylor, todas as cortes estão sujeitas à busca pela realização de interesses privados, e poderão, por vezes, consistir em um dos caminhos institucionais para influenciar resultados de políticas públicas.[166]

Trata-se da tática denominada "lobby judicial", por meio da qual os grupos de pressão recorrem ao Poder Judiciário para atingimento de seus objetivos, especialmente nas situações em que não tenham êxito nas estratégias de convencimento nas esferas legislativa e administrativa.[167] A manifestação dessa estratégia se dá em três modos: (i) por meio do ajuizamento ou financiamento de ações que fomentem interesses específicos; (ii) por meio da atuação em ações de relevante impacto social, na condição de *amicus curiae*; e (iii) pela adoção de iniciativas que influenciem a seleção dos integrantes da administração da Justiça.[168]

---

165 MANCUSO, Wagner Pralon; GOZETTO, Andréa Cristina Oliveira. *Lobby e políticas públicas*. Rio de Janeiro: FGV Editora, 2018, p. 49.

166 TAYLOR, Matthew M. *Judging policy*: courts and policy reform in democratic Brazil. California: Stanford University, 2008, p. 6. Para aprofundamento, vide SOLOWIEJ, Lisa; COLLINS JR., Paul M. "Counteractive Lobbying in the U.S. Supreme Court". *American Politics Research*, vol. 37, nº 4, jul. 2009, pp. 670-699.

167 Enfrentar o tema da instrumentalização do Direito para a persecução de objetivos políticos implica realizar uma remissão ao estudo de Rafael Valim, Cristiano Zanin Martins e Valeska Teixeira Zanin Martins acerca do *lawfare*. Para os autores, o chamado *lawfare* designa "o uso estratégico do Direito para fins de deslegitimar, prejudicar ou aniquilar um inimigo" (p. 20). Em torno desse conceito, contudo, gravita uma série de categorias contíguas, como o estado de exceção, o ativismo judicial e a guerra híbrida. Em que pese o lobby judicial não tenha em seu bojo a ideia de inimigo, entendo que se trata de figura que transita no mesmo espaço do uso estratégico do Direito para atingimento de fins externos ao fenômeno jurídico. Para aprofundamento na temática do *lawfare*, vide ZANIN, Cristiano Martins; ZANIN, Valeska Teixeira Martins; VALIM, Rafael. *Lawfare*: uma introdução. São Paulo: Contracorrente, 2019.

168 GONTIJO, Conrado Almeida Corrêa. *Lobby*: estudo de Direito Comparado e necessidade de regulamentação do instituto no ordenamento jurídico

No Brasil, o modelo de (i) patrocínio de ações judiciais de interesse difuso foi mitigado pelo sistema de controle concentrado de constitucionalidade. Ao estabelecer determinados legitimados ativos para propositura das ações diretas de inconstitucionalidade, a Constituição Federal acabou por delegar a função de questionar a validade de normas sobretudo aos partidos políticos e às confederações sindicais ou entidades de classe.[169] Por consequência, os grupos de interesse recorrem aos agentes legitimados e esses, por sua vez, as formulam perante o Poder Judiciário.

Nos Estados Unidos, contudo, a exclusividade do modelo difuso (recursal) de controle de constitucionalidade, somado aos excessivos custos judiciais, faz com que o financiamento de ações estratégicas seja utilizado com frequência por agremiações sociais. Exemplo notório são os litígios estratégicos promovidos pela Associação Nacional para o Avanço das Pessoas Negras (*National Association for the Advancement of Colored People* – NAACP), por intermédio de seu Fundo Independente para Defesa Jurídica (*Legal Defense Fund* – LDF).[170]

Karen O'Connor e Lee Epstein investigaram a formação de lobby judicial por grupos de igualdade de gênero junto à

---

brasileiro. São Paulo: Marcial Pons, 2020, p. 45.

169 "Art. 103. Podem propor a ação direta de inconstitucionalidade e a ação declaratória de constitucionalidade: I – o Presidente da República; II – a Mesa do Senado Federal; III – a Mesa da Câmara dos Deputados; IV – a Mesa de Assembleia Legislativa; IV – a Mesa de Assembleia Legislativa ou da Câmara Legislativa do Distrito Federal; V – o Governador de Estado ou do Distrito Federal; VI – o Procurador-Geral da República; VII – o Conselho Federal da Ordem dos Advogados do Brasil; VIII – partido político com representação no Congresso Nacional; IX – confederação sindical ou entidade de classe de âmbito nacional" (BRASIL. *Constituição da República Federativa do Brasil*, de 5 de outubro de 1988. Disponível em: https://www.planalto.gov.br/ccivil_03/constituicao/constituicao.htm. Acessado em: 16.05.2023).

170 O'CONNOR, Karen; EPSTEIN, Lee. "Beyond legislative lobbying: women's rights groups and the Supreme Court". *Judicature*, vol. 67, nº 3, set. 1983, pp. 136/137.

Suprema Corte Estadunidense. Entre os principais patrocinadores de demandas, figuram a União Americana das Liberdades Civil, a Organização Nacional para Mulheres, a Liga de Ação para Equidade das Mulheres, o Fundo Jurídico para Defesa das Mulheres, bem como o Centro para Direitos Constitucionais.[171] Como as autoras puderam observar, a busca pelo Poder Judiciário se deu como tática de redução da força da oposição. Enquanto os grupos conservadores, religiosos ou empresariais já estavam bem consolidados no Legislativo, na Suprema Corte não possuíam a mesma organização.[172]

O lobby judicial brasileiro é visto com mais intensidade a partir do (ii) uso de *amici curiae* e na participação em audiências públicas do Poder Judiciário. Com efeito, em sede de julgamento das ações diretas de inconstitucionalidade, incluindo por omissão, das ações declaratórias de constitucionalidade nas arguições de descumprimento de preceito fundamental, o Supremo Tribunal Federal pode designar a realização de audiência pública, a fim de ouvir especialistas temáticos e esclarecer circunstâncias fáticas com interesse público relevante. Tais especialistas são denominados *amici curiae*.

Diante do escopo limitado de lobby no Poder Judiciário, a arena das audiências públicas se mostra estratégica para que a sociedade civil consiga trazer informações sensíveis aos ministros e ministras que formarão a decisão.[173]

---

171 Tradução livre para *American Civil Liberties Union* (ACLU), *National Organization for Women* (NOW), *Women's Equity Action League* (WEAL), *Women´s Legal Defense Fund* (WLDF) e *Center for Constitutional Rights* (CCR), respectivamente.

172 O'CONNOR, Karen; EPSTEIN, Lee. "Beyond legislative lobbying: women's rights groups and the Supreme Court". *Judicature*, vol. 67, nº 3, set. 1983, p. 141.

173 SIQUEIRA, Dirceu Pereira; RAMIRO, Marcus Geandré Nakano; CASTRO, Lorenna Roberta Barbosa. "Lobby em audiência pública no Supremo Tribunal Federal: instrumentos democráticos para efetivação dos direitos

Ao analisar 19 audiências públicas que tomaram lugar no STF, entre 2007 e 2016, Lívia Gil Guimarães notou que a maior parte dos expositores representava interesses privados de grupos. Igualmente, o teor de apresentação era sobretudo técnico (57% das falas), enquanto discursos políticos representavam 18%, teses jurídicas 15%, defesas acadêmicas 9% e depoimentos pessoais apenas 1%. Na interpretação da autora, os dados indicariam a importância desse espaço para comunicação dos interesses econômicos junto à decisão jurídica.[174]

Em pesquisa envolvendo decisões das cortes superiores estadunidenses, Jenna Kane constatou que as petições de *amici curiae* realmente influenciavam a decisão judicial, sobretudo em temas de maior complexidade técnica. Apesar de argumentos técnicos impactarem na formação da decisão jurídica, a autora encontrou outra ferramenta utilizada pelos grupos de interesses com resultados mais expressivos: (iii) influenciar na escolha dos membros do Poder Judiciário. No caso dos Estados Unidos, 38 estados federados utilizam alguma forma de eleição para a escolha de juízes. Nesse contexto, quando os grupos de interesses fazem doações às campanhas do judiciário, usualmente o fazem buscando compensações político-jurídicas futuras. Apesar de os resultados não serem conclusivos, casos envolvendo litigantes-doadores costumam ter desfechos mais variáveis – especialmente quando o entendimento consolidado é desfavorável ao doador.[175]

---

da personalidade feminina". *Revista Direitos Culturais*, vol. 15, nº 37, set./dez. 2020, p. 350.

174 GUIMARÃES, Lívia Gil. "Participação Social no STF: repensando o papel das audiências públicas". *Revista Direito e Práxis*, vol. 11, nº 1, 2020, pp. 257-260.

175 KANE, Jenna Becker. "Lobbying justice(s)? Exploring the nature of amici influence in state Supreme Court decision making". *State Politics & Policy Quarterly*, vol. 17, nº 3, set. 2017, p. 255.

No Brasil, grande parte da magistratura é formada por agentes públicos concursados. Mas há espaço para disputa política, notadamente nos cargos de ministros nos tribunais superiores, os quais dependem da nomeação do Poder Executivo e chancela do Poder Legislativo, bem como na nomeação de desembargadores nos tribunais de justiça estaduais, com participação da advocacia (sociedade civil). Nessas poucas cadeiras remanescentes há uma intensa concorrência, não apenas entre os eventuais candidatos, mas entre os interesses que seus posicionamentos político-jurídicos venham a privilegiar.[176]

Este capítulo teve como objetivo apresentar o conceito de lobby, as práticas e os instrumentos mais utilizados por lobistas durante a persuasão governamental. Ainda que a doutrina vacile na definição do fenômeno, a pragmática da atividade contribui para sua melhor compreensão. Ao analisar como campanhas de influência tomam os corredores de todas as funções públicas, entendo o lobby como a atividade que vise influenciar os processos decisórios dos Poderes do Estado.

Não há, porém, uma determinação legal nacional que oriente com precisão o fenômeno do lobby aos contornos jurídicos pátrios. Diferentemente dos Estados Unidos da América, onde já se regula o lobby desde 1946, do vizinho Chile, que a partir de 2014 se tornou o primeiro país latino-americano a disciplinar efetivamente a prática,[177] ou de tantos outros Estados europeus, o Brasil segue

---

176 MANCUSO, Wagner Pralon; GOZETTO, Andréa Cristina Oliveira. *Lobby e políticas públicas*. Rio de Janeiro: FGV Editora, 2018, p. 49.

177 O Peru conta com uma lei específica do lobby desde 2003 (*Ley n.* 28.024). No entanto, ficou mais de 15 anos em franca inoperância, por carecer de decreto do Poder Executivo que regulasse sua aplicação, até julho de 2019, quando o ato administrativo foi publicado (GALER, Nicolás Fernando Rodríguez. *Regulación de lobby en el Perú*: trayectoria pendular hacia una ley de gestión de intereses de segunda generación. Curso de Magíster En Gestión Pública. Lima: Universidad del Pacífico, 2016. (Dissertação de Mestrado). Disponível em: https://repositorio.up.edu.pe/bitstream/handle/11354/1155/

temente ao tabu da influência privada na política. Nada obstante a isso, é possível identificar uma tímida tutela jurídica do lobby no regime constitucional brasileiro, como se verá no próximo capítulo.

Nicol%C3%A1s_Tesis_maestria_2016.pdf?sequence=1. Acessado em: 15.05.2023).

CAPÍTULO III

PARTICIPAÇÃO POPULAR E LOBBY NO ORDENAMENTO JURÍDICO BRASILEIRO

3.1 A participação popular na Constituição de 1988

O estudo da teoria democrática estrangeira importa. Importa não apenas em termos absolutos, por sua qualidade intrínseca, mas também relativamente, quando aplicada ao cenário brasileiro. Nas ciências jurídicas, poucas são as jabuticabas verdadeiras; e mesmo quando há traços de estudo tupiniquim, ele logo se apresenta como tupinambá devorador da qualidade dos outros. É como versou Oswald de Andrade, "só interessa o que não é meu. Lei do homem. Lei do antropófago".[178]

O pensamento jurídico brasileiro não ignorou a evolução doutrinária do centro global, deduzida no primeiro capítulo. Ao

178 ANDRADE, Oswald. "Manifesto Antropófago". *Revista de Antropofagia*, São Paulo, ano 1, vol. 1, mai. 1928. Disponível em: https://digital.bbm.usp.br/view/?45000033273&bbm/7064#page/2/mode/2up. Acessado em: 17.05.2023.

contrário, apreendeu e absorveu tudo aquilo que lhe foi adequado – ou que lhe foi imposto.[179] Isso se deu com o processo civilizador da formação do Estado,[180] mas também com a evolução da dogmática constitucional em direção ao avanço da democracia. Conforme Eneida Desiree Salgado, os intelectuais tiveram um papel de destaque na Assembleia Constituinte de 1987, quando da elaboração de propostas à Constituição Cidadã.[181]

Foi o caso de Oliveiros Ferreira, que, em obra editada para trazer sugestões à Comissão Provisória de Estudos Constitucionais, defendeu a autonomia dos grupos sociais frente ao Estado. A fim de quebrar com o monopólio de representação dos partidos políticos, o jurista recomendou que se criasse a figura das instituições representativas, com competência para apresentar projetos de lei e acompanhar as discussões pelos próprios interessados. José Afonso da Silva, por sua vez, apresentou proposta à Constituição a fim de incluir a participação popular no processo legislativo como um direito político fundamental, fosse exercido diretamente pelo cidadão, fosse pelas organizações de base.[182] Eis o impacto do pluralismo político exigindo mais inclusão popular no cenário constitucional brasileiro.

---

179 Sobre o novo colonialismo jurídico, vide: ALMEIDA, Alfredo Wagner Berno de. "Novos colonialismos: diálogos evanescentes numa fronteira em movimento". *In*: GEDIEL, José Antônio Peres *et al.* (Coord.). *Direitos em conflito*: movimentos sociais, resistência e casos judicializados. Curitiba: Kairós, 2015, pp. 41-47.

180 Expressão utilizada por Norbert Elias. Vide: ELIAS, Norbert. *O processo civilizador*: formação do Estado e civilização. Trad. Ruy Jungmann. Rio de Janeiro: Zahar, 2017.

181 SALGADO, Eneida Desiree. *Constituição e democracia* - tijolo por tijolo num desenho (quase) lógico: vinte anos de construção do projeto democrático brasileiro. Belo Horizonte: Fórum, 2007, p. 124.

182 SALGADO, Eneida Desiree. *Constituição e democracia* - tijolo por tijolo num desenho (quase) lógico: vinte anos de construção do projeto democrático brasileiro. Belo Horizonte: Fórum, 2007, pp. 126-132.

Com efeito, a promulgação da Constituição de 1988 marca a ruptura com o período autoritário e reinaugura a democracia brasileira. O desejo pela reestruturação do regime democrático, mantendo vívida a lembrança e o contraste com a ditatura,[183] fez plasmar na Constituição não apenas a garantia da escolha dos representantes do povo – através de voto secreto, universal e periódico – mas também de institutos de participação direta nos processos decisórios.[184]

Afinal, o Estado Democrático de Direito contemporâneo acompanhou a renovação da teoria democrática. Esse progresso ilustra a insuficiência da divisão rígida entre cada função dos Poderes, rogando por um diálogo institucional e conjugando o princípio da soberania popular com o *rule of law*.[185]

Entre tantos efeitos, esse movimento expandiu a participação política social para além do mero ato do voto. O plebiscito, o referendo, a iniciativa popular e o veto popular são ferramentas positivadas na Constituição Federal para intervenção direta no processo

---

183 Há de se fazer um aparte: ainda que o texto constitucional estabeleça uma clara relação de oposição com o período ditatorial, não é possível dizer que se operou, no Brasil, uma justiça de transição. Em vez de desenvolver uma memória institucional, ou memória-forte, o Estado optou por agir em um plano de apagamento e esquecimento do passado, tendo como *magnum opus* a Lei n. 6.683/1979 que anistiou, em pé de igualdade, torturados e torturadores. Vide BREPOHL, Marion; GONÇALVES, Marcos; GABARDO, Emerson. "As violências do estado de exceção e a defesa da memória contra a invisibilidade dos grupos vulneráveis". *Revista Brasileira de Estudos Políticos*, Belo Horizonte, nº 117, jul./dez. 2018, pp. 328/329.

184 SCHIER, Adriana da Costa Ricardo; MELO, Juliane Andrea de Mendes Hey. "O direito à participação popular como expressão do Estado Social e Democrático de Direito". *A&C – Revista de Direito Administrativo & Constitucional*, Belo Horizonte, ano 17, nº 69, jul./set., 2017, p. 129.

185 CLÈVE, Clèmerson Merlin; LORENZETTO, Bruno Meneses. "Diálogos institucionais: estrutura e legitimidade". *Revista de Investigações Constitucionais*, Curitiba, vol. 2, nº 3, set./dez. 2015, p. 184.

legislativo.[186] Igualmente, o artigo 204, inciso II, da Constituição, franqueou a participação da população no Poder Executivo, em especial na formulação e ação das políticas públicas de todos os níveis federativos, por meio de organizações representativas.

Com a evolução da doutrina democrática, afastam-se os dogmas liberais que fundamentam a legitimidade da Administração somente na lei formal, instrumento da vontade geral do parlamento. No Estado Social desenhado pela Constituição de 1988,[187] a sociedade e suas respectivas associações devem permear os atos estatais. É preciso reconhecer a pluralidade de demandas populares, o que exige da Administração Pública uma conversa frequente com a praça.[188] Essa tendência se desvencilha da ideia do administrado – indivíduo em sujeição ao Estado – para celebrar a figura do cidadão, sujeito ativo na relação estatal, não por lhe ser superior, mas por ocupar uma posição de igualdade.[189]

---

186 PEDRA, Adriano Sant'Ana. "Participação popular no processo legislativo". *A&C – Revista de Direito Administrativo e Constitucional*, Belo Horizonte, ano 7, nº 27, jan./mar. 2007, p. 118.

187 Defende-se aqui o entendimento segundo o qual há, na Constituição, uma opção pelo modelo social de Estado e uma oposição ao modelo subsidiário ou liberal. Isso se deve em parte pela ordem econômica adotada pós-1988, que retirou o princípio da subsidiariedade como mandamento jurídico, mas sobretudo pelo compromisso com a redução das desigualdades (econômicas, de gênero, de raça), que orienta todo o texto constitucional. Vide: GABARDO, Emerson. "Estado Social e Estado subsidiário: modelos distintos de desenvolvimento". *Revista de Direito Administrativo e Infraestrutura*, Belo Horizonte, vol. 11, nº 3, 2019, pp. 291-294.

188 BATISTA JÚNIOR, Onofre Alves. *Transações administrativas*: um contributo ao estudo do contrato administrativo como mecanismo de prevenção e terminação de litígios e como alternativa à atuação administrativa autoritária, no contesto de uma Administração Pública mais democrática. São Paulo: Quartier Latin, 2007, pp. 66/67.

189 FREITAS, Juarez. "Direito Administrativo não adversarial: a prioritária solução consensual de conflitos". *Revista de Direito Administrativo*, vol. 276, set./dez., 2017, p. 43.

Historicamente, a Administração Pública brasileira atuou de maneira concentrada nos instrumentos de intervenção social, orientando-se por métodos e processos com pouca ou nenhuma flexibilidade para a oitiva dos cidadãos.[190] Com a abertura democrática, foi preciso exigir um comportamento diferente que reconhecesse valor e permitisse maior interação popular com o Poder Público, inclusive para decidir sobre os recursos a serem aplicados. Afinal, entender o cidadão como aquele que interage com a gestão pública implica elevá-lo à figura de controlador dos desvios e dos malfeitos administrativos.[191]

Como leciona Ligia Maria Silva Melo de Casimiro, no Estado Social de Direito, a cidadania deve ser compreendida também como a capacidade de participar no exercício do poder político, sobretudo para que as minorias tenham voz ativa e possam opinar sobre a gestão do governo. Se um dos elementos necessários da democracia real é a alternância de poder, então é necessário que mesmo os grupos minoritários tenham a chance de se converter em maioria a partir do convencimento racional. Ultrapassa-se o reconhecimento passivo da pluralidade social para alocar o cidadão ao estatuto de participante político, não mero recipiente da intervenção estatal.[192]

---

190 GABARDO, Emerson; GRANER, Mateus Domingues. "A importância da participação popular na análise de impacto regulatório pelas agências reguladoras federais brasileiras". *Revista de Direito Administrativo*, Rio de Janeiro, vol. 279, nº 3, set./dez. 2020, p. 287.

191 CASIMIRO, Ligia Maria Silva Melo de Casimiro; MORAES, Filomeno. "Planejamento social na Administração Pública: um instrumento essencial na promoção dos direitos fundamentais sociais". *Revista de Direito Econômico e Socioambiental*, Curitiba, vol. 8, nº 2, nov. 2017, p. 453.

192 CASIMIRO, Ligia Maria Silva Melo de Casimiro; MORAES, Filomeno. "Planejamento social na Administração Pública: um instrumento essencial na promoção dos direitos fundamentais sociais". *Revista de Direito Econômico e Socioambiental*, Curitiba, vol. 8, nº 2, nov. 2017, p. 453.

3.2 As instituições participativas do Direito brasileiro

O ordenamento jurídico infraconstitucional trouxe uma série de *instituições participativas* capazes de materializar o aludido giro político-epistemológico. Por instituições participativas, entendam-se os mecanismos diferenciados de "incorporação de cidadãos e associações da sociedade civil na deliberação sobre políticas".[193] No exercício da função legislativa do poder soberano, a Constituição da República disciplinou (i) o plebiscito, (ii) o referendo e (iii) a iniciativa popular.[194]

Arrolado no artigo 14, inciso I, da Constituição, (i) o instituto do plebiscito foi regulamentado pela Lei n. 9.709/1998 enquanto consulta prévia, formulada ao povo, para que delibere sobre matéria de acentuada relevância, seja esta de natureza constitucional, legislativa ou administrativa. Trata-se, portanto, de um exame popular prévio à deflagração ou à finalização de um processo legislativo ou de norma administrativa. Salvo a realização obrigatória para incorporação, subdivisão ou desmembramento de Estados e Municípios, prevista no artigo 18, parágrafos 3º e 4º, do texto constitucional, a decisão sobre submissão do instrumento é privativa do Parlamento.[195]

---

193 AVRITZER, Leonardo. "Instituições participativas e desenho institucional: algumas considerações sobre a variação da participação no Brasil democrático". *In*: PEREIRA, Flávio Henrique Unes; DIAS, Maria Tereza Fonseca (Coord.). *Cidadania e inclusão social*: estudos em homenagem à professora Miracy Barbosa de Sousa Gustin. Belo Horizonte: Fórum, 2008, p. 276.

194 CARVALHAES, Rafael Bitencourt; SILVA, Fernando Pereira da. "Democracia, cidadania e mecanismos de participação popular". *Revista de Teorias da Democracia e Direitos Políticos*, Maranhão, vol. 3, nº 2, jul./dez. 2017, p. 63.

195 "Art. 3º Nas questões de relevância nacional, de competência do Poder Legislativo ou do Poder Executivo, e no caso do § 3º do art. 18 da Constituição Federal, o plebiscito e o referendo são convocados mediante decreto legislativo, por proposta de um terço, no mínimo, dos membros que compõem qualquer das Casas do Congresso Nacional, de conformidade com

Concretamente, apenas um único plebiscito foi efetivado em caráter nacional pós-88 – e somente porque foi previsto no artigo 2º Ato das Disposições Constitucionais Transitórias. Cuida-se da consulta realizada em 7 de setembro de 1993 para que o povo decidisse entre a forma de governo (república ou monarquia constitucional) e seu sistema (parlamentarismo ou presidencialismo) que deveriam viger no Brasil.[196] Nessa oportunidade, 66,26% dos eleitores foram a favor da república, contra 10,25% pela monarquia; ao passo em que o sistema presidencialista foi eleito com 55,58% dos votos, enquanto o parlamentarismo obteve 24,87% do eleitorado.[197]

Ademais, a consulta popular *ex ante* foi apenas realizada em mais duas ocasiões, uma em nível estadual, outra em nível municipal. No ano de 2011, o Pará convocou seus eleitores para que decidissem sobre a subdivisão territorial e administrativa em dois novos estados, Carajás e Tapajós, em resposta às históricas demandas divisionistas da comunidade local na Amazônia. Ainda assim, a narrativa de integração do estado restou vitoriosa, mantendo-se uno o território paraense com o apoio de 66% dos votos válidos.[198] Já em 2014, juntamente com as eleições municipais, o município de Campinas realizou plebiscito para reorganização administrativo-territorial, questionando-se sobre a criação de dois

esta Lei" (BRASIL. *Lei n. 9.709*, de 18 de novembro de 1998. Disponível em: https://www.planalto.gov.br/ccivil_03/leis/l9709.htm. Acessado em: 14.05.2023).

196 AUAD, Denise *et al.* "Mecanismos de participação popular no Brasil: plebiscito, referendo e iniciativa popular". *Revista Brasileira de Direito Constitucional*, nº 3, jan./jun. 2004, p. 302.

197 VITA, Raoni Lacerda. *Democracia participativa no Brasil*: à luz da Carta Democrática Interamericana. São Paulo: Lualri, 2018, p. 56.

198 BRAGA, Thais Luciana Correa; COSTA, Alda Cristina Silva da; RODARTE, Lídia Karolina de Sousa. "Tempo e Narrativa na Amazônia Paraense: o plebiscito no Pará pela perspectiva do 'Espaço do Leitor'". *Contracampo*, Niterói, vol. 37, nº 01, abr./jul. 2018, p. 132.

novos distritos – Ouro Verde e Campo Grande – tendo obtido resultado favorável nas urnas e materialização da escolha popular.[199]

(ii) O referendo segue disposto no artigo 14, inciso II, da Constituição e, tal qual o plebiscito, foi disciplinado pela Lei n. 9.709/1998. Diferentemente do primeiro instituto, o referendo ocorre posteriormente à edição do ato administrativo ou legislativo, no prazo de 30 dias a contar de sua publicação, prestando-se a respectiva ratificação ou rejeição.

No histórico brasileiro, o chamamento popular em dimensão nacional foi exercitado apenas uma vez, quando da publicação da Lei n. 10.826/2003, o Estatuto do Desarmamento. Nesse episódio, o povo foi instado a opinar acerca do artigo 35 da referida lei, respondendo se "o comércio de arma de fogo e munição deveria ser proibido no Brasil".[200] O resultado foi de 63,94% pelo "não" e 36,06% pelo "sim", razão pela qual o Estatuto restou aprovado sem a dicção do artigo 35.[201]

Houve ainda um caso isolado de referendo em nível estadual, no Acre, no ano de 2010, quando os eleitores foram convocados a ratificar a modificação do fuso horário GMT-5 (Greenwich menos cinco horas) para o fuso horário GMT-4 (Greenwich menos quatro horas). Mesmo após grande pressão do lobby do setor de telecomunicação,

---

199 VITA, Raoni Lacerda. *Democracia participativa no Brasil*: à luz da Carta Democrática Interamericana. São Paulo: Lualri, 2018, p. 58.

200 A pergunta formulada nas urnas foi: "o comércio de arma de fogo e munição deveria ser proibido no Brasil?" (BERNARDES, Cristiane. "Referendo sobre comércio de armas confunde eleitores". *Agência Câmara*, 20 out. 2005. Disponível em: https://www.camara.leg.br/noticias/74523-referendo-sobre-comercio-de-armas-confunde-eleitores/. Acessado em: 14.05.2023).

201 FERRER, Walkiria Martinez Heinrich; CARDOSO, Gleissa Mendonça Faria. "A reforma política brasileira à luz dos institutos plebiscito e referendo: mais uma proposta à democracia". *Revista Direitos Fundamentais & Democracia*, vol. 23, nº 1, 2018, p. 172.

que seria favorecido com a grade horária mais uniforme, o povo optou pela manutenção do fuso horário já aplicado.[202]

Por fim, (iii) a iniciativa popular encerra as instituições participativas arroladas no artigo 14 da Constituição Federal, sendo posteriormente disciplinada no parágrafo segundo do artigo 61. Trata-se de instituto de extrema importância em uma democracia semidireta, uma vez que congrega a exigência popular com a elaboração legislativa iniciada pelo próprio povo, independentemente da vontade do governante.[203]

Novamente, porém, a efetividade do instituto restou prejudicada no histórico brasileiro. Nos termos do parágrafo segundo do artigo 61 da Constituição, os projetos de lei apresentados à Câmara dos Deputados devem estar subscritos por, no mínimo, um por cento do eleitorado nacional, o que equivale a 1.479.184 assinaturas,[204] distribuídos por ao menos cinco Estados, com não menos de três décimos por cento dos eleitores em cada um deles.

Em que pese o intrincado conjunto de requisitos para que possa ser levada a efeito, a iniciativa popular carece de maior exequibilidade diante da ineficiência estatal. Nas quatro ocasiões relativamente bem-sucedidas de iniciativa popular, nas quais os projetos aparentavam preencher os requisitos indicados, o Congresso

---

202 VITA, Raoni Lacerda. *Democracia participativa no Brasil*: à luz da Carta Democrática Interamericana. São Paulo: Lualri, 2018, p. 62.

203 LINHARES, Paulo Afonso. *Cidadania interativa*: plebiscito, referendo e iniciativa popular na Constituição de 1988 e os impactos da revolução tecnológica da informação e comunicação na democracia brasileira. Curso de Programa de Pós-Graduação em Direito, Centro de Ciências Jurídicas. Recife: Universidade Federal de Pernambuco, 2010, pp. 273/274. (Tese de Doutorado). Disponível em: https://repositorio.ufpe.br/bitstream/123456789/3763/1/arquivo366_1.pdf. Acessado em: 15.05.2023.

204 Conforme consulta às estatísticas do Tribunal Superior Eleitoral, em 10 de dezembro de 2020 (BRASIL. Tribunal Superior Eleitoral. *Estatísticas Eleitorais*. Disponível em: https://www.tse.jus.br/eleicoes/estatisticas/estatisticas-eleitorais. Acessado em: 15.05.2023).

Nacional não teve capacidade técnica de validar as mais de um milhão de assinaturas recolhidas. Assim, a resposta dada pelo Parlamento foi de receber as demandas populares como legítimas, porém, em face da inviabilidade de contar as subscrições, remetê-las como projeto de lei de autoria da Câmara dos Deputados.[205]

Foi o que aconteceu com a Lei n. 8.930/1994, que dispõe sobre crimes hediondos; com a Lei n. 9.840/1999, que tornou a compra de votos infração eleitoral sujeita à cassação do mandato; com a Lei n. 11.124/2005, que criou o Fundo Nacional de Habitação de Interesse Social; bem como com a Lei Complementar n. 135/2010, popularmente conhecida como Lei da Ficha Limpa.[206]

A abertura participativa pós-1988 também ocorreu fora da função legislativa da soberania popular. Nesse tocante, o primeiro mecanismo participativo que merece ser detalhado é a Lei de Acesso à Informação (Lei n. 12.527/2011). Afinal, pressuposto básico para o exercício qualificado da vontade política é a informação. Somente com dados transparentes e verdadeiros a sociedade pode efetivar seu escrutínio e decidir conforme seus interesses. O acesso à informação, portanto, apresenta-se em uma dupla ótica: de um lado, o Estado deve fornecer informação fidedigna, transparente e acessível para os cidadãos; de outro, deve-se garantir a produção e veiculação de informação pelo próprio cidadão. No Estado em que o povo é o legítimo detentor do poder, as instituições têm o dever de prestar contas de seus atos.[207]

---

205 SALGADO, Eneida Desiree. "Iniciativa popular de leis: as propostas, o positivado e o possível". *Revista Senado*, Brasília, ano 43, vol. 169, 2006, p. 98.

206 VITA, Raoni Lacerda. *Democracia participativa no Brasil*: à luz da Carta Democrática Interamericana. São Paulo: Lualri, 2018, pp. 63-73.

207 GABARDO, Emerson; SALGADO, Eneida Desiree. "O princípio da publicidade e os abusos de poder político e econômico na democracia contemporânea". *In*: GABARDO, Emerson; AFFORNALLI, Maria Cecília N. Munhoz. *Direito, informação e cultura*. Belo Horizonte: Fórum, 2012, pp. 149-171.

Assim, tanto os princípios gerais da Administração Pública (art. 37, caput, CRFB) quanto o direito fundamental à informação pública (art. 5º, XXXIII, CRFB) constrangem o Estado a se reportar com transparência à sociedade civil – exceto nos casos em que o interesse público motivar o sigilo – inclusive com ampla divulgação dos agentes que influenciaram na tomada de decisão.

Na realidade, enquanto forma elementar de *accountability* social, o acesso à informação é consequência republicana do exercício do poder pelo povo. Bem por isso, Clèmerson Merlin Clève e Júlia Ávila Franzoni advogam no sentido de que a Lei de Acesso à Informação não foi uma novidade absoluta, diante da previsão constitucional relativa à informação e às instituições de controle já existentes, como o Tribunal de Contas da União, o Ministério Público, a Controladoria-Geral da União e a Polícia Federal. Apesar de não ser inédita, a Lei n. 12.527/2011 inovou ao trazer procedimentos e parâmetros para eventuais restrições de acesso, franqueando a concretização da dita *transparência ativa*, ou seja, a participação social no controle e fornecimento de informações.[208] Dessa forma, diz-se que referida legislação conferiu maior densidade normativa aos pressupostos constitucionais de transparência administrativa, isto é, detalhou o conteúdo jurídico e a instrumentalidade do princípio constitucional.[209]

Ao analisar os princípios básicos insertos no artigo 3º da Lei de Acesso à Informação (LAI), Ana Paula de Barcellos os divide enquanto (i) objetivos gerais de cultura de transparência e controle social; (ii) densificação da publicidade administrativa; (iii) *e-governo* como meio para acesso à informação e tecnologia. A

---

208 CLÈVE, Clèmerson Merlin; FRANZONI, Júlia Ávila. "Administração Pública e a nova Lei de Acesso à Informação". *Interesse Público*, Belo Horizonte, ano 15, nº 79, mai./jun. 2013, p. 8.

209 SALGADO, Eneida Desiree. *Lei de Acesso à Informação (LAI)*: comentários à Lei n. 12.527/2011 e ao Decreto n. 7.724/2012. São Paulo: Atlas, 2015, p. 2.

referida mudança cultural foi valiosa para a democracia, na medida em que adicionou uma nova ferramenta para condicionar os atos públicos a terem uma motivação digna de publicidade, obrigando ambos os elementos – o ato e suas razões – a serem transparentes. Conforme a autora, se é verdade que as decisões judiciais devem ser fundamentadas, o mesmo não ocorre no processo legislativo ou em determinados atos administrativos. Assim, a consciência, pelo agente político, de que as justificativas indicadas poderão ser amplamente apuradas pela população opera como um indutor de motivações mais bem fundamentadas.[210]

Em outras palavras, é possível reconhecer a cultura da transparência no acesso à informação através do elemento da motivação. Cuida-se, no caso, de requisito básico de uma Administração Pública Constitucional, conforme o giro democrático que se opera no pós-1988. Com o respeito à motivação, há a possibilidade de incrementar a responsabilidade dos administradores em decorrência de procedimentos transparentes e participativos, por meio da ação mais direta por parte da sociedade.

Outra instituição participativa que igualmente contribuiu para a realização e aprimoramento da cidadania ativa foi a audiência pública. Trata-se de desenho de ratificação popular, tipicamente utilizado para referendar a vontade política através da entrada de mais atores sociais no processo de decisão. Abstratamente, o sucesso ou o insucesso da promoção das audiências públicas está na sua capacidade de vincular o poder centralizador diante das manifestações apresentadas – para aceitá-las ou refutá-las, de modo fundamentado – bem como nas consequências para fomentar mais processos participativos no seio da comunidade.[211]

---

210 BARCELLOS, Ana Paula de. "Acesso à informação, os princípios da Lei n. 12.527/2011". *Quaestio Juris*, vol. 8, nº 3, 2015, p. 1.744.

211 AVRITZER, Leonardo. "Instituições participativas e desenho institucional: algumas considerações sobre a variação da participação no Brasil democrático". *In*: PEREIRA, Flávio Henrique Unes; DIAS, Maria Tereza Fonseca

Na Constituição, o instrumento foi positivado no artigo 58, parágrafo 2º, inciso II, como competência das comissões legislativas, a fim de manter diálogo com as entidades da sociedade civil, escolhidas em razão da matéria legislada. Através da audiência pública, o cidadão e suas organizações representativas podem expor interesses e oposições sobre a elaboração de um projeto de lei.

Ademais, a legislação infraconstitucional prevê o uso de audiências públicas para formulação e aplicação de políticas públicas. A título de exemplo, a oitiva social deveria ser considerada diante de uma ação estatal relativa à política energética nacional (art. 19, Lei n. 9.478/1997), no processo de elaboração do plano diretor municipal (art. 40, §4º, I, da Lei n. 10.257/2001), ou em casos de licitação ou contrato administrativo de grande vulto (art. 39, Lei n. 8.666/1993). Mesmo os resultados de uma política pública já implementada podem ser objeto de audiência, a fim de avaliar e corrigir os rumos adotados, conferindo atualização e legitimidade para a satisfação de direitos. Para que esse instrumento produza os resultados esperados, é importante que a população detenha conhecimento prévio, razão pela qual as audiências públicas prescindem do acesso à informação.[212]

Finalmente, há que se destacar a Carta Democrática Interamericana, elaborada pela Organização dos Estados Americanos (OEA), em 2001. Em seu artigo 6, consagra que a participação dos cidadãos nas decisões relativas ao seu desenvolvimento é condição necessária para o exercício pleno e fortalecimento da

---

(Coord.). *Cidadania e inclusão social*: estudos em homenagem à professora Miracy Barbosa de Sousa Gustin. Belo Horizonte: Fórum, 2008, p. 284.

212 CARVALHAES, Rafael Bitencourt; SILVA, Fernando Pereira da. "Democracia, cidadania e mecanismos de participação popular". *Revista de Teorias da Democracia e Direitos Políticos*, Maranhão, vol. 3, nº 2, jul./dez. 2017, p. 64.

democracia.[213] Em que pese não seja um tratado internacional, mas uma resolução de objetivos para desenvolvimento político, a Carta foi expedida como ferramenta interpretativa à Declaração Americana dos Direitos e Deveres do Homem da OEA.[214] Há, portanto, uma força de *soft law* internacional da referida Carta que não pode ser ignorada.[215]

3.3 O direito fundamental à participação popular

É no caldo das instituições participativas e na participação popular que se encontra a abertura jurídica para a prática do lobby. Se o ordenamento jurídico brasileiro ainda carece de um diploma específico de regule especificamente a atividade econômica, isso não significa a ausência de um direito subjetivo de influenciar as decisões políticas. Na realidade é preciso reconhecer a existência de um direito fundamental à participação popular.[216]

Trata-se de interpretação amparada pela cláusula de abertura material do rol de direitos fundamentais. Conforme o artigo 5º, parágrafo 2º, da CRFB, os direitos expressos na Lei Maior não excluem outros decorrentes do regime ou dos princípios por

---

213 "Artigo 6. A participação dos cidadãos nas decisões relativas a seu próprio desenvolvimento é um direito e uma responsabilidade. É também uma condição necessária para o exercício pleno e efetivo da democracia. Promover e fomentar diversas formas de participação fortalece a democracia" (ORGANIZAÇÃO DOS ESTADOS AMERICANOS. *Carta Democrática Interamericana*. Lima, 2001. Disponível em: http://www.oas.org/OASpage/port/Documents/Democractic_Charter.htm. Acessado em: 15.05.2023).

214 A adesão do Brasil à Carta da OEA foi internalizada pelo Decreto n. 30.544/1952.

215 VITA, Raoni Lacerda. *Democracia participativa no Brasil*: à luz da Carta Democrática Interamericana. São Paulo: Lualri, 2018, p. 40.

216 BLANCHET, Luiz Alberto; SANTANO, Ana Claudia; MIRANDA NETTO, Fernando Gama de. "O tabu da relação do lobby e políticas públicas no Brasil". *Revista de Direito Econômico e Socioambiental*, vol. 7, 2016, pp. 50-54.

ela adotados. Dessa forma, admite-se a existência de direitos materialmente fundamentais, em razão do vínculo íntimo entre seu conteúdo e o espírito da Constituição.[217] No caso do direito à participação popular, por exemplo, sua fundamentalidade deflui do regime democrático e dos princípios da soberania popular e pluralismo político.

O regime dos direitos fundamentais possui características que são incomuns às demais normas jurídicas. Enquanto tradução de um consenso básico do Estado e da coletividade, os direitos fundamentais são protegidos contra emendas abolitivas, apresentando-se como limite material à revisão constitucional, mesmo em face de maiorias qualificadas.[218] Nessa esteira, por mais que o artigo 60, parágrafo 4º, inciso IV, da CRFB/1988 adote a expressão "direitos e garantias *individuais*", a questão já foi superada pelo STF no sentido de que a limitação do poder de reforma encerra também os direitos sociais e os princípios do regime constitucional. Afinal, mesmo os direitos sociais carregam em si uma dimensão de exercício individual.[219]

Outro elemento típico desse regime é sua multifuncionalidade, ou seja, o reconhecimento da pluralidade de posições jurídicas decorrente do direito *como um todo*. Tal como os demais direitos fundamentais, o direito à participação popular possui uma natureza ampla e engloba diferentes dimensões, deveres e faculdades em que se desdobra e desenvolve. Será, porém, na casuística das

---

217 HACHEM, Daniel Wunder. *Tutela administrativa efetiva dos direitos fundamentais sociais*: por uma implementação espontânea, integral e igualitária. Programa de Pós-Graduação em Direito. Curitiba: Universidade Federal do Paraná, 2014, p. 91. (Tese de Doutorado).

218 PINTO E NETTO, Luísa Cristina. *Os direitos sociais como limites materiais à revisão constitucional*. Salvador: Juspodivm, 2009, p. 60.

219 BRANDÃO, Rodrigo. "São os direitos sociais cláusulas pétreas? Em que medida?" *In*: SOUZA NETO, Cláudio Pereira de; SARMENTO, Daniel (Coord.). *Direitos sociais*: fundamentos, judicialização e direitos sociais em espécie. Rio de Janeiro: Lumen Juris, 2008, p. 456.

diferentes situações jurídicas que o direito *como um todo* revelará a multiplicidade de normas constantes na disposição fundamental *direito à participação popular*.[220]

Justamente por isso, a norma de direito fundamental habilitadora de intervenção direta do povo nas decisões políticas pode ser encontrada em diversos dispositivos da Constituição. É o caso dos enunciados acerca da liberdade de expressão (art. 5º, IV, CRFB) e de comunicação (art. 5º, IX, CRFB). Quando pensados em conjunto ao direito de petição aos poderes públicos (art. 5º, XXXIV, CRFB), eles garantem a defesa de interesses de grupos ou indivíduos, bem como resguardam suas pretensões. Além desses dispositivos, a liberdade de associação para fins lícitos (art. 5º, XVII, CRFB) e o direito do acesso à informação pública (art. 5º, XXXIII, CRFB) são fundamentações amplas para a influência nas decisões políticas.[221]

Sem pretensão de esgotar a totalidade de posições jurídicas do referido direito fundamental, notam-se de pronto ao menos dois deveres que ocupam o núcleo da norma. Em primeiro lugar, há um (i) *dever de respeito à participação popular*, materializado no dever de abstenção, de não interferência nas esferas de autonomia dos particulares. Ao observar essa prestação negativa (*non facere*), o Estado está impedido de coagir a manifestação do povo, ao mesmo tempo

---

220 Utiliza-se a diferenciação entre norma de direito fundamental e disposição de direito fundamental. Segundo Robert Alexy, a disposição de direito fundamental significa apenas o enunciado normativo, ou seja, o signo textual. O significado desse enunciado seria alcançado através da interpretação, revelando a própria norma de direito fundamental. Diversos enunciados podem traduzir uma mesma norma, seja ela proibitiva ou permissiva. Igualmente, a aplicação da interpretação constitucional em diferentes cenários concretos pode extrair, de um único enunciado (disposição de direito fundamental), diferentes normas de direitos fundamentais (ALEXY, Robert. *Teoria dos direitos fundamentais*. 2ª ed. Trad. Virgílio Afonso da Silva. São Paulo: Malheiros, 2014, p. 66).

221 BLANCHET, Luiz Alberto; SANTANO, Ana Claudia; MIRANDA NETTO, Fernando Gama de. "O tabu da relação do lobby e políticas públicas no Brasil". *Revista de Direito Econômico e Socioambiental*, vol. 7, 2016, p. 60.

em que garante uma imparcialidade quando da oitiva democrática. Ao Estado não cabe, *ex ante*, fazer um juízo sobre a qualidade das manifestações, elegendo apenas vetores que se alinhem com a ação governamental oficial e silenciando personagens com visões opositoras. Dessa forma, tal qual todo direito fundamental, vislumbra-se uma pretensão individual do cidadão em não sofrer intervenções extintivas de direito. Havendo ofensa à pretensão constitucional, emerge a justiciabilidade do direito – a provação da jurisdição.[222]

No que concerne ao dever de respeito, é possível afirmar que a prática do lobby esteja suficientemente garantida no ordenamento jurídico. Nessa dimensão negativa do direito à participação popular, a mera abstenção do aparato coercitivo estatal é capaz de franquear ao cidadão a abertura desejada para pressionar as autoridades em manifestações no espaço público. Felizmente, a evolução democrática pós-1988 reformou, ao menos formalmente, as instituições militares e policiais para tolerar o exercício da liberdade de reunião e de manifestação política.[223]

Mas apenas isso não basta. Em segundo lugar, o direito fundamental demanda um (ii) *dever de promoção de prestações normativas*. É dizer que o Estado deve estabelecer previamente os pressupostos, as condições e o procedimento para o exercício efetivo do direito. Ademais, deve proteger o direito fundamental contra ações de outros particulares, mediante a criação de órgãos e instituições que viabilizem o gozo do direito de forma universalizada e isonômica.[224]

---

222 NOVAIS, Jorge Reis. *Direitos sociais*: teoria jurídica dos direitos sociais enquanto direitos fundamentais. Coimbra: Coimbra Editora, 2010, p. 257.

223 Não se ignora a tragédia estatal na condução de um plano de policiamento nacional pautado na defesa de direitos fundamentais. Com efeito, o que se operou no pós-1988 foi uma alternância de alvo – do subversivo à juventude negra e periférica. Nesse sentido: FREITAS JUNIOR, Renato Almeida de. *Prisões e quebradas*: o campo em evidência. Curso de Direito, Universidade Federal do Paraná, Curitiba, 2017, pp. 44/45. (Dissertação de Mestrado).

224 HACHEM, Daniel Wunder. "A dupla titularidade (individual e transindividual) dos direitos fundamentais econômicos, sociais, culturais e ambientais".

Via de regra, a realização do dever de promoção ocorre através da via infraconstitucional, com a edição de leis que confiram maior densidade normativa ao direito fundamental, possibilitando seu exercício com segurança jurídica e universalidade. Isso ocorre porque a disposição de direito fundamental (enunciado normativo) não dá conta de traduzir o conteúdo do direito com riqueza de detalhes.

Mesmo em Constituições analíticas, como a brasileira,[225] há uma indeterminabilidade essencial quanto ao conteúdo das normas fundamentais, uma vez que não poderiam prever a casuística de cada pretensão individual. Justamente por isso, aquilo que o legislador faz para materializar a eficácia dos direitos fundamentais passa a integrar seu conteúdo, como se parte da norma de direito fundamental.[226]

Especificamente no direito à participação popular, o dever de prestações normativas de procedimentos se revela fundamental para que haja uma efetiva igualdade na disputa política. Neste caso, vícios de procedimentos podem ter consequências devastadoras na expressão da vontade democrática. Para garantir uma representação ampla e equilibrada, o procedimento deve considerar métodos que promovam o protagonismo de diferentes agentes – representantes populares, organizações não lucrativas, empresas privadas e instituições públicas – em uma configuração que evidencie os interesses conflitantes, sem privilegiar os entes hegemônicos apesar da disparidade de poder político real. Por isso, compreende-se que a norma de organização não é mera formalidade, mas possui um valor e um

---

Revista Direitos Fundamentais & Democracia (UniBrasil), vol. 14, nº 14.1, Curitiba, UniBrasil, ago./dez. 2013, p. 628.

225 As Constituições podem ser qualificadas, quanto a seu detalhamento normativo, em sintéticas, com textos mais concisos, e analíticas, com escopo textual mais prolixo (BARCELLOS, Ana Paula de. *Curso de Direito Constitucional*. Rio de Janeiro: Forense, 2018, p. 19).

226 NOVAIS, Jorge Reis. *Direitos sociais*: teoria jurídica dos direitos sociais enquanto direitos fundamentais. Coimbra: Coimbra Editora, 2010, pp. 152-154.

objetivo intrínsecos que asseguram a tomada de decisão a partir de critérios qualitativos que prevejam legitimidade e confiança.[227]

Na medida em que as preocupações e necessidades de todos os participantes são levadas em consideração, o processo deliberativo se torna relevante mesmo para aqueles que estarão sujeitos (subjugados) à decisão.

Conforme Jürgen Habermas, a decisão que respeitasse o *formalismo valorativo* teria a aceitação e o apoio popular, não apenas porque deteria a autoridade legislativa,[228] mas igualmente porque ela conduziria à formação de consenso de vontades baseado na participação equilibrada de poder. Quando um consenso absoluto não fosse possível, ao menos a alternativa vencedora seria aceita como um contrato em que todos puderam manifestar suas vontades e irresignações, fazendo barganhas de modo transparente e participando do resultado da negociação.[229]

Volta-se a enfatizar a necessidade de motivação para um processo de decisão política, seja esse processo legislativo ou para elaboração de atos normativos administrativos. A justificação na produção normativa é exigência que fomenta o debate público e, como consequência, o próprio funcionamento da democracia. Quando a motivação é levada ao debate, as oportunidades de discussão se ampliam, pois abrangem não apenas o resultado da tomada de decisão, mas também as próprias razões que levaram a essa conclusão.

---

227 BUHMANN, Karin. "Collaborative Regulation: Preventing regulatory capture in multi-stakeholder processes for developing norms for sustainability conduct". *In*: MAUERHOFER, V.; RUPO, D. TARQUINIO, L. (Coord.). *Sustainability and Law*. Cham: Springer, 2020, p. 306.

228 Sobre a sobre a crença abstrata ou convenção na autoridade da lei, vide: DERRIDA, Jacques. *Força de lei*: o "fundamento místico da autoridade". Trad. Leyla Perrone-Moisés. São Paulo: Martins Fontes, 2010, p. 21.

229 HABERMAS, Jürgen. *Between facts and norms*: Contributions to a discourse theory of law and democracy. Cambridge: Polity Press, 1996, pp. 304-308.

O primeiro ganho desse cenário seria a elevação de dignidade do cidadão, construindo uma visão de democracia que não apenas se opõe a regimes autoritários (ausência de monarca), mas que coloca o povo no trono da decisão política. Em segundo lugar, o debate verticalizado produziria, ele próprio, novas informações necessárias para a decisão satisfatória, o que possibilitaria ao cidadão uma análise precisa do processo normativo, permitindo um maior exercício de controle social.[230]

A evolução do Estado de Direito Constitucional acompanhou a paulatina inserção do cidadão no processo de tomada de decisão. Se, no sistema liberal clássico, a legitimidade do Direito decorria exclusivamente da lei formal, editada pelos representantes do povo, no Estado Social o cidadão deve ser chamado a participar efetivamente do poder político, especialmente para protagonizar interesses minoritários e garantir a verdadeira alternância de poder mediante o debate de ideias. Preocupada em dar livre voo ao sistema democrático, a Constituição de 1988 alçou a participação popular à condição de direito fundamental.[231] Resta compreender quais os resultados sociais da escolha constituinte.

---

230 BARCELLOS, Ana Paula de. *Direitos fundamentais e direito à justificativa*: devido procedimento na elaboração normativa. Belo Horizonte: Fórum, 2016, pp. 151-153.

231 DIAS, Maria Tereza Fonseca. "Rumo ao Direito Administrativo da cidadania e da inclusão social". *In*: PEREIRA, Flávio Henrique Unes; DIAS, Maria Tereza Fonseca (Coord.). *Cidadania e inclusão social*: estudos em homenagem à professora Miracy Barbosa de Sousa Gustin. Belo Horizonte: Fórum, 2008, p. 470.

PARTE II

O LOBBY ENTRE O BEM E O MAL

A constitucionalização das instituições participativas – bem como sua concretização na legislação ordinária – foi amplamente celebrada na doutrina jurídica como um todo. Contudo, o desenho institucional apresentado é permeado por um certo otimismo inconsequente, que aposta em demasia na participação direta como sendo algo exclusivamente positivo, ignorando que a inserção de uma pluralidade de agentes na esfera política vem acompanhada de desafios. Paradoxalmente, se a abertura democrática franqueia um maior controle social sobre os desmandos da Administração Pública, ela também enseja novos desvios do interesse público em prol dos entrantes privados no processo decisório.

Para que seja possível tomar conclusões acerca do impacto do lobby na democracia brasileira, é necessário compreender e avaliar os aspectos positivos, bem como os riscos decorrentes da influência da sociedade na política. Nesta segunda parte, aprecio as duas facetas do lobby e outros deslizes do imaginário popular e jurídico.

CAPÍTULO IV

O BEM: LOBBY COMO FACILITADOR DA ESCOLHA PÚBLICA SATISFATÓRIA

4.1 A racionalidade limitada dos agentes econômicos

Um dos pilares da teoria econômica clássica é a noção de racionalidade ilimitada ou substantiva. Tal qualidade presume a existência de indivíduos oniscientes, com capacidade irrestrita de fazer sempre a melhor escolha para maximizar a utilidade marginal de seus interesses. Sobretudo na microeconomia, cujo objeto central repousa no comportamento individual dos agentes econômicos, a racionalidade ilimitada foi internalizada como verdadeira matéria de princípio.[232]

Tradicionalmente, a economia procurou modelar matematicamente o comportamento dos agentes (empresas, investidores,

232 STEINGRABER, Ronivaldo; FERNANDEZ, Ramon Garcia. "A racionalidade limitada de Herbert Simon na microeconomia". *Revista da Sociedade Brasileira de Economia Política*, nº 34, fev. 2013, p. 3.

consumidores e decisores públicos) através de pressupostos básicos e da generalização dos resultados, assumindo um agente com comportamento padrão idealizado, sem falhas ou imperfeições,[233] denominado "*homo economicus*".[234]

Nesse sentido, a escolha da racionalidade substantiva seria aquela que preferisse mais a menos, escolhesse a mais alta taxa de retorno, minimizasse custos unitários e, por fim, buscasse a satisfação de seu próprio interesse, desconsiderando-se o bem-estar dos demais. Em uma palavra, a escolha ideal seria aquela que buscasse maximizar a utilidade dentro das limitações orçamentárias ou de produção. Tal opção seria dada por uma informação perfeita, completa e adquirida sem custos.[235] Em termos econômicos, portanto, o comportamento maximizador é condicionado pelo *homo economicus*.

O postulado da racionalidade passou a definir a chamada "economia ortodoxa", na medida em que atua como hipótese básica ao modelo Arrow-Debreu de equilíbrio no sistema econômico.[236] Segundo essa doutrina, se a economia se equilibra autonomamente, dispensando interferências exógenas ao mercado, é porque os agentes se comportam de modo a maximizar suas vontades constantemente. Nesses moldes, a racionalidade substantiva é tomada como algo trivial, parte do conjunto de axiomas da ciência econômica.[237]

---

233 STEINGRABER, Ronivaldo; FERNANDEZ, Ramon Garcia. "A racionalidade limitada de Herbert Simon na microeconomia". *Revista da Sociedade Brasileira de Economia Política*, nº 34, fev. 2013, p. 3.

234 THALER, Richard H.; SUSTEIN, Cass R. *Nudge*: o empurrão para a escolha certa – aprimore suas decisões sobre saúde, riqueza e felicidade. Trad. Marcello Lino. Rio de Janeiro: Elsevier, 2009, p. 8.

235 BLAUG, Mark. *Metodologia e Economia ou como os economistas explicam*. Edusp: São Paulo, 1999, p. 315.

236 MELO, Tatiana Massoroli; FUCIDJI, José Ricardo. "Racionalidade limitada e tomada de decisão em sistemas complexos". *Revista de Economia Política*, vol. 36, nº 3 (144), jul./set., 2016, p. 624.

237 STEINGRABER, Ronivaldo; FERNANDEZ, Ramon Garcia. "A racionalidade limitada de Herbert Simon na microeconomia". *Revista da Sociedade*

Contudo, na concretude da vida os indivíduos não se comportam como o *homo economicus*. No mais das vezes, fazem escolhas ruins e contrárias a seus próprios interesses, derivadas de previsões falhas e parciais, quando não sustentadas puramente em desvios comportamentais intuitivos e automáticos, menos racionais do que a economia ortodoxa fazia crer.[238]

Tendo isso em consideração, Herbert Simon introduziu, em 1957, o conceito de racionalidade limitada dos decisores públicos. Para o economista de Chicago, a racionalidade dos agentes econômicos – notadamente dos decisores públicos – seria sempre limitada por problemas como informação incompleta ou imperfeita, urgência para a tomada de decisão, além de elementos biológicos, psicológicos e sociais alheios à preocupação econômica.[239]

O argumento basilar da racionalidade limitada, tal como proposto por Simon, foi sedimentado a partir do reconhecimento da volatilidade do sistema econômico, advogando-se que não apenas os agentes econômicos agem de forma variável ao longo do tempo, mas também o próprio ambiente em que atuam se modifica. Assim, em oposição à tese da perfeita adaptabilidade, elaborada da teoria ortodoxa, o sistema econômico seria permeado por incertezas, fragilizando a capacidade de predição dos eventos futuros.[240]

Além dessa incerteza relativa ao ambiente, Herbert Simon assumiu que os decisores não possuem a capacidade de coletar e processar todas as informações relevantes para a tomada de decisão.

Brasileira de Economia Política, nº 34, fev. 2013, p. 4.

238 THALER, Richard H.; SUSTEIN, Cass R. *Nudge*: o empurrão para a escolha certa – aprimore suas decisões sobre saúde, riqueza e felicidade. Trad. Marcello Lino. Rio de Janeiro: Elsevier, 2009, p. 11.

239 SOUZA, Celina. "Políticas públicas: uma revisão de literatura". *Sociologias*, Porto Alegre, ano 8, nº 16, jul./dez. 2016, pp. 23/24.

240 MELO, Tatiana Massoroli; FUCIDJI, José Ricardo. "Racionalidade limitada e tomada de decisão em sistemas complexos". *Revista de Economia Política*, vol. 36, nº 3 (144), jul./set., 2016, p. 624.

Mesmo se fosse retirado o axioma da incerteza, em condições hipotéticas de perfeita informação, a limitação dos agentes para tratar o conjunto das informações frustra a busca de resultados maximizadores.[241] A racionalidade segue limitada, ainda que o ambiente esteja repleto de dados ideais.

A teoria da racionalidade limitada, portanto, advoga por uma limitação quanto à possibilidade de compreensão objetiva do cenário econômico, dotado de incerteza e dinamicidade, bem como pela limitação cognitiva dos agentes econômicos, os quais não são capazes de sopesar o conjunto de alternativas ofertadas para determinada escolha. Se não há a possibilidade de escolher conforme o comportamento maximizador, sobra ao decisor fazer uma "escolha satisfatória", ou seja, uma aproximação dos resultados esperados.[242]

A esse agente econômico falível e limitado, que habita um ambiente incerto, volátil e com informações incompletas, Herbert Simon chamou de "homem administrativo" (*administrative man*). Enquanto o homem econômico da teoria clássica *maximiza*, selecionando sempre a melhor alternativa entre todas disponíveis, o homem administrativo *contemporiza*, optando por uma escolha satisfatória ou *boa o suficiente*. O homem econômico trabalha muito bem em um mundo infinitamente complexo. Já "o homem administrativo reconhece, contudo, que o mundo por ele percebido é apenas um modelo drasticamente simplificado do agitado e confuso mundo real".[243]

---

241 MELO, Tatiana Massoroli; FUCIDJI, José Ricardo. "Racionalidade limitada e tomada de decisão em sistemas complexos". *Revista de Economia Política*, vol. 36, nº 3 (144), jul./set., 2016, p. 629.

242 OLIVEIRA, Kamila Pagel de; PAULA, Ana Paula Paes de. "Herbert Simon e os limites do critério de eficiência na nova Administração Pública". *Cadernos de gestão pública e cidadania*, São Paulo, vol. 19, nº 64, jan./jul., 2014, p. 118.

243 SIMON, Herbert A. *Comportamento administrativo*: estudo dos processos decisórios nas organizações administrativas. 2ª ed. Rio de Janeiro: Fundação Getúlio Vargas, 1970, p. XXIV.

Simon descreve alguns mecanismos comportamentais que demonstrariam o modelo da racionalidade relativa. O primeiro deles seria a capacidade de concentração dos indivíduos nos problemas que demandam atenção urgente.[244] O segundo mecanismo seria a potencialidade humana de produzir alternativas de ação, aprimorando ou modificando aquelas já existentes. O mais importante dos mecanismos, em terceiro lugar, seria a capacidade humana de adquirir fatos e inferir a partir deles. A essa capacidade, Simon chama de "escolha logicamente consistente": uma escolha será racional quando for consistente com as informações disponíveis no momento da tomada de decisão.[245]

O comportamento manterá sua característica racional apesar de uma ressalva necessária: a interpretação das informações disponíveis ao agente é dada a partir de critérios subjetivos, como os interesses particulares perseguidos e a percepção que o indivíduo tem acerca do ambiente em que está inserido. No entanto, como a percepção do cenário depende igualmente das informações ofertadas, "um conjunto de informações completamente deturpadas pode gerar um comportamento racional, desde que as ações de um grupo de indivíduos sejam amparadas por estas informações".[246]

---

244 Thaler e Sustein criticam esse mecanismo ao apresentarem aquilo que denominam de *comportamento dinamicamente inconsistente*. "Podemos ver a inconsistência dinâmica em várias situações. Nas manhãs de sábado, as pessoas podem dizer quer preferem fazer exercícios a assistir televisão, mas quando chega a tarde, elas estão no sofá, em casa, assistindo ao jogo de futebol" (THALER, Richard H.; SUSTEIN, Cass R. *Nudge*: o empurrão para a escolha certa – aprimore suas decisões sobre saúde, riqueza e felicidade. Trad. Marcello Lino. Rio de Janeiro: Elsevier, 2009, p. 44).

245 MELO, Tatiana Massoroli; FUCIDJI, José Ricardo. "Racionalidade limitada e tomada de decisão em sistemas complexos". *Revista de Economia Política*, vol. 36, nº 3 (144), jul./set., 2016, p. 625.

246 MELO, Tatiana Massoroli; FUCIDJI, José Ricardo. "Racionalidade limitada e tomada de decisão em sistemas complexos". *Revista de Economia Política*, vol. 36, nº 3 (144), jul./set., 2016, p. 625.

Nota-se que a qualidade dos dados ofertados importa tanto quanto a sua quantidade no momento da tomada de decisão.

Em outras palavras, o agente econômico ainda busca a escolha mais satisfatória do ponto de vista da utilidade subjetiva; porém, impossibilitado de eleger a alternativa objetivamente mais eficiente, opta pela que *possivelmente* seja mais eficiente. Trata-se de uma eficiência relativa ao conteúdo da racionalidade.[247]

4.2 O lobby como um provedor de informações ao agente público

No ordenamento jurídico brasileiro, a opção pela melhor alternativa possível sequer é uma faculdade do administrador público, senão uma obrigação legal. O caráter normativo do princípio da eficiência, arrolado no art. 37, *caput*, da Constituição da República impõe ao administrador público atuar tendo como parâmetro o ideal. Esse nível ótimo, contudo, deve ser contextualizado dentro de critérios acessíveis de eficácia, efetividade, produtividade, economicidade, celeridade e, sobretudo, racionalização.[248]

Percebe-se que a quantidade e a qualidade das informações utilizadas pelo agente econômico são fundamentais na escolha que potencialmente melhor atinja a utilidade satisfatória. O revés, porém, é que as informações são dispersas, onerosas e incorretas. Com efeito, nos tempos das tecnologias da informação e comunicação, os dados deixam de ser escassos, mas a dispersão e o ruído

---

247 OLIVEIRA, Kamila Pagel de; PAULA, Ana Paula Paes de. "Herbert Simon e os limites do critério de eficiência na nova Administração Pública". *Cadernos de gestão pública e cidadania*, São Paulo, vol. 19, nº 64, jan./jul., 2014, p. 118.

248 GABARDO, Emerson. "Princípio da eficiência". *In*: NUNES JR., Vidal S., ZOCKUN, Maurício; ZOCKUN, Carolina Z.; FREIRE, André L. *Enciclopédia Jurídica da PUCSP*. (Coord.). Tomo: Direito Administrativo e Constitucional. São Paulo: PUC/SP, 2017, pp. 6-9; GABARDO, Emerson. *Princípio constitucional da eficiência administrativa*. São Paulo: Dialética, 2002, p. 100.

informacional podem conduzir a uma incoerência na decisão. Se avaliar o conjunto de pesquisas já esbarra nas limitações do tomador de decisões, produzir novas informações é tarefa hercúlea. É possível, no entanto, delegar a tarefa para terceiros que não participam da escolha final, não obstante tenham interesse nela.

Eis o caso do lobby. Conforme visto nos capítulos anteriores, os lobistas oferecem um importante caminho de comunicação democrática entre a sociedade civil e o Estado. Nessa condição, são responsáveis por encaminhar demandas relevantes de determinado estrato social ao conhecimento das autoridades públicas. Ocupam, portanto, um papel de mediadores entre interesses privados e aqueles mais amplos da sociedade.[249]

Grupos de interesse podem servir estudos e pesquisas refinados aos tomadores de decisão, capazes de auxiliar na escolha racional mais eficaz, bem como ilustrar dados inacessíveis aos agentes políticos. Nesse processo de reconhecimento de demandas e trocas de informações, cria-se a possibilidade de um debate qualificado sobre os impactos que os projetos, regulamentos ou políticas públicas podem exercer sobre determinados segmentos sociais.[250]

Seja através do patrocínio de *think tanks*, na publicação de *position papers* ou na apresentação de pareceres técnicos em audiências públicas, lobistas fornecem dados confiáveis e de alta credibilidade sobre as consequências das ações governamentais. O convencimento dos agentes públicos é mera consequência do agenciamento de informações relevantes e com alto grau de precisão, ainda que onerosas. Sobretudo quando os parlamentares e

---

249 GREENWOOD, Justin; THOMAS, Clive S. "Regulating *lobbying* in the western world". *Parliamentary affairs*: a journal of representative politics, vol. 51, nº 4, 1998, p. 491. Disponível em: https://dialnet.unirioja.es/servlet/articulo?codigo=452258. Acessado em: 15.05.2023.

250 OLIVEIRA, Andréa Cristina de Jesus. "O *lobbying* institucional no Brasil: canal de comunicação entre Estado e sociedade civil?" *Cenários da comunicação*, São Paulo, vol. 6, nº 1, 2007, p. 62.

administradores desconhecem a temática acerca da qual decidem, os dados repassados alteram consideravelmente o sentido da decisão.[251]

Importa dizer, ainda, que essa ponte comunicativa instaurada pela atividade de lobby dá passagem tanto da sociedade civil (setor representado pelo profissional) para os agentes do Poder Público (*citizen-to-government*), quanto do governo aos agentes econômicos (*government-to-citizen*). De um lado, o lobista franquearia informações vindas do mercado e das bases populares ao gestor público; de outro, colheria dados do governo para transmitir na via inversa, de modo a instruir também a sociedade com as tendências políticas.[252]

De fato, uma das exterioridades positivas do lobby é a dispersão de informações governamentais para o mercado, assim como fazem jornalistas e analistas políticos. Ao ter contato com tendências de governo e conduzi-las a seus clientes – muitas vezes em primeira mão, por ocasião dos encontros com parlamentares –, o lobista acaba colaborando na construção de uma sociedade mais transparente e com menos segredos de Estado.[253]

A ocorrência desse intercâmbio deu azo à expressão *exchange relation*, investigada por Pieter Bouwen. Para o autor, seria um erro vislumbrar o lobby como atividade unidirecional de interesses privados em face de uma instituição. Ao contrário, o que se observa é uma troca de recursos entre entes interdependentes. De um lado, os agentes públicos negociam "acesso" aos espaços

---

251 GOZETTO, Andréa Cristina Oliveira. "Movimentos sociais e grupos de pressão: duas formas de ação coletiva". *Cenários da Comunicação*, São Paulo, vol. 7, nº 1, 2008, p. 62.

252 GONTIJO, Conrado Almeida Corrêa. *Lobby*: estudo de Direito Comparado e necessidade de regulamentação do instituto no ordenamento jurídico brasileiro. São Paulo: Marcial Pons, 2020, p. 51.

253 SANSON, Alexandre. *Dos grupos de pressão na democracia representativa*: os limites jurídicos. Programa de Pós-graduação em Direito. São Paulo: Faculdade de Direito da Universidade de São Paulo, 2013, p. 197. (Tese de Doutorado).

decisórios; em contrapartida, demandam conhecimento técnico e legitimidade democrática, elementos essenciais para funcionamento das instituições. Informações confiáveis e estudos sérios são indispensáveis nos momentos de desenvolvimento inicial das políticas públicas, quando não pressupostos para a elaboração legislativa. Igualmente, a legitimidade conferida pelo contato entre representantes e representados age como apoio para as etapas finais das propostas políticas.[254]

A dinâmica desenhada por Bouwen em sua teoria do acesso foi elaborada a partir do modelo clássico de oferta, procura e equilíbrio natural. Enquanto os profissionais do lobby buscam canais de comunicação que façam com que as informações cheguem aos decisores públicos, esses necessitam de tais informações para o melhor desempenho de suas funções, elevando o nível técnico e a responsividade perante a sociedade civil.[255] Contudo, talvez o conceito de mutualismo seja o que melhor defina a dinâmica das relações governamentais, considerando que ambas as partes possuem interesses convergentes – e não conflitantes, como seria de se esperar no raciocínio segundo a primeira lei do mercado.

Por esse motivo, é possível afirmar que o lobby eleva naturalmente o comportamento satisfatório do gestor público. Afinal, o mérito do lobby consiste em prover o *policy maker* com uma gama de informações potencialmente desconhecidas, devidamente tratadas, de modo não oneroso, usualmente postas em concorrência pela disputa de grupos antagônicos. Ou seja, o decisor político passa a dispor de mais dados para agir conforme o comportamento contemporizador de Herbert Simon.

---

254 BOUWEN, Pieter. "The European Commission". *In*: COEN, David; RICHARDSON, Jeremy (Coord.). *Lobbying in the European Union*. Nova York: Oxford University Press, 2009, pp. 22/23.

255 GONTIJO, Conrado Almeida Corrêa. *Lobby*: estudo de Direito Comparado e necessidade de regulamentação do instituto no ordenamento jurídico brasileiro. São Paulo: Marcial Pons, 2020, p. 65.

É bastante difundida a ideia de que a prática do lobby auxilia o parlamento a produzir melhores leis, sendo não apenas legítimo, mas oportuno que ocorra no plano estatal, elevando o nível de otimização dos decisores públicos. Quando os agentes públicos interagem com lobistas, dispõem de mais informações para elaborar leis e avaliar os seus possíveis impactos durante a aplicação normativa.[256]

David Austen-Smith e John R. Wright foram bem-sucedidos em demonstrar essa premissa. Partiram do pressuposto que o decisor público com mandato (no caso, um legislador) tem como interesse primário a reeleição.[257] Deste modo, sempre buscará direcionar sua decisão de modo a potencializar a aprovação da base eleitoral. Porém, ainda que o legislador tenha uma percepção sobre o retorno eleitoral, a opinião pública é um elemento dinâmico e incerto, variável de acordo com as informações disponíveis.[258]

Por outro lado, segundo os mesmos autores, assume-se que os grupos de pressão (i) tenham o interesse primário em conseguir o apoio do decisor; (ii) possuam informações indisponíveis ao legislador, tanto em termos de apoio popular quanto de consequências da política pública escolhida; e que (iii) o processo de lobby é formado por duas etapas, uma voltada à aquisição de informações, outra direcionada à comunicação com decisores. Por fim, presume-se que (iv) as informações em posse dos lobbies sejam onerosas, decorrentes da aplicação de *surveys*, pesquisas eleitorais e mobilização social, o que afasta o interesse do legislador em buscá-las. Ainda

---

256 ZETTER, Lionel. *The art of political persuasion*. Petersfield: Harriman-House, 2008, p. 9.

257 Sobre uma teoria da democracia baseada na suposição de que os agentes políticos possuem apenas interesses individuais, vide: DOWNS, Anthony. *An economic theory of democracy*. Nova York: Harper & Row, 1957, pp. 27/28.

258 AUSTEN-SMITH, David; WRIGHT, John R. "Competitive lobbying for a legislator's vote". *Social Choice Welfare*, vol. 9, nº 3, jul. 1992, pp. 229-257.

assim, é necessário que o legislador tenha recursos disponíveis para verificar a informação, caso assim desejar.

Desenvolveram, então, o seguinte modelo probatório: considera-se uma agenda fixa (A, B) e um legislador específico (L) aberto a variar seu voto entre A ou B, a depender de qual tenha o maior apoio popular ou o menor custo político. Não há possibilidade de abstenção. Acontece que o agente público desconhece qual escolha lhe será mais vantajosa, justamente porque há ruído de informação (informações discrepantes) tanto em favor de A quanto em benefício de B.[259]

Do outro lado do balcão, existem ao menos dois grupos de lobby (Ga, Gb) com interesses específicos e antagônicos, preocupados com o resultado do voto legislativo entre as duas agendas (A, B). Como os lobbies dispõem de recursos para aquisição de informações, a partir de um determinado custo, conseguem observar o ruído de informação sem incerteza, podendo optar pela estratégia de transmissão para revelar a escolha mais vantajosa ao decisor.[260]

Sem pretensão de demonstrar detalhadamente o cálculo contido no modelo *supra*, a proposição central de Austen-Smith e Wright é que a existência de lobby induz o decisor a votar mais corretamente que em um cenário com ausência de lobby.

Isso se dá porque, nas situações em que haja pouca incerteza quanto ao ruído de informação, o legislador terá uma melhor percepção da opinião popular, fazendo com que apenas o lobby aliado à opinião popular manifeste as informações obtidas, ao passo que afasta opiniões do lobby contrário. Nesse caso, a presença de lobby

---

259 AUSTEN-SMITH, David; WRIGHT, John R. "Competitive lobbying for a legislator's vote". *Social Choice Welfare*, vol. 9, nº 3, jul. 1992, p. 233.

260 AUSTEN-SMITH, David; WRIGHT, John R. "Competitive lobbying for a legislator's vote". *Social Choice Welfare*, vol. 9, nº 3, jul. 1992, p. 233.

equivale a sua ausência em termos de resultado, mas a escolha foi acrescida em informações.

Por outro lado, nos cenários com elevada dúvida sobre a opinião popular, ambos os grupos concorrerão a fim de captar informações e fornecer ao legislador, o qual, por sua vez, sempre poderá verificar pela verossimilhança dos resultados, caso se apresentem absurdos. Nessa competição, o maior vencedor é o próprio *policy maker*, o qual passa a decidir amparado por informações mais completas e precisas sobre a opinião popular. Assim, em ambos os casos, sustentam os autores do modelo, a presença de lobby induz a votar de forma mais satisfatória que a ausência dele: não apenas há mais informação disponível, como esse conhecimento já foi facilitado pelos próprios interessados, de modo a tornar todo o cenário mais inteligível ao decisor.[261]

4.3 As limitações internas do lobby

Preocupado com o poder de persuasão que os dados podem operar sobre os agentes políticos, Francis Fukuyama argumenta que o perigo do lobby ao regime democrático consiste no desequilíbrio ou na assimetria significativa de um grupo de interesse em face aos demais, proporcionando uma influência desproporcional sobre as instituições políticas, em detrimento de outras vozes. Segundo o autor, a presença de um grupo hegemônico como produtor da interlocução política minaria a autonomia burocrática e conduziria a um resultado unilateral em favor dos objetivos de lobistas.[262]

Essa inquietação será mais bem trabalhada no capítulo seguinte, quando o fenômeno da captura será investigado. Contudo, por mais

---

261 AUSTEN-SMITH, David; WRIGHT, John R. "Competitive lobbying for a legislator's vote". *Social Choice Welfare*, vol. 9, nº 3, jul. 1992, p. 236.

262 FUKUYAMA, Francis. *Ordem e decadência política*: da Revolução Industrial à globalização da democracia. Trad. Nivaldo Montingelli Jr. Rio de Janeiro: Rocco, 2018, p. 477.

que haja o risco de decisões públicas refletirem exclusivamente interesses privados, isso não afasta a importância e a legitimidade do lobby em se comunicar com os representantes da sociedade e a sua contribuição para o aprimoramento da eficiência administrativa ao prover informações qualificadas para o agente decisor.

Com efeito, imaginar que lobistas detêm o poder de sozinhos "repatrimonializar" as instituições políticas é superestimar sua capacidade de pressão sobre a tomada de decisão. Ao menos quando feito de modo lícito, sem incorporar condutas típicas da corrupção ativa ou do tráfico de influência,[263] o lobby deve ser sopesado com ao menos outros três fatores igualmente relevantes na tomada de decisão do *policy maker*: o perfil do decisor, o contexto decisório, e o tipo de decisão que está em pauta.[264]

A crítica de Fukuyama parte de um pressuposto em que o decisor é um ator meramente passivo, respondendo mecanicamente às pressões recebidas. Salvo exceções extremas, o perfil do agente político é composto por características subjetivas, tais como valores, preferências, ideologias, visões de mundo, convicções e crenças. Outra incorreção é acreditar que a relação entre lobista e decisor é uma via de mão única e, não, uma troca entre acesso e informações qualificadas. O agente administrativo dialoga com o segmento social, expondo ponderações e entra em contato com os demais decisores, construindo uma opinião dinâmica. A ideia do decisor *tabula rasa*, portanto, é admitida apenas como modelo inapropriado de raciocínio.[265]

---

263 Conforme será exposto no capítulo VI.

264 MANCUSO, Wagner Pralon; GOZETTO, Andréa Cristina Oliveira. *Lobby e políticas públicas*. Rio de Janeiro: FGV Editora, 2018, p. 74.

265 BOUWEN, Pieter. "The European Commission". *In*: COEN, David; RICHARDSON, Jeremy (Coord.). *Lobbying in the European Union*. Nova York: Oxford University Press, 2009, pp. 23/24.

Evidentemente, a assimetria de poder entre grupos de pressão no espaço institucional pode conduzir mais facilmente à captura da vontade política: mesmo um parlamentar experiente e com pautas políticas bem determinadas ficará mais vulnerável à influência privada quando não tiver acesso a um contraponto. No entanto, deve-se desestimular e evitar esse cenário através da regulação estatal. Com efeito, um dos principais objetivos da regulamentação do lobby consiste em nivelar a competição entre os grupos de interesses (*to level the playing field*) a partir de diversas ferramentas normativas, tais como a garantia de participação e manifestação equânime nos processos de decisão, a transparência das agendas públicas dos decisores, bem como a proibição do abuso do poder econômico.[266]

Wagner Pralon Mancuso e Andréa Cristina Oliveira Gozetto indicam, ainda, que as circunstâncias que envolvem a tomada de decisão podem influir consideravelmente no resultado. O contexto sociocultural, histórico e econômico impacta diretamente na manifestação do decisor. Assim, por exemplo, um cenário de crescimento econômico pode favorecer o pleito de grupos que visam a conquista de novos benefícios materiais ou tratativas privilegiadas. Por outro lado, uma recessão econômica implica em corte de gastos, de modo que vozes favoráveis a um déficit zero serão apreciadas mais atentamente. Ao final, por mais incisiva que seja a participação de determinado lobby, o decisor estará mais tendente a optar pelo que mais favorece o contexto.[267]

No âmbito sociocultural, determinadas pautas impopulares tendem a se organizar para influenciar o governo, mesmo com

---

266 O tema da regulamentação do lobby será tratado em detalhes na parte III. Para mais instrumentos de nivelação da competição entre os grupos de interesses, vide: ORGANIZATION FOR ECONOMIC COOPERATION AND DEVELOPMENT. *Preventing Policy Capture*: Integrity in Public Decision Making. Paris: OECD Publishing, 2017, pp. 54-56.

267 MANCUSO, Wagner Pralon; GOZETTO, Andréa Cristina Oliveira. *Lobby e políticas públicas*. Rio de Janeiro: FGV Editora, 2018, p. 75.

baixíssima taxa de sucesso. Lionel Zetter lembra que, após o massacre de Dunblane,[268] o *Firearms Amendment Act* de 1997 foi publicado, proibindo a posse e o porte de armas de fogo em todo o Reino Unido. Tanto a indústria bélica de grande porte quanto pequenos estandes de tiro se alinharam para derrubar a legislação, mas a comoção pública era tamanha que toda a atividade de lobby restou inócua.[269]

Por fim, outro fator com igual importância (quando não maior) na formação da escolha do agente é o tipo da decisão na agenda política. O primeiro tipo de decisão é aquele que concentra benefícios em segmentos sociais específicos e dispersa os custos por segmentos sociais amplos. Nesse caso, há efetivamente um desequilíbrio nas relações de influência, mas calcado pelo desinteresse por parte do grupo prejudicado. Uma ilustração é a "concessão de isenções tributárias a um setor específico do empresariado (por exemplo, fabricante de automóveis) à custa de pequena elevação da carga tributária do restante da sociedade".[270]

O mesmo pode ocorrer com o tipo oposto. Nesse caso, distribuem-se benefícios para setores amplos da sociedade à custa de segmentos específicos, desenhando igualmente um contexto

---

268 O massacre de Dunblane ocorreu em 13 de março de 1996, quando Thomas Hamilton abriu fogo em uma escola primária em Dunblane, na Escócia, ceifando a vida de 16 crianças, uma professora, além de ferir outras 15 vítimas, antes de se matar (NEWMAN, Benjamin J.; HARTMAN, Todd K. "Mass Shootings and Public Support for Gun Control". *British Journal of Political Science*, vol. 49, nº 4, out. 2017, p. 1528).

269 ZETTER, Lionel. *The art of political persuasion*. Petersfield: Harriman-House, 2008, p. 25. Sobre o impacto de episódios de tiroteios na regulação sobre o porte de armas, vide: NEWMAN, Benjamin J.; HARTMAN, Todd K. "Mass Shootings and Public Support for Gun Control". *British Journal of Political Science*, vol. 49, nº 4, out. 2017, pp. 1527-1553; SMITH, Stuart. "Theorising Gun Control: the development of regulation and shooting sports in Britain". *The Sociological Review*, vol. 54, nº 4, nov. 2006, pp. 717-733.

270 MANCUSO, Wagner Pralon; GOZETTO, Andréa Cristina Oliveira. *Lobby e políticas públicas*. Rio de Janeiro: FGV Editora, 2018, p. 78.

decisório pouco conflituoso e desequilibrado, com mais lobbies dos setores amplos. Por mais que esse segundo tipo de decisão crie um custo *per capita* superior aos pagadores, porque menos compartilhado, ainda assim o dispêndio com a mobilização para alterá-la permanece superior ao pagamento. Não se pode dizer que o *policy maker* foi efetivamente capturado por uma das partes em detrimento das outras, mas que há um desinteresse pelo segmento específico em se mobilizar.

No entanto, para Mancuso e Gozetto, o tipo de decisão mais comum é justamente aquele que se passa num cenário altamente conflituoso, ainda que equilibrado, com intensa formação de lobbies entre pagadores e beneficiários. Os custos e benefícios serão alocados somente entre alguns setores específicos, mas antagônicos; enquanto os segmentos mais amplos possuem pouca relevância. É o caso, por exemplo, da disputa sobre neutralidade da rede, que coloca provedores de um lado, e criadores de conteúdo/aplicativos de outro; ou da competição de regulação entre desenvolvedores de aplicativos de transporte individual e taxistas.[271]

Como "a vitória" do lobista consistiria apenas na convergência entre o teor da decisão tomada e a posição defendida, é possível que o cálculo do decisor sequer tenha considerado o *fator lobby*, mas apenas o contexto e a afinidade ideológica da posição, por exemplo. Medir o sucesso do lobby não corresponde a medir sua influência.[272]

Tanto as razões expostas por Wagner Mancuso e Andréa Gozetto quanto o modelo competitivo proposto por David Austen-Smith e John R. Wright conduzem à compreensão do lobby como

---

271 MANCUSO, Wagner Pralon; GOZETTO, Andréa Cristina Oliveira. *Lobby e políticas públicas*. Rio de Janeiro: FGV Editora, 2018, p. 79.

272 Nada obstante os agentes representantes de interesses tenham desenvolvido a estratégia ideal e a executado de maneira tecnicamente irretocável, é plausível que outros fatores externos tenham influenciado ainda mais no contexto decisório. Dessa forma, a atividade de lobby pode ter sido bem-sucedida, ainda que não tenha logrado êxito.

um processo formado pelas etapas de aquisição e transmissão de informações, a fim de influenciar a tomada de decisão política.

Tais etapas detêm uma complexidade própria e podem chegar a ser extremamente custosas, de modo que nem sempre será interessante ao lobista investir na atividade. Para Mancuso e Gozetto, esse cenário corresponde a um tipo de decisão que distribui benefícios a um setor específico à custa de uma baixa taxa *per capta* para os pagadores, ou seja, o custo de mobilização social para influir na decisão é superior ao custo suportado pela decisão originária. Para Austen-Smith e Wright, esse contexto se evidencia quando a incerteza da opinião popular acerca de determinada decisão é bastante baixa.

Por sua vez, cenários que distribuem altos custos e benefícios a setores antagônicos, ou nos quais a incerteza política é muito elevada, são extremamente favoráveis para a formação de lobbies equilibrados e conflituosos, dispostos a arcar com dispêndios elevados a fim de obter informações preciosas e de alta qualidade ao decisor público.

Em ambas as hipóteses, porém, toma-se o *policy maker* como agente falível, tal qual o agente administrativo de Herbert Simon.[273] No mundo ideal do agente econômico clássico, a presença de lobby seria verdadeiramente inútil: decisores seriam capazes de sempre optar pelo comportamento maximizador. Considerando que lobistas atuam como um canal de comunicação entre a sociedade civil e os poderes constituídos – apresentando preocupações sociais importantes que usualmente não são apreciadas – em um cenário no qual o decisor pudesse conhecer sempre a melhor opção, a atividade de lobby se tornaria desnecessária.

---

273 SIMON, Herbert A. *Comportamento administrativo*: estudo dos processos decisórios nas organizações administrativas. 2ª ed. Rio de Janeiro: Fundação Getúlio Vargas, 1970, p. XXIV.

Por outro lado, no contexto dos agentes econômicos de racionalidade limitada, expostos a uma quantidade restrita de informações incompletas e incorretas, lobbies são bastante bem-vindos como auxiliares da melhor formação de escolhas públicas, capacitando decisores para que levem em consideração as consequências das decisões tomadas, nem que seja para um segmento social específico.

Na disputa entre lobbies pelo apoio o governamental, o maior beneficiário é o interesse público, não apenas porque são veiculadas mais informações na sociedade, mas sobretudo porque há um ganho considerável na eficiência administrativa. Como expõe Emerson Gabardo, o princípio administrativo-constitucional da eficiência possui conteúdo jurídico complexo que não se limita à visão econômica de custos e benefícios. No âmbito da atividade administrativa, compreende um plexo de características, dentre as quais se destaca a participação e a aproximação dos serviços públicos da população. Cuida-se do princípio específico da "gestão participativa", fruto do sistema democrático-representativo. Daí se conclui: quanto mais aberta e participativa for a escolha administrativa, tão mais eficiente será.[274]

Sendo canal de comunicação bilateral entre sociedade civil e governo, o lobby se apresenta como instrumento apto a aprimorar a gestão administrativa e conferir legitimidade democrática ao sistema político.

Contudo, os predicados que acompanham a prática não são apenas positivos. A controversa figura do lobby guarda tantas virtudes quanto vícios, como apresento no próximo capítulo.

---

274 GABARDO, Emerson. "A eficiência no desenvolvimento do Estado Brasileiro: uma questão política e administrativa". *In*: MARRARA, Thiago (Coord.). *Princípios de Direito Administrativo*. São Paulo: Atlas, 2012, p. 346. Igualmente: GABARDO, Emerson. "Princípio da eficiência". *In*: NUNES JR., Vidal S., ZOCKUN, Maurício; ZOCKUN, Carolina Z.; FREIRE, André L. *Enciclopédia Jurídica da PUCSP*. (Coord). Tomo: Direito Administrativo e Constitucional. São Paulo: PUC/SP, 2017, p. 6.

CAPÍTULO V

O MAL: CAPTURA DAS POLÍTICAS PÚBLICAS POR INTERESSES PRIVADOS

5.1 A Teoria da Captura de George Stigler

A prática do lobby está intimamente relacionada ao espectro de proteção do direito fundamental de petição aos poderes públicos e vinculada aos princípios de soberania e participação populares. Disposições constitucionais similares estão previstas em inúmeros documentos fundacionais de países democráticos e, por isso, foram destacadas pela OCDE como institutos importantes para conferir legitimidade à atuação dos órgãos de Estado. Igualmente, em coro ao avanço do constitucionalismo, o lobby foi pacificado como um instrumento prestigioso para a mitigação do déficit democrático dos modelos de representação vigentes. Afinal, a consolidação de regimes fundados no poder do povo não se consuma apenas com o sufrágio universal.[275]

---

275 GONTIJO, Conrado Almeida Corrêa. *Lobby*: estudo de Direito Comparado e necessidade de regulamentação do instituto no ordenamento jurídico

Contudo, o desenho institucional apresentado na Constituição da República de 1988 é permeado por um certo otimismo inconsequente, que aposta na participação direta como sendo algo exclusivamente positivo. É certo que a constitucionalização das instituições participativas, bem como sua concretização na legislação ordinária, foram amplamente celebrada na doutrina jurídica,[276] mas a inserção de uma pluralidade de agentes na esfera política vem acompanhada de desafios. Paradoxalmente, se a abertura democrática franqueia um maior controle social sobre os desmandos da Administração Pública, ela pode ensejar novos desvios do interesse público em prol dos entrantes no processo decisório. É como explica a Teoria da Captura.

George Stigler alterou a análise econômica da regulação quando, em 1962, apresentou a base do que viria a ser conhecida como a Teoria da Captura. Ao apreciar os efeitos econômicos das agências reguladoras sobre o setor de energia elétrica estadunidense, passou a questionar o baixo impacto utilitário das normativas sobre concorrência, redução tarifária e elasticidade da oferta-demanda. Havendo uma tendência ao monopólio natural – como quase toda

---

brasileiro. São Paulo: Marcial Pons, 2020, pp. 59/60.

276 Nesse sentido, vide CLÈVE, Clèmerson Merlin; LORENZETTO, Bruno Meneses. "Diálogos institucionais: estrutura e legitimidade". *Revista de Investigações Constitucionais*, Curitiba, vol. 2, nº 3, set./dez. 2015, pp. 183-206; SCHIER, Adriana da Costa Ricardo; MELO, Juliane Andrea de Mendes Hey. "O direito à participação popular como expressão do Estado Social e Democrático de Direito". *A&C – Revista de Direito Administrativo & Constitucional*, Belo Horizonte, ano 17, nº 69, jul./set., 2017, pp. 127-147; DIAS, Maria Tereza Fonseca. "Rumo ao Direito Administrativo da cidadania e da inclusão social". *In*: PEREIRA, Flávio Henrique Unes; DIAS, Maria Tereza Fonseca (Coord.). *Cidadania e inclusão social*: estudos em homenagem à professora Miracy Barbosa de Sousa Gustin. Belo Horizonte: Fórum, 2008; bem como AVRITZER, Leonardo. "Instituições participativas e desenho institucional: algumas considerações sobre a variação da participação no Brasil democrático". *In*: PEREIRA, Flávio Henrique Unes; DIAS, Maria Tereza Fonseca (Coord.). *Cidadania e inclusão social*: estudos em homenagem à professora Miracy Barbosa de Sousa Gustin. Belo Horizonte: Fórum, 2008.

infraestrutura do século XX – esperava-se que a intervenção estatal mitigasse as falhas de mercado em benefício do interesse público.[277]

Contudo, o mérito do estudo empírico esteve em demonstrar como, naquele caso e diversamente do esperado, a regulação não produziu benefícios diretos aos consumidores. De fato, avaliando-se tão somente o preço da oferta energética ao usuário, situações de monopólio desregulado e de forte regulação se mostraram praticamente idênticas, com benefícios praticamente imperceptíveis à população. Em resumo, os resultados revelavam uma regressividade dos efeitos regulatórios.[278]

A conclusão de Stigler questionava a hipótese econômica segundo a qual as falhas de mercado devem ser combatidas por meio de ações estatais. Em artigo escrito após quase uma década em relação à primeira incursão, o economista defendeu que a única justificativa consistente para o fenômeno seria a *captura regulatória*. Segundo o autor, os recursos públicos estavam instrumentalizados para privilegiar os grupos econômicos privados.[279] Longe de buscar a livre-iniciativa, haveria uma verdadeira demanda por regulações excludentes, vinda diretamente por parte da indústria, a fim de impedir a concorrência de novos entrantes no setor. O regulador estava à mercê do regulado.[280]

---

277 STIGLER, George J.; FRIEDLAND, Clair. "What can regulators regulate? The case of electricity". *Journal of Law and Economics*, Chicago, vol. 5, out. 1962, p. 12.

278 STIGLER, George J.; FRIEDLAND, Clair. "What can regulators regulate? The case of electricity". *Journal of Law and Economics*, Chicago, vol. 5, out. 1962, p. 13.

279 OLIVEIRA, José Carlos de; PEREZ FILHO, Augusto M.; WOOD, Stephen Q. "Agências reguladoras e o fenômeno da captura". *Revista Pensar*, Fortaleza, vol. 17, nº 1, jan./jun. 2012, p. 200.

280 PELTZMAN, Sam. "George Stigler's contribution to the economic analysis of regulation". *Journal of Political Economy*, Chicago, vol. 101, nº 5, 1993, p. 822.

Ao se debruçar sobre o fenômeno, Stigler observou que haveria ao menos quatro tipos de políticas públicas das quais a indústria poderia se beneficiar, uma vez que capturasse o Estado. A primeira delas seria (i) o fomento econômico mediante transferências diretas de dinheiro,[281] tendo como exemplo característico o setor econômico da educação e da indústria militar. A segunda seria (ii) o controle sobre novos entrantes no mercado, restringindo a concorrência e garantindo a reserva de mercado.[282] Regulações no setor financeiro, que condicionam a operação a partir de um patamar mínimo de capital inicial, são exemplos corriqueiros de elevação da barreira de entrada, mas a hipótese seria observada sempre que o custo de adequação à legislação fosse superior à necessidade ou eficiência administrativa.[283]

Para se ter uma ideia do quanto a captura do Estado pode ser vantajosa para a indústria, toma-se o exemplo dos incentivos fiscais agrícolas. Em 1958, já preocupados com o custo para saúde de seus cidadãos, os Estados Unidos editaram uma série de emendas à Lei da Agricultura (*Farm Bill*), revogando os subsídios para produção de açúcar, tabaco, laticínios, amendoim e trigo. Contudo, após intenso lobby dos agricultores, a Câmara dos Deputados (*House of Representatives*) derrubou a medida com uma votação

---

281 O termo "*subsidy*" foi interpretado como fomento para melhor aproximação com o sistema brasileiro. Sobre o tema, Adriana da Costa Ricardo Schier identifica a categoria do *fomento econômico* como medida mais comum, consistente na concessão de vantagens patrimoniais aos particulares, seja através de auxílio direto, seja através da redução de receita pública, já que o Estado deixaria de receber a quantia a que faria jus, caso não tivesse outorgado a benesse (SCHIER, Adriana da Costa Ricardo. *Fomento*: Administração Pública, direitos fundamentais e desenvolvimento. Curitiba: Íthala, 2019, p. 150).

282 OLIVEIRA, José Carlos de; AGAPITO, Leonardo Simões; MIRANDA, Matheus de Alencar e. "O modelo de 'autorregulação regulada' e a teoria da captura: obstáculos à efetividade no combate à lavagem de dinheiro no Brasil". *Revista Quaestio Iuris*, vol. 10, nº 1, 2017, p. 377.

283 STIGLER, George J. "The theory of economic regulation". *The Bell Journal of Economics and Management Science*, vol. 2, nº 1, 1971, p. 5.

final de 146 a favor e 246 contra – com a consequente retomada dos incentivos fiscais. Os números atuais demonstram que o lobby do açúcar teria gastado cerca de 212 mil dólares para derrotar a medida. Basta compará-los com o lucro estimado do setor – de 1,1 bilhão de dólares por ano – para concluir que o investimento na influência política foi risível.[284]

Um terceiro conjunto de benefícios esperados da captura regulatória pela indústria seria (iii) o prejuízo de concorrentes secundários e o incentivo de fornecedores complementares da cadeia de produção. A título de exemplo, produtores de manteiga tenderiam a suprimir a escala de margarina e encorajar a produção de pães, explica Stigler. Por fim, a última classe de políticas públicas visadas pela indústria estaria relacionada à (iv) política de preços ou fixação tarifária.[285]

Acrescendo a esses objetivos clássicos, a OCDE identificou (v) o acesso a crédito e a empréstimos públicos, bem como (vi) a privatização de bens estatais por preço inferior ao valor de mercado como incentivos à captura.[286] Como se pode observar, uma liberdade econômica que siga os predicados da oferta e procura seria prejudicial para os entes regulados em situação de oligopólio, pois atrairia novos competidores. Ao revés, mais interessante para indústria seria manter a rentabilidade inferior à demanda, mas constante, afastando a concorrência, uma vez que os retornos esperados não compensariam os investimentos de escala. O

---

284 ZINGALES, Luigi. *Capitalismo para o povo*: reencontrando a chave para a prosperidade americana. São Paulo: BEI Comunicação, 2015, p. 65.

285 STIGLER, George J. "The theory of economic regulation". *The Bell Journal of Economics and Management Science*, vol. 2, nº 1, 1971, p. 6.

286 ORGANIZATION FOR ECONOMIC COOPERATION AND DEVELOPMENT. *Preventing Policy Capture*: Integrity in Public Decision Making. Paris: OECD Publishing, 2017, p. 34.

exemplo trabalhado por George Stigler é o mercado de petróleo e combustíveis, ainda atual.[287]

O propósito dos estudos em regulação econômica seria explicar quem deve receber os benefícios ou encargos da intervenção e quais os efeitos na alocação de recursos para sociedade. A construção teórica de Stigler foi determinante para possibilitar a virada epistemológica não apenas dos estudos em regulação, mas também na doutrina das políticas públicas, dando ênfase para o ceticismo quanto à utilidade das intervenções estatais.[288]

Isso não significa que a interferência de grandes grupos econômicos na independência da Administração fosse ignorada até então. Pelo contrário, o fenômeno era bem conhecido por teóricos do fim do século XIX, mas a ele não atribuíam o termo "captura". Em vez disso, tratavam do tema como relativo à corrupção. Lembremos que já n'O *Federalista* nº 10, James Madison se preocupou com o agenciamento dos interesses sociais por aquilo que chamou por "*cabals of the few*".[289]

Seja como for, a partir da revisão de Stigler, o tema ganhou relevância para o Direito, em especial para a metodologia da Análise Econômica.[290] Tradicionalmente, a definição de captura foi tomada como

287 BASSO, Leonardo Fernando Cruz; SILVA, Marcelo Roque da. "Reflexões sobre a regulamentação". *RAC - Revista da Administração Contemporânea*, vol. 4, nº 2, mai./ago. 2000, p. 80.

288 PELTZMAN, Sam. "George Stigler's contribution to the economic analysis of regulation". *Journal of Political Economy*, Chicago, vol. 101, nº 5, 1993, p. 824.

289 NOVAK. William J. "A revisionist history of regulatory capture". *In*: CARPENTER, Daniel; MOSS, David. A. *Preventing regulatory capture*: Special interest influence and how to limit it. Cambridge: Cambridge University Press, 2014, p. 40.

290 A análise econômica do Direito pode ser definida como o método que permite a investigação jurídica através de lentes e ferramentas das ciências econômicas, tais como as noções de escassez, custos de transação, externalidades e

> o resultado ou o processo pelo qual a regulação, na lei ou em sua aplicação, é constante ou repetidamente afastada do interesse público, em direção aos interesses da indústria regulada, por intenção e ação da própria indústria.[291]

Enquanto a teoria ainda se sedimentava, o conceito se restringia a considerar a indústria como a principal beneficiária da cooptação regulatória. O objetivo era justamente limitar o escopo de estudo para aqueles que detinham uma posição de destaque na atividade econômica, notadamente o mercado.

5.2 A Teoria da Captura contemporânea e o interesse público

A evolução da Teoria da Captura, contudo, passou a compreender não apenas a regulação cativa, como também todas as políticas públicas em potencial, ora compreendidas como a gestão dos recursos estatais disponíveis para atingimento de objetivos socialmente relevantes, em conjunto com a atividade privada.[292] Igualmente, ampliou a noção de sujeitos predatórios para movimentos sociais, associações, sindicatos, entre demais grupos de pressão externos ao mercado. Contemporaneamente, não se trata mais de

---

comportamento maximizador (GABARDO, Emerson; CASIMIRO, Ligia Maria Melo de. "Uma análise econômica do direito à moradia". *Revista Internacional de Direito Ambiental*, vol. IV, 2015, p. 62). No mesmo sentido: RIBEIRO, Márcia Carla Pereira; KLEIN, Vinicius (Coord.). *O que é análise econômica do Direito*: uma introdução. Belo Horizonte: Fórum, 2011, p. 20.

291 No original: "Regulatory capture is the result or process by which regulation, in law or application, is consistently or repeatedly directed away from the public interest and toward the interests of the regulated industry, by the intent and action of the industry itself" (CARPENTER, Daniel; MOSS, David A. *Preventing regulatory capture*: special interest influence and how to limit it. Cambridge: Cambridge University Press, 2014, p. 13).

292 DOTTA, Alexandre Godoy. "Public policies for the assessment of quality of the Brazilian higher education system". *Revista de Investigações Constitucionais*, Curitiba, vol. 3, nº 3, set./dez. 2016, p. 60.

"*regulatory capture*", mas de verdadeira "*policy capture*". Nesse sentido, a OCDE define captura como sendo processo consistente ou repetido de direcionar decisões de *políticas públicas* em favor de interesses específicos de pessoas ou grupos, afastando-as do interesse público.[293]

A ampliação no conceito de captura somente foi possível em razão do refinamento científico que acompanhou a maturidade da teoria. Isso se dá, sobretudo, no elemento volitivo necessário para constituição da captura: é preciso que os beneficiários tenham a intenção de se arvorar na Administração. Se a captura é um *processo* – conjunto de atos teleologicamente ordenados entre si – então a realização dos eventos não pode acontecer de modo aleatório. É preciso que haja vontade deliberada dos agentes privados para promover a satisfação de seus interesses através do Estado.

Essa compreensão contesta o senso comum de analistas políticos apaixonados pela noção de captura. Com a popularização da teoria nos Estado Unidos, muitos autores passaram a vislumbrar a regulação predatória sempre que um grupo de interesse aparentava se beneficiar dela. A lógica se baseava puramente na presença de um *motivo* para adulterar a regulação: tendo razões para capturar o Estado, a indústria o fará. Entretanto, o mero fato de determinados agentes serem bem-servidos pela norma não é insuficiente para a aferição da captura. Na verdade, o tratamento diferenciado poderia ser justificado por externalidades naturais da operação econômica, manobras político-eleitorais populares, simples coincidência ou mesmo pelo cumprimento da finalidade da norma – como no caso das ações afirmativas.[294] Tampouco a

---

293 ORGANIZATION FOR ECONOMIC COOPERATION AND DEVELOPMENT. *Preventing Policy Capture*: Integrity in Public Decision Making. Paris: OECD Publishing, 2017, p. 9.

294 CARPENTER, Daniel; MOSS, David A. *Preventing regulatory capture*: special interest influence and how to limit it. Cambridge: Cambridge University Press, 2014, p. 13.

ossificação e a burocratização, elementos naturais do ciclo de vida das instituições, pode se confundir com captura, conforme indica Richard Posner.[295]

Preocupado com isso, Daniel Carpenter advoga que a identificação da captura exige a satisfação de um conjunto de afirmações. Segundo esse entendimento, um diagnóstico completo do fenômeno demanda (a) noção comum do que é o interesse público, (b) ação e intenção pelo agente regulado, e a (c) demonstração, baseada em evidências, de que a decisão de política pública foi desviada do interesse público para o interesse privado.[296]

Se os dois últimos elementos estão mais presentes em estudos avançados da teoria da captura, o que se percebe é uma ignorância quanto ao ponto de partida: o acordo semântico para o conceito de interesse público. Uma vez que a captura é sempre o processo de afastamento das decisões políticas do interesse público, é imprescindível compartilhar de uma mesma compreensão sobre o conceito.[297]

---

295 POSNER, Richard A. "The concept of regulatory capture". *In*: CARPENTER, Daniel; MOSS, David. A. *Preventing regulatory capture*: Special interest influence and how to limit it. Cambridge: Cambridge University Press, 2014, p. 51.

296 CARPENTER, Daniel; MOSS, David A. *Preventing regulatory capture*: special interest influence and how to limit it. Cambridge: Cambridge University Press, 2014, p. 63.

297 Carpenter estava sobretudo preocupado com a utilização do conceito de interesse público em uma perspectiva não científica, marcada pela ausência de derrotabilidade (*defeasibility*). Destacou quatro abordagens possíveis de compreensão: (I) no primeiro caso, adota-se o significado de interesse público com base em uma evidência empírica ampliativa de preferência popular – *e.g.*, redução de doenças cardiovasculares decorrentes do fumo. (II) No segundo, opta-se por uma abordagem republicana *(republican approach)*, decorrente das manifestações políticas celebradas pelos mandantes do povo, em especial o Poder Constituinte. (III) Em terceiro lugar, pode-se eleger uma visão tecnocrática e utilitarista, amparada em outras ciências para identificar quais decisões são melhores para o maior número de pessoas. Por fim, (IV) é plausível ainda reconhecer como incognoscível o sinal de interesse público, buscando-se a captura através dos vícios de procedimentos e resultados (CARPENTER,

Parcela considerável da doutrina administrativista brasileira tributa o sentido de interesse público às escolas francesas do serviço público e da *puissance publique* (originárias de Leon Duguit e Maurice Hauriou, respectivamente). Trata-se de noção ainda vinculada à ontologia do contrato social e na construção liberal-revolucionária da vontade general do povo, mas que não mais encontra substrato no Direito Administrativo contemporâneo. Contudo, no decorrer da história social, o conceito de interesse público variou entre significações que concediam a mais ampla discricionariedade de conteúdo ao Estado à total vinculação.[298]

Em que pesem a vagueza e a indeterminabilidade da definição – considerada positiva para garantir a flexibilidade de aplicação ao longo das rupturas temporais – ainda assim é um conceito que transmite significado, sobretudo quando colocado em contexto.[299] A exemplo, Emerson Gabardo defende que o conteúdo do interesse público é extraído do Direito Positivo, reconhecendo o procedimento democrático-legislativo como suficiente para dotar a decisão política com a legitimidade do interesse público. Em outras palavras, o sentido do interesse público se confundiria com o sentido do Direito.[300]

Sucede que a investigação do interesse público no estudo da captura envolve uma dificuldade distinta de sua aplicação jurídica.

Daniel. "Detecting and measuring capture". *In*: CARPENTER, Daniel; MOSS, David. A. *Preventing regulatory capture*: Special interest influence and how to limit it. Cambridge: Cambridge University Press, 2014, p. 61).

298 GABARDO, Emerson. *Interesse público e subsidiariedade*: o Estado e a sociedade civil para além do bem e do mal. Belo Horizonte: Fórum, 2009, pp. 285-288.

299 PENNOCK, J. Roland. "A unidade e a multiplicidade: uma observação sobre o conceito". *In*: FRIEDRICH, Carl J. *O interesse público*. Trad. Edilson Alkmin Cunha. Rio de Janeiro: O Cruzeiro, 1967, p. 179.

300 GABARDO, Emerson. *Interesse público e subsidiariedade*: o Estado e a sociedade civil para além do bem e do mal. Belo Horizonte: Fórum, 2009, pp. 285-288.

É que as decisões sobre as quais ocorrem as práticas de influência política situam-se, muitas vezes, no campo pré-jurídico, ou *metassociológico*. Como a persuasão se dá na disputa formuladora de normas e governos, não seria adequado extrair o conteúdo do interesse público a partir do Direito Positivo (resultado dessa disputa).

Nesse sentido, Gerhard Colm identifica o grau metassociológico do interesse público como a expressão do sistema de valores e objetivos em determinada sociedade. Nas comunidades fundamentalistas, tais como os Estados teocráticos, esses símbolos seriam evidentes e haveria pouco espaço para divergência. Nas sociedades pluralistas, em que pese diferentes preceitos morais conviverem em babelismo, haveria uma base comum reconhecível, mesmo que passível de mudança.[301]

No Brasil, o signo presuntivo desse sistema de valores fundamentais foi ilustrado nos artigos 1º e 3º da Constituição.[302] Assim, retomando-se o modelo desenvolvido por Carpenter com aplicação local, seria possível demonstrar o desvio do interesse público, *exempli gratia*, sempre que a decisão política violar a dignidade humana,[303]

---

301 COLM, Gerhard. "O interesse público: chave essencial da política pública". *In*: FRIEDRICH, Carl J. *O interesse público*. Trad. Edilson Alkmin Cunha. Rio de Janeiro: O Cruzeiro, 1967, pp. 126/127.

302 Cuidam-se de princípios morais objetivamente identificáveis no corpo social, marca da realidade constitucional contemporânea, cujo sistema é fortemente pautado em princípios ético-jurídicos. Assim, não obstante haver uma ampla liberdade de valores nas esferas íntimas do sujeito, o momento constituinte as afasta para criar o amálgama que une os indivíduos em um objetivo comum. Nesse sentido: GABARDO, Emerson. "A felicidade como fundamento teórico do desenvolvimento em um Estado Social". *Revista Digital de Direito Administrativo*, vol. 5, nº 1, 2018, pp. 126/127.

303 Sobre a proximidade entre o interesse público e o princípio da dignidade humana, vide LASSWELL, Harold D. "O interesse público: sugestões de princípios de conteúdo e de método". *In*: FRIEDRICH, Carl J. *O interesse público*. Trad. Edilson Alkmin Cunha. Rio de Janeiro: O Cruzeiro, 1967, p. 67.

atentar contra a democracia[304] ou desprestigiar os objetivos de desenvolvimento nacional e da erradicação da pobreza e da marginalização, em favor de um pequeno grupo indivíduos e de seus interesses privados.

Nada obstante o modelo de Carpenter exigir o atingimento de cada afirmação individualmente considerada (definição de interesse público, ação do agente privado e desvio comprovado por evidências), ele independe de mecanismo específico de captura. Isso explica por que haveria inúmeras formas de cooptação das políticas públicas por interesses privados. A captura pode ocorrer tanto através de condutas ilícitas – como o tráfico de influência e corrupção ativa – quanto mediante atos lícitos – tais como o uso de *revolving door*[305] ou estratégias de lobby.[306]

Sobre a diversidade de meios para desviar políticas públicas de seu verdadeiro destinatário, James Kwak anota o uso de instrumentos que incidem sobre o âmbito não racional dos agentes públicos. Trata-se da *captura cultural*, fenômeno que explicaria como os reguladores puderam ser tão negligentes com o setor financeiro antes da crise de 2008. Naquele tempo, imperava uma cultura segundo a qual "o que fosse bom para Wall Street, seria bom para a América". O conjunto desses significados compartilhados na sociedade teria sido bem explorado para privilegiar

---

304 Acerca da *democracia como valor universal*, vide SANTOS, Luasses Gonçalves dos. *O interesse público sob a crítica da teoria crítica*. São Paulo: Contracorrente, 2021, pp. 332-338.

305 *Revolving door*, ou porta-giratória, é a estratégia de contratação de ex-integrantes corpo diretivo de agências reguladoras, ministérios federais e secretarias estaduais para atuar no mercado corporativo, logo após o desligamento do cargo, considerando sobretudo em razão da influência ainda exercida no órgão estatal. (CAIN, Bruce E.; DRUTMAN, Lee. "Congressional Staff and the Revolving Door: the impact of regulatory change". *Election Law Journal*: rules, politics, and policy, vol. 13, nº 1, mar. 2014, p. 27).

306 CARPENTER, Daniel. "Detecting and measuring capture". *In*: CARPENTER, Daniel; MOSS, David. A. *Preventing regulatory capture*: Special interest influence and how to limit it. Cambridge: Cambridge University Press, 2014, pp. 63/64.

políticas desregulatórias que, em verdade, apenas beneficiariam uma parcela do sistema financeiro.[307]

Diante dessa tendência de captura cognitiva, James Kwak identificou três tipos de mecanismos de influência que podem operar no contexto de políticas públicas: (i) identidade de grupo, (ii) *status* e (iii) relacionamentos. Segundo a heurística da (i) identidade de grupo, é mais provável que os reguladores se filiem às posições adotas por pessoas consideradas pertencentes ao mesmo grupo social – seja por frequentarem o mesmo espaço cotidiano, seja por reconhecerem entre si algum laço em comum – ainda que isso não seja reconhecido entre as partes. Igualmente, o viés do (ii) *status* advoga pela maior probabilidade de agentes públicos favorecerem personalidades por eles consideradas de estrato social mais elevado, econômica ou intelectualmente, em parte porque almejam pertencer ao seleto grupo.[308]

Por fim, é mais provável que os tomadores de decisão adotem posições avançadas pelo seu (iii) ciclo de relacionamentos. Empresas e reguladores de um mesmo setor tendem a ter contato próximo com certa frequência, de modo que, ao longo do tempo, oportunidades de colaboração surgirão naturalmente.[309] É o caso das práticas de *revolving doors*: reguladores tendem a ser

---

307 KWAK, James. "Cultural capture and the financial crisis". *In*: CARPENTER, Daniel; MOSS, David. A. *Preventing regulatory capture*: Special interest influence and how to limit it. Cambridge: Cambridge University Press, 2014, pp. 75-77.

308 KWAK, James. "Cultural capture and the financial crisis". *In*: CARPENTER, Daniel; MOSS, David. A. *Preventing regulatory capture*: Special interest influence and how to limit it. Cambridge: Cambridge University Press, 2014, pp. 81-89.

309 ORGANIZATION FOR ECONOMIC COOPERATION AND DEVELOPMENT. *Preventing Policy Capture*: Integrity in Public Decision Making. Paris: OECD Publishing, 2017, p. 38.

mais inclinados a favorecer empresas que possam lhe garantir empregos no futuro.[310]

5.3 O lobby como instrumento de captura

A captura de políticas públicas típica envolve ao menos o relacionamento entre o agente público e o agente privado. No vértice da Administração Pública, o desvio se opera sobre oficiais com poder de gestão sobre a agenda política e, por isso, representantes eleitos do alto escalão são alvos prioritários. Já no âmbito privado, os atores variam entre empresários, conselheiros políticos, grupos de interesses e, sobretudo, lobistas. A despeito de essas figuras frequentarem ambientes distintos, é legítimo que contatos esporádicos ocorram, mas o risco cresce conforme as fronteiras passam a ser permeáveis, dificultando a compreensão sobre quais são os reais interesses em jogo. É o caso, por exemplo, da participação de especialistas privados nas comissões legislativas, para responder a determinada consultada. Por mais que os participantes ocupem a tribuna como verdadeiros lobistas, capazes de influenciar a decisão política, assim não são considerados. No mais vezes, são vistos como meros colaboradores técnicos, colocando-os em posição privilegiada para ditar os rumos da decisão política.[311]

Em outras palavras, o perigo não está no mero contato entre as esferas pública e privada, mas no acesso desproporcional e privilegiado que alguns agentes possuem no governo. Segundo pesquisa realizada pela OCDE, mais de 79% dos legisladores entrevistados acreditam que os especialistas civis que se dirigem às comissões legislativas

310 KWAK, James. "Cultural capture and the financial crisis". *In*: CARPENTER, Daniel; MOSS, David. A. *Preventing regulatory capture*: Special interest influence and how to limit it. Cambridge: Cambridge University Press, 2014, p. 89.

311 ORGANIZATION FOR ECONOMIC COOPERATION AND DEVELOPMENT. *Preventing Policy Capture*: Integrity in Public Decision Making. Paris: OECD Publishing, 2017, p. 36.

exercem influência sobre as políticas públicas e seus resultados; e quase metade deles (47%) nota que as informações passadas seguem interesses privados, antes de considerar o bem público.[312]

A vocação do lobby em amparar a melhor decisão possível para o agente público pode se realizar quando o ambiente político incentivar a disputa equilibrada entre grupos de interesses. Todos devem ser capazes de participar ativamente no processo de elaboração de normas jurídicas, a fim de que a sinfonia dos múltiplos interessados possa se aproximar do interesse público, e não ecoar a voz de visões excludentes. Mas realizar isso é difícil.

Bem por isso, a OCDE identificou três fatores políticos especialmente relevantes para enfrentamento do lobby de predação: (i) integridade, (ii) equidade, bem como (iii) inclusão e abertura institucional.[313] Quando essas condições não estão presentes, ou não são incentivadas, o mais provável é que a participação de *stakeholders* nas políticas públicas venha acompanhada da captura e da satisfação de necessidade particulares às expensas do público.[314]

---

312 "Up to 79% of the legislators surveyed believed that advisory groups wielded influence over policy making and outcomes; nearly half (47%) felt that advisory groups were driven by special interests, rather than by the public good" (ORGANIZATION FOR ECONOMIC COOPERATION AND DEVELOPMENT. *Preventing Policy Capture*: Integrity in Public Decision Making. Paris: OECD Publishing, 2017, p. 36).

313 Nesse caso, considera-se *integridade* a observância, pelas instituições públicas, de princípios e padrões de conduta que contribuam com a salvaguarda do interesse público enquanto diminuem o risco de corrupção. Considera-se *equidade* a percepção de igualdade de participação no processo legislativo e de elaboração de políticas públicas. Considera-se *inclusão e abertura institucional* a abordagem de comunicação dialética entre instituições e stakeholders, na qual informações relevantes são trocadas com transparência e controle (*accountability*) social (ORGANIZATION FOR ECONOMIC COOPERATION AND DEVELOPMENT. *Lobbyists, governments and public trust*: implementing the OECD principles for transparency and integrity in lobbying. Paris: OECD Publishing, 2014, p. 24).

314 ORGANIZATION FOR ECONOMIC COOPERATION AND DEVELOPMENT. *Lobbyists, governments and public trust*: implementing

Um caso emblemático de captura por lobby foi a aprovação, em 2005, da Lei de Prevenção de Abuso de Falências e Proteção ao Consumidor, nos Estados Unidos, em substituição à antiga Lei de Falências (*Bankruptcy Act of 1898*). Até então, a legislação estadunidense era favorável ao devedor, tendo como espírito legislativo a ideia de que

> quando o homem honesto cai em uma depressão financeira sem esperança, o público nada ganha ao mantê-lo em dificuldade, mas, ao contrário, o interesse público poderá ser promovido se seus bens forem proporcionalmente distribuídos, de modo a permitir que ele recomece.[315]

A ideia por trás da reforma era justa e legítima: evitar abusos nos pedidos de insolvência civil. No entanto, tendo como pretexto a *acessibilidade ao crédito de baixo custo para todos*, o lobby do setor financeiro dominou a agenda legislativa e levou ao ostracismo os devedores inadimplentes. O resultado foi a alteração do equilíbrio de poder inteiramente em favor dos credores. Segundo o professor ítalo-americano Luigi Zingales, essa foi uma das causas que proporcionou o colapso social na crise dos *subprimes* em 2008, uma vez que negou qualquer flexibilidade de bem-estar humano às pessoas insolventes. A imagem de pessoas perdendo seu único lar para grandes bancos – os quais posteriormente também pediram concordata, mas foram socorridos pelo Estado – é ilustração tradicional desse período.[316]

---

the OECD principles for transparency and integrity in lobbying. Paris: OECD Publishing, 2014, p. 30.

315 Tradução livre de "When an honest man is hopelessly down financially, nothing is gained for the public by keeping him down, but, on the contrary, the public good will be promoted by having his assets distributed ratably as far as they will go among his creditors and letting him start anew" (55th CONGRESS OF THE UNITED STATES OF AMERICA. *House Report of Representatives* [H.R. Rep.] n. 65, Washington D.C., 1897).

316 ZINGALES, Luigi. *Capitalismo para o povo*: reencontrando a chave para a prosperidade americana. São Paulo: BEI Comunicação, 2015, pp. 45/46.

Apesar dos conceitos estrangeiros utilizados para explicar a Teoria da Captura através do lobby, ela está largamente presente no Brasil. No histórico brasileiro, esse fenômeno pode ser identificado especialmente nos chamados *campeões nacionais*. Foi o que ocorreu com o frigorífico JBS-Friboi, que contou com amplo incentivo estatal, graças às boas relações do sócio Joesley Batista com diretores de empresas públicas. Assim que houve a abertura de capital da empresa, em 2007, o BNDES comprou R$ 1,4 bilhão em ações. Na sequência, em 2010, adquiriu mais R$ 3,4 bilhões através de debêntures emitidas pelo grupo. Como os gestores do BNDES advogavam por uma estratégia de criação de grandes empresas com relevância setorial, inspirados na Coreia do Sul, o discurso oficial ilustrava uma confluência entre a política nacional de desenvolvimento e as iniciativas de expansão internacional dos agentes privados. Contudo, apenas com os depoimentos apresentados por ocasião de colaborações premiadas, a partir de 2017, constatou-se o íntimo relacionamento entre os sócios da JBS e os tomadores de decisão.[317]

O caso da JBS-Friboi representa uma dinâmica que é regra, não exceção. Sérgio Lazzarini identificou um modelo aplicado no Brasil que explicaria por que alguns investimentos públicos foram selecionados em detrimento de outros com igual ou maior importância para o desenvolvimento nacional. Basicamente, aqueles atores privados mais conectados com o grupo político em exercício passariam a receber mais benefícios públicos.[318]

Isso se dá pois, naturalmente, a coalizão vencedora das eleições ocuparia cargos em ministérios, secretarias, empresas e

---

317 LAZZARINI, Sérgio G.; MUSACCHIO, Aldo. "O Leviatã nos negócios no Brasil". *In*: SELIGMAN, Milton; MELLO, Fernando. *Lobby desvendado*: Democracia, políticas públicas e corrupção no Brasil contemporâneo. Rio de Janeiro: Record, 2018, p. 74.

318 LAZZARINI, Sérgio G. *Capitalismo de laços*: os donos do Brasil e suas conexões. Rio de Janeiro: Elsevier, 2011, p. 42.

fundos estatais, além de passar a possuir voz diferenciada no Poder Legislativo em pautas orçamentárias e regulatórias. No controle desse aparato, entidades civis que favorecessem o governo poderiam ser beneficiadas com a aprovação de projetos, proteção comercial, crédito fácil e bônus tarifários, em um mutualismo. Os laços políticos, portanto, estabeleceram-se em um modelo cada vez mais clientelista, criado a partir dos contatos que cada empresa nutria com a coalizão política no poder.[319] Nessa dinâmica, José Eduardo Faria sustenta que muitos partidos tornaram suas decisões políticas *transacionáveis*, conversíveis em dinheiro, de modo a satisfazer as necessidades daqueles que maximizam seus ganhos particulares à custa dos interesses coletivos.[320]

Nos casos brasileiros acima tratados, a captura estatal ocorreu na ilegalidade e através de flagrante corrupção – com a transação de vantagens indevidas entre agentes públicos e privados.[321] Mas a relação com a ilicitude não é uma constante nesse processo.

Nesse sentido, Ana Claudia Santano identificou a ocorrência da captura das agências reguladoras federais através da própria estrutura institucional. Considerando a independência autárquica para gestão e administração financeira, e a previsão de um procedimento de participação social, a promessa da reforma gerencial era evitar que as decisões de tais autarquias especiais se desviassem de motivações técnicas.[322] O que se verifica, no entanto, é que a abertura para ma-

---

319 LAZZARINI, Sérgio G. *Capitalismo de laços*: os donos do Brasil e suas conexões. Rio de Janeiro: Elsevier, 2011, p. 43.

320 FARIA, José Eduardo. *Corrupção, justiça e moralidade pública*. São Paulo: Perspectiva, 2019, p. 76.

321 QUANDT, Gustavo de Oliveira. "O crime de corrupção e a compra de boas relações". *In*: LEITE, Alaor; TEIXEIRA, Adriano. *Crime e política*: corrupção, financiamento irregular de partidos políticos, caixa dois eleitoral e enriquecimento ilícito. Rio de Janeiro: FGV Editora, 2017, pp. 54/55.

322 A reforma gerencial foi desenvolvida pelo extinto Ministério de Administração Federal e Reforma do Estado, em 1995, que estabeleceu uma estrutura organizacional supostamente modernizadora, na tentativa de elaborar

nifestação cidadã é restrita às camadas privilegiadas da sociedade, em especial às indústrias de cada setor regulado. A título de exemplo, em 2017 a Agência Nacional de Energia Elétrica (ANEEL) realizou 16 consultas públicas de impacto regulatório. Do total de 163 dos participantes que apresentaram sugestões e propostas, 120 eram empresas do setor, 20 eram associações interessadas no setor, dois foram universidades, três foram escritórios de advocacia e apenas 18 foram associações de defesa do consumidor. Diversamente do desejado, o procedimento de participação termina por favorecer empresas interessas e alijar os cidadãos em geral.[323]

Após o julgamento da ADI n. 4.650 pelo Supremo Tribunal Federal, que proibiu as doações de campanhas eleitorais por pessoas jurídicas, a principal forma de captura das instituições e suas respectivas políticas passou a ocorrer justamente nos canais de participação popular. Uma vez que não era mais possível obter apoio dos decisores através da sensação de dívida gerada pelas contribuições eleitorais, a estratégia precípua dos agentes privados teve de se adaptar, redirecionando-se para formulação e negociação das propostas existentes na agenda política.[324]

---

uma estratégia de transição para a Administração Pública voltada para o cidadão-cliente (GABARDO, Emerson. "La inexistência de um critério constitucional de subsidiariedade em la definición de potestades federativas en Brasil". *Estudios constitucionales*, Santiago, vol. 13, nº 1, 2015, p. 103. Disponível em https://www.scielo.cl/pdf/estconst/v13n1/art04.pdf. Acessado em: 15.05.2023).

323 SANTANO, Ana Claudia. "La captura de políticas públicas como obstáculo a la buena administración en Brasil". *In*: CARBALLAL Almudena Fernández; MORANDINI, Federico; MALDONADO, Marco Aurelio González (Coord.). *La buena administración y la ética pública en el derecho administrativo*. Bogotá: Ibáñez, 2020, p. 320. No mesmo sentido, SANTANO, Ana Claudia. "La captura del estado como obstáculo para la participación ciudadana en la administración pública del siglo XXI". *In*: GABARDO, Emerson; *et al.* (Coord.). *A existência digna e a Administração Pública do século XXI*. Curitiba: Íthala, 2019, p. 59.

324 Segundo a OCDE, para exercer influência direta sobre oficiais, agentes privados criam uma atmosfera de reciprocidade, a qual envolve tanto o

Bruno Carazza analisou esse fenômeno. Até as eleições nacionais de 2014 – último pleito em que as doações por pessoas jurídicas estavam autorizadas – as grandes corporações que tivessem interesse em contratar com o Poder Público realizavam sensíveis contribuições eleitorais aos principais candidatos da disputa, independentemente da ideologia do partido. É o caso do Grupo Odebrecht que, em 2014, distribuiu 2% de seu faturamento bruto tanto para a campanha de Dilma Rousseff – através da Construtora Norberto Odebrecht – quanto para a campanha de Aécio Neves – mediante a Braskem, braço petroquímico do conglomerado. Segundo Carazza, a estratégia de dividir as doações em distintas empresas visava "tornar menos evidente para o público o fato de que [o grupo econômico] torcia para diferentes times na disputa eleitoral".[325] Tudo dentro da legalidade.

Sem mais poder se valer de tal tática de influência lícita, os grupos de pressão passaram a investir mais na interlocução com o Congresso Nacional, explica Carazza.[326] Em muitos casos, esse contato pode chamar atenção para questões que ainda não figuram na agenda decisória, bem como proporcionar aos tomadores de decisão uma série de informações, ideias, pontos de vista e reivindicações referentes às preocupações políticas. Mas se é verdade que o lobby pode oferecer diversas contribuições positivas,[327] também

---

pagamento de propina, financiamento de campanha eleitoral e oferta de emprego futuro na iniciativa privada quanto o fornecimento de análises e pesquisas não onerosas. Ao criar o vínculo através da dívida, a expectativa é que o agente público volte a retribuir o particular, situação extremamente danosa às instituições democráticas, uma vez que limita a autonomia burocrática (ORGANIZATION FOR ECONOMIC COOPERATION AND DEVELOPMENT. *Preventing Policy Capture*: Integrity in Public Decision Making. Paris: OECD Publishing, 2017, p. 37).

325 CARAZZA, Bruno. *Dinheiro, eleições e poder*: as engrenagens do sistema político brasileiro. São Paulo: Companhia das Letras, 2018, p. 55.

326 CARAZZA, Bruno. *Dinheiro, eleições e poder*: as engrenagens do sistema político brasileiro. São Paulo: Companhia das Letras, 2018, p. 137.

327 Conforme capítulo IV.

é verdadeiro que ele pode estar associado a defeitos relevantes, à luz do princípio democrático da igualdade política. Os problemas podem ser de duas ordens: (i) o desequilíbrio entre os lobbies atuantes e (ii) a concessão de privilégios injustificáveis a interesses determinados, afinal, oligopólios terão mais facilidades em arregimentar recursos que grupos difusos e segmentos mais bem financiados têm melhores condições de formar lobbies em defesa de seus interesses.[328]

No Poder Legislativo, como parte significativa do trabalho que é feito nas comissões temáticas do parlamento, grande parcela do lobby se dirige a essas comissões, normalmente nas audiências públicas, seminários e reuniões de trabalho, especialmente convocadas para a discussão dos legisladores com a sociedade civil. Inicialmente, ao elaborarem seus pareceres, os relatores se tornam alvos privilegiados dos lobistas; após, o foco se desloca para os membros da comissão em geral, a fim de que eles aprovem, rejeitem ou modifiquem os pareceres, conforme o caso.[329]

A dinâmica é tão vantajosa para as empresas que, para Luigi Zingales, surpreende o fato de não existir *ainda mais* dinheiro envolvido. Na tentativa de responder a esse problema, sugere que os empresários ainda estejam em fase de aprendizado no ramo das relações governamentais. Os números corroboram com essa tese. Segundo o autor, as despesas totais com lobby subiram de U$ 200 milhões em 1972 para U$ 5 bilhões já em 2008, nos EUA; o número de lobistas cadastrados quase dobrou na última década, variando de 1.475 em 1990 para 2.765 em 2005; e a probabilidade

328 MANCUSO, Wagner Pralon; GOZETTO, Andréa Cristina Oliveira. *Lobby e políticas públicas*. Rio de Janeiro: FGV Editora, 2018, p. 95.

329 MANCUSO, Wagner Pralon; GOZETTO, Andréa Cristina Oliveira. *Lobby e políticas públicas*. Rio de Janeiro: FGV Editora, 2018, p. 45.

de uma empresa que fez lobby em um ano continuar no ano seguinte é de 94%.[330]

Já no Poder Executivo, entidades que atuam na função de regulação econômica – portanto, não limitadas às agências reguladoras formalmente ditas – apresentam-se como importantes destinatárias da atividade de influência política, sobretudo em razão dos cada vez mais disseminados canais de comunicação com a sociedade civil. A título de exemplo, Marcus Ianoni identificou como a indústria financeira aloca recursos para influenciar as ações dos agentes institucionais através das agências de Relações com Investidores (RI) do Banco Central do Brasil e da Secretaria do Tesouro Nacional.[331]

A origem dessas agências de RI se baseia justamente na necessidade de abertura democrática das decisões de impacto na vida pública e na demanda por englobar a pluralidade dos grupos sociais e entidades representativas na Administração. Tais programas governamentais institucionalizam vínculos do setor privado com o setor público com os objetivos estratégicos de ajudar as autoridades públicas a conhecer as percepções dos investidores e de fornecer ao mercado *feedback* sobre as tendências do governo. A política monetária do pós-1988 também acompanhou a tendência de *accountability* social e de se apoiar em mecanismos de transparência. O que se verificou, contudo, não foi o crescimento de legitimidade política, mas a aproximação acentuada do laço entre reguladores e regulados.[332]

---

330 ZINGALES, Luigi. *Capitalismo para o povo*: reencontrando a chave para a prosperidade americana. São Paulo: BEI Comunicação, 2015, p. 67.

331 IANONI, Marcus. "Interesses financeiros e captura do Estado no Brasil". *Revista de Economia Política*, vol. 37, nº 2, abr./jun. 2017, p. 331.

332 IANONI, Marcus. "Interesses financeiros e captura do Estado no Brasil". *Revista de Economia Política*, vol. 37, nº 2, abr./jun. 2017, p. 333.

Especificamente na captura do setor financeiro, a agência de RI do Banco Central propiciou tratamento privilegiado a grupos de interesse ao lhes prover informação antecipada sobre a expectativa monetária, contribuindo para que as decisões estratégicas do setor público se alinhassem àquelas dos investidores. De outro lado, as mesmas agências da Secretaria do Tesouro Nacional institucionalizaram a presença de grupos de pressão no âmbito da autoridade fiscal, franqueando informação de qualidade para realização de negócios sobre a dívida pública. Com isso, a oligarquia rentista brasileira não mais necessitava ocupar os assentos da política monetária e pôde influenciar as decisões para garantir a geração de excedentes em seu favor.[333]

Seja no Poder Legislativo, seja no Poder Executivo, verifica-se uma forte organização do mercado para ocupar as instituições participativas na defesa e na promoção de suas agendas. Na pesquisa empírica desenvolvida por Wagner Pralon Mancuso, tendo por objeto a pressão das agendas legislativas da Confederação Nacional das Indústrias (CNI), computou-se que ao menos dois terços das decisões políticas com o tema *custo Brasil*,[334] entre os anos 1996 e 2003, foram decididas em favor da indústria (reduzindo o suposto *custo Brasil)*. Ponto interessante do estudo é que não houve a limitação dos resultados a um único setor, mas, diversamente, apurou-se a economia de modo transversal. Por mais que os dois alvos prediletos da atividade predatória sejam a regulamentação da economia *stricto sensu* e a infraestrutura material, o *custo Brasil*

---

333 GOMES, Ciro. *Projeto nacional*: o dever da esperança. São Paulo: LeYa, 2020, p. 72.

334 Na concepção utilizada por Wagner Pralon Mancuso, seis fatores estariam contidos na expressão *custo Brasil*: "excesso e má qualidade da regulação da atividade econômica; legislação trabalhista inadequada; sistema tributário que onera a produção; elevado custo de financiamento da atividade produtiva; infraestrutura material insuficiente; infraestrutura social deficiente" (MANCUSO, Wagner Pralon. "O lobby da indústria no Congresso Nacional: empresariado e política no Brasil contemporâneo". *Dados – Revista de Ciências Sociais*, Rio de Janeiro, vol. 47, nº 3, 2004, pp. 505/506).

englobaria igualmente elementos da legislação trabalhista, do custo de financiamento, do sistema tributário e da infraestrutura social que colidiriam frontalmente com os interesses representados pela CNI.[335]

Nesse sentido, a tentativa de captura das políticas públicas no Brasil aparenta ser fenômeno quase que indissociável das instituições participativas e da difusão do poder político na sociedade civil. Na realidade, as próprias agências reguladoras, seguindo a tendência contemporânea de *accountability* social acrítico, acabam por propiciar as condições ideais para formação de laços no espaço público, tanto nas audiências públicas para edição de novos atos normativos quanto nos canais de relacionamento com investidores.

Alana Rizzo e Joel Velasco caracterizam essa dinâmica nacional como um *crony capitalism* (capitalismo de laços, ou capitalismo de compadrio),[336] modelo em que o sucesso da atividade econômica dependeria de relações próximas entre empresários e representantes do governo.[337] No *crony capitalism*, as escolhas feitas por favoritismo dos governantes determinam quem ganha e quem perde, independentemente da concorrência, provocando verdadeiras distorções em face do interesse público. Isso pode ser identificado através da restrição de novas indústrias no setor econômico, distribuição parcial de licenças administrativas, financiamentos e subsídios específicos para empresas favorecidas. Em

---

335 MANCUSO, Wagner Pralon. "O lobby da indústria no Congresso Nacional: empresariado e política no Brasil contemporâneo". *Dados – Revista de Ciências Sociais*, Rio de Janeiro, vol. 47, nº 3, 2004, pp. 515-518.

336 ZINGALES, Luigi. *Capitalismo para o povo*: reencontrando a chave para a prosperidade americana. São Paulo: BEI Comunicação, 2015, p. 35.

337 RIZZO, Alana; VELASCO, Joel. "As empresas conseguem migar do *crony capitalism* para práticas íntegras de relação com o governo?" *In*: SELIGMAN, Milton; MELLO, Fernando. *Lobby desvendado*: democracia, políticas públicas e corrupção no Brasil contemporâneo. Rio de Janeiro: Record, 2018, pp. 186/187.

suma, trata-se do regime econômico no qual impera a captura das políticas públicas.[338]

Não é necessário que condutas ilícitas sejam praticadas; apenas que alguns fatores estejam presentes, tais como a falta de competição efetiva ou lobby desproporcional. Também a overdose de normas regulatórias pode ser considerada um elemento facilitador do *cronismo*, na medida em que estimula o uso de relações pessoais para destravar os custos jurídicos. O excesso de regras complexas – quando desnecessárias – pode conduzir ao confronto entre interesse público e interesse privado, e apenas os agentes com recursos e tempo para patrocinar esse conflito serão beneficiados.[339]

Na dialética entre governo e sociedade civil, o elemento pernicioso ao regime democrático se manifesta quando há um desequilíbrio ou uma assimetria significativa de um grupo de interesse específico sobre as instituições políticas, proporcionando uma influência superior deste em relação às demais partes interessadas. Nesse caso, há uma captura dos órgãos de tomada de decisão por entes privados, originando o que pode ser chamado de "repatrimonialização", com a perda da impessoalidade das instituições estatais pelo apoderamento de determinadas elites.[340]

De fato, um dos efeitos mais perversos do favoritismo no setor público é o conflito de interesses na relação com o setor

---

338 ZINGALES, Luigi. "Donald Trump, crony capitalista". *The New York Times*, 23 fev. 2016. Disponível em: https://www.nytimes.com/2016/02/23/opinion/campaign-stops/donald-trump-crony-capitalist.html. Acessado em: 15.05.2023.

339 RIZZO, Alana; VELASCO, Joel. "As empresas conseguem migar do *crony capitalism* para práticas íntegras de relação com o governo?" *In*: SELIGMAN, Milton; MELLO, Fernando. *Lobby desvendado*: democracia, políticas públicas e corrupção no Brasil contemporâneo. Rio de Janeiro: Record, 2018, p. 196.

340 FUKUYAMA, Francis. *Ordem e decadência política*: da Revolução Industrial à globalização da democracia. Trad. de Nivaldo Montingelli Jr. Rio de Janeiro: Rocco, 2018, p. 476.

privado, pois tal conflito coloca em risco a imparcialidade das decisões políticas. Bem por isso, para obterem ganho de competitividade e conseguirem informações privilegiadas, não é incomum que empresas busquem estabelecer uma rede de contatos com os tomadores de decisão.[341]

Por sair de um contexto autoritário em que a participação popular era praticamente inexistente e o poder político estava centralizado, a Constituição da República de 1988 apostou em diversos mecanismos participativos para fomentar o desenvolvimento nacional ladeado pelo espírito de cidadania. Essa idealização não se lastreia apenas no histórico constituinte, como também está positivado nos princípios do pluralismo político e soberania popular que abrem o texto constitucional. Assim, o direito à participação popular foi alçado ao *status* de direito fundamental, compreendido enquanto um feixe de diversas posições jurídicas.[342]

Ocorre que o otimismo (ou a inocência, ou a má-fé) dos agentes constituintes negligenciou as possibilidades de captura das decisões políticas por agentes privados, fenômeno igualmente pernicioso para o sistema democrático. Se as escolhas sociais são tomadas por uma instituição autoritária governamental ou pela oligarquia do mercado, o resultado de supressão da concorrência política é o mesmo, inviabilizando a mobilidade das minorias no contexto da *polis*.[343]

---

341 RIZZO, Alana; VELASCO, Joel. "As empresas conseguem migar do *crony capitalism* para práticas íntegras de relação com o governo?" *In*: SELIGMAN, Milton; MELLO, Fernando. *Lobby desvendado*: democracia, políticas públicas e corrupção no Brasil contemporâneo. Rio de Janeiro: Record, 2018, p. 198.

342 CASIMIRO, Ligia Maria Silva Melo de Casimiro; MORAES, Filomeno. "Planejamento social na Administração Pública: um instrumento essencial na promoção dos direitos fundamentais sociais". *Revista de Direito Econômico e Socioambiental*, Curitiba, vol. 8, nº 2, nov. 2017, p. 445.

343 BELLO, Enzo; BERCOVICI, Gilberto; LIMA, Martonio Mont'Alverne Barreto. "O fim das ilusões constitucionais de 1988?" *Revista Direito e Práxis*, Rio de Janeiro, vol. 10, nº 3, 2019, p. 1787.

Felizmente, a captura é evitável. Ainda que nenhum país esteja absolutamente imune a seu surgimento, é possível desenvolver boas práticas governamentais a fim de impedir seu enraizamento social. Nesse sentido, a OCDE destaca o nivelamento do processo participativo (*levelling the playing field*) como estratégia fulcral para barrar a captura das políticas públicas. Assegurar um processo de tomada de decisão inclusivo e com visões equilibradas entre as partes torna o próprio processo mais resiliente à captura, na medida em que os grupos predatórios terão de enfrentar uma competição maior de interessados, prontos para denunciar o desvio da finalidade pública. Para ser eficiente, essa diretriz deve ser conjugada com outras medidas: (i) simplificação dos processos de participação popular, (ii) redução da desigualdade entre grupos de interesses, (iii) apreciação de evidências científicas para a tomada de decisão públicas, e (iv) regulamentação clara e transparente do lobby.[344]

A predação do interesse público não depende da prática de atos ilícitos. Mas, em ambientes marcados pela baixa participação e pouca transparência, a corrupção, o tráfico de influência e o lobby tendem a caminhar juntos.[345] Não por menos, essas figuras costumam se confundir no imaginário popular e muitas vezes são tratadas como sinônimos,[346] tratados indistintamente como práticas

---

344 ORGANIZATION FOR ECONOMIC COOPERATION AND DEVELOPMENT. *Preventing Policy Capture*: Integrity in Public Decision Making. Paris: OECD Publishing, 2017, pp. 54-56.

345 ORGANIZATION FOR ECONOMIC COOPERATION AND DEVELOPMENT. *Preventing Policy Capture*: Integrity in Public Decision Making. Paris: OECD Publishing, 2017, p. 37.

346 Algumas manchetes de jornais e revistas semanais bem ilustram o tratamento indistinto do lobista como um agenciador de vantagens ilícitas, vide: BRASIL 247. "Lobista José Amaro Pinto Ramos foi citado em delação premiada como operador de propinas de Serra". *Brasil 247*, Cotia, 3 jul. 2020. Disponível em: https://www.brasil247.com/regionais/sudeste/lobista-jose-amaro-pinto-ramos-foi-citado-em-delacao-premiada-como-operador-de-propinas-de-serra. Acessado em: 15.05.2023; ESTADÃO. "Procuradoria e PF descobrem empresas usadas por lobista para lavagem e ocultação de provas de desvio de R$ 87 mi do Postalis". *O Estado de São Paulo*, São Paulo, 19 out. 2020.

deletérias ao espírito republicano, ofensas à eficiência administrativa e substrato para o governo de compadrio – *the cabals of the few.*

Nas discussões anteriores, destacou-se o conceito do lobby e seu funcionamento habitual. No entanto, por conta da noção enraizada que se sedimentou em torno do lobby, é necessário igualmente dizer aquilo que ele não é, segregando-o dos verdadeiros tipos penais já enfrentados pelo Direito Penal e objeto da política criminal brasileira.

Disponível em: https://politica.estadao.com.br/blogs/fausto-macedo/procuradoria-e-pf-descobrem-empresas-usadas-para-lavagem-e-ocultacao-provas-de-desvio-de-r-87-mi-do-postalis/. Acessado em: 15.05.2023; REVISTA FÓRUM. "Bolsonaro e Wassef viram alvos da PGR por tráfico de influência e corrupção, diz revista". *Revista Fórum*, Santos, 25 set. 2020. Disponível em: https://revistaforum.com.br/politica/governo-bolsonaro/2020/9/25/bolsonaro-wassef-viram-alvos-da-pgr-por-trafico-de-influncia-corrupo-diz-revista-83141.html. Acessado em: 15.05.2023.

CAPÍTULO VI

O QUE O LOBBY NÃO É: CORRUPÇÃO, TRÁFICO DE INFLUÊNCIA, EXPLORAÇÃO DE PRESTÍGIO E ADVOCACIA ADMINISTRATIVA

6.1 Acerca dos crimes contra a Administração Pública

"As provas são claras: o Governo praticou advocacia administrativa, em outras palavras: lobby! Isso é crime de acordo com o Artigo 321 do CP",[347] disse o Senador Randolfe Rodrigues em um *tweet*, por ocasião da Comissão Parlamentar de Inquérito da Covid-19. Apesar do equívoco jurídico, o tratamento indistinto entre práticas

347 RODRIGUES, Randolfe. "As provas são claras: o Governo praticou advocacia administrativa, em outras palavras: LOBBY! Isso é CRIME de acordo com o Artigo 321 do CP. Enquanto ignorava 81 e-mails da Pfizer oferecendo vacina, o Governo negociava remédios sem eficácia para o povo!" 10 jun. 2021. Twitter: @randolfeap. Disponível em: https://twitter.com/randolfeap/status/1402969268619251713?s=20. Acessado em: 15.05.2023.

criminosas e a conduta de lobby é bastante comum, sobretudo em discursos políticos que visam prejudicar a reputação do adversário, ao atribuir-lhe a pecha de lobista.[348]

Aproveitar o estigma negativo do lobby para – deliberadamente – acusar um oponente de ofender o Direito é tática questionável, mas que integra o conteúdo da disputa política. A parte disso, o presente capítulo se dirige àqueles que busquem realizar a correta distinção entre a licitude do lobby e a criminalidade de colarinho branco e que não desejem cometer imprecisões jurídicas.

Existem ao menos quatro ilícitos usualmente confundidos com o lobby: (i) a corrupção ativa, disciplinada no artigo 333 do Código Penal; (ii) o tráfico de influência, positivado no artigo 332 do mesmo Código; (iii) a exploração de prestígio, elencada em seu artigo 357; bem como (iv) a advocacia administrativa, disposta no artigo 321. Cada uma dessas condutas possui material para um estudo autônomo e não há espaço – nem pretensão – de se apresentar toda a extensão dos temas. Ao contrário, deseja-se compreender brevemente esses tópicos apenas para distingui-los do lobby, atividade lícita e benéfica para a democracia.

Os tipos penais descritos no Título XI da Lei n. 2.848/1940 – *Dos Crimes Contra a Administração Pública* – têm como espírito legislativo a proteção da Administração Pública enquanto bem jurídico autônomo. Quando empregado pelo legislador penal, o conceito de Administração Pública não se confunde com o sentido funcional utilizado pela doutrina administrativista, mas se refere a um significado ampliado, total. Nesse caso, os injustos penais cuidam de toda a atividade estatal dos Três Poderes (sentido funcional),

---

348 TURTELLI, Camila; FRAZÃO, Felipe. "Ernesto Araújo acusa Kátia Abreu de lobby em favor do 5G da China". *O Estado de São Paulo*, São Paulo, 28 mar. 2021. Disponível em: https://www.terra.com.br/noticias/brasil/politica/ernesto-acusa-katia-abreu-de-lobby-em-favor-do-5g-da-china,4b616c755a20af7184ac5d0d2dcbc14ag06f48by.html. Acessado em: 15.05.2023.

bem como o conjunto de entes que desempenham funções públicas desenvolvidas para a satisfação do bem comum (sentido orgânico).[349]

A concepção de "funcionário público" no âmbito penal acompanha esse sentido extensivo para designar não apenas o sujeito devidamente investido em cargo público,[350] mas aquele que, mesmo sem remuneração, transitória ou voluntariamente, exerce cargo, emprego ou função pública, nos termos do artigo 327 do Código Penal. Nota-se que a legislação penalista preferiu a adoção de um conceito unitário próprio, sem recorrer às classificações que separam agentes públicos entre aqueles com investidura ou vínculo empregatício.[351]

Assim, não é a qualidade de funcionário que configura o crime, mas o fato de ser praticado por quem se encontra no exercício da função pública. Esse entendimento se faz necessário na medida em que o legislador brasileiro seguiu a inspiração internacional e separou as condutas penais em praticadas por funcionários públicos (*intranei/intraneus*),[352] ou praticadas por particulares externos à atividade estatal (*extranei*).[353]

---

349 COSTA, Álvaro Mayrink da. "Criminalidade na Administração Pública: peculato, corrupção, tráfico de influência e exploração de prestígio". *Revista da EMERJ*, vol. 13, nº 52, 2010, p. 40.

350 A exemplo, cita-se Celso Antônio Bandeira de Mello, para quem o regime normal do servidor público é indubitavelmente o de cargo, e não o de emprego (BANDEIRA DE MELLO, Celso Antônio. *Curso de Direito Administrativo*. 32ª ed. São Paulo: Malheiros, 2015, p. 261).

351 PEREIRA, Paulo Cyrillo. "Funcionário público: titularidade passiva nos crimes contra a Administração Pública". *Justitia*, São Paulo, vol. 53, nº 153, jan./mar. 1991, p. 22. No mesmo sentido, SOUZA, Luciano Anderson de. *Crimes contra a Administração Pública*. São Paulo: Thomson Reuters, 2018, p. 67.

352 O conceito unitário de funcionário público, tal como a regra interpretativa de classificação, é seguido igualmente pelos ordenamentos alemão, italiano, suíço, espanhol, português, argentino e colombiano. SOUZA, Luciano Anderson de. *Crimes contra a Administração Pública*. São Paulo: Thomson Reuters, 2018, p. 68.

353 COSTA, Álvaro Mayrink da. "Criminalidade na Administração Pública: peculato, corrupção, tráfico de influência e exploração de prestígio". *Revista*

6.2 A corrupção ativa diante do lobby

Convém começar pela (i) corrupção ativa (*pacto sceleris)* que, nas palavras de Conrado Almeida Corrêa Gontijo, em nada se confunde com o lobby.[354] Nos termos do artigo 333 do diploma repressivo,[355] a corrupção consiste no ato de oferecer ou prometer vantagem indevida a funcionário público, para que este pratique, omita ou retarde ato de ofício. O Código Penal brasileiro seguiu o modelo moderno francês, que prevê ao corruptor a mesma pena cominada à corrupção passiva, com reclusão de dois a doze anos e multa. Quanto ao objeto material da ação, trata-se da vantagem ou promessa de vantagem ilícita. Interessante notar que, na relação há ao menos três sujeitos envolvidos: o corruptor (sujeito ativo), que pode ser qualquer pessoa, inclusive funcionário público que atue como particular; o Estado (sujeito passivo principal), que sofrerá com a ofensa à Administração Pública; bem como o *intraneus*, sujeito passivo secundário, que poderá agir comissiva ou omissivamente – praticando, retardando ou omitindo ato de ofício.[356]

Assim, o *pacto sceleris* exige que, na situação fática, exista uma relação entre o sujeito investido no cargo administrativo (*intraneus*), possuidor de poderes especiais, e o Estado (sujeito

---

da EMERJ, vol. 13, nº 52, 2010, p. 40.

354 GONTIJO, Conrado Almeida Corrêa. *Lobby*: estudo de Direito Comparado e necessidade de regulamentação do instituto no ordenamento jurídico brasileiro. São Paulo: Marcial Pons, 2020, p. 226.

355 "Art. 333 – Oferecer ou prometer vantagem indevida a funcionário público, para determiná-lo a praticar, omitir ou retardar ato de ofício: Pena – reclusão, de 2 (dois) a 12 (doze) anos, e multa. Parágrafo único – A pena é aumentada de um terço, se, em razão da vantagem ou promessa, o funcionário retarda ou omite ato de ofício, ou o pratica infringindo dever funcional" (BRASIL. *Decreto-lei n 2.848*, de 7 de dezembro de 1940. Código Penal. Disponível em: https://www.planalto.gov.br/ccivil_03/decreto-lei/del2848compilado.htm. Acessado em: 19.05.2023).

356 COSTA, Álvaro Mayrink da. "Criminalidade na Administração Pública: peculato, corrupção, tráfico de influência e exploração de prestígio". *Revista da EMERJ*, vol. 13, nº 52, 2010, p. 56.

principal) que lhe outorgue tais poderes. Nessa relação, o autor do crime de corrupção busca dolosamente estimular o surgimento do conflito de interesses entre os dois sujeitos passivos, por via do oferecimento ou concessão de vantagens indevidas a funcionários públicos. Na corrupção, a atuação dos agentes gravita em torno de conflito de interesses entre agentes públicos e o Estado.[357]

Afinal, é pressuposto para o natural funcionamento da Administração que seus agentes não recebam qualquer contraprestação fora de seus vencimentos. Para garantir a fidelidade e a impessoalidade do funcionário no exercício do serviço, a esfera pública da atividade precisa se dissociar da esfera privada do sujeito, de tal modo que a execução de seus deveres não dependa de fatores pessoais, ainda que despidos de valor econômico.[358]

Sucede que a corrupção ativa, por sua vez, não exige bilateralidade, ou seja, a aceitação recíproca do agente privado e funcionário público. Basta com que o sujeito ativo ofereça ou prometa oferecer algo em troca de vantagem indevida, dispensando-se a concordância do *intraneus*. A mesma independência é verificada na primeira conduta da modalidade passiva – solicitar vantagem indevida – descrita no artigo 317 do Código Penal, dispensando-se a prática do agente corruptor.[359]

Por outro lado, a atuação do lobista não está na fomentação de conflito de interesses na Administração Pública. Pelo contrário,

---

357 GONTIJO, Conrado Almeida Corrêa. *Lobby*: estudo de Direito Comparado e necessidade de regulamentação do instituto no ordenamento jurídico brasileiro. São Paulo: Marcial Pons, 2020, pp. 226-231.

358 GRECO, Luís; TEIXEIRA, Adriano. "Aproximação a uma teoria da corrupção". *In*: LEITE, Alaor; TEIXEIRA, Adriano. *Crime e política*: corrupção, financiamento irregular de partidos políticos, caixa dois eleitoral e enriquecimento ilícito. Rio de Janeiro: FGV Editora, 2017, p. 29.

359 COSTA, Álvaro Mayrink da. "Criminalidade na Administração Pública: peculato, corrupção, tráfico de influência e exploração de prestígio". *Revista da EMERJ*, vol. 13, nº 52, 2010, p. 54.

o lobby é uma tentativa de convencer os decisores públicos a fazer escolhas que satisfaçam o interesse de seus clientes, mas sempre através de argumentos racionais, não pelo oferecimento de vantagens indevidas. Ou seja, são criados estímulos para que o *intraneus* cumpra adequadamente a sua função, enquanto gera benefícios privados dentro de sua competência discricionária, sem que haja ofensa ao ato de ofício.[360]

Acerca da vantagem indevida, ela deve ser minimamente valorosa para constranger o *intraneus* a, dolosamente, desviar de sua função administrativa.[361] Há de se ter um nexo de causalidade entre a dádiva entregue ou prometida e o suposto ato com desvio de função por parte do *intraneus*, de tal modo que reste evidenciado que, sem a gratificação, o referido ato público não seria praticado, ou não haveria uma alteração no comportamento do funcionário. Justamente por isso, não estão abarcados pelo tipo os mimos de pequeno valor, a cortesia meramente simbólica ou celebrações realizadas por estima e consideração ao funcionário público, pois não bastariam para configurar enriquecimento.[362]

No Brasil, o reconhecimento jurídico da insignificância do bônus pode ser feito através da Resolução n. 3, de 23 novembro de 2000, da Presidência da República, que permite o recebimento

---

360 GONTIJO, Conrado Almeida Corrêa. *Lobby*: estudo de Direito Comparado e necessidade de regulamentação do instituto no ordenamento jurídico brasileiro. São Paulo: Marcial Pons, 2020, pp. 231/232.

361 GRECO, Luís; TEIXEIRA, Adriano. "Aproximação a uma teoria da corrupção". *In*: LEITE, Alaor; TEIXEIRA, Adriano. *Crime e política*: corrupção, financiamento irregular de partidos políticos, caixa dois eleitoral e enriquecimento ilícito. Rio de Janeiro: FGV Editora, 2017, p. 45.

362 QUANDT, Gustavo de Oliveira. "O crime de corrupção e a compra de boas relações". *In*: LEITE, Alaor; TEIXEIRA, Adriano. *Crime e política*: corrupção, financiamento irregular de partidos políticos, caixa dois eleitoral e enriquecimento ilícito. Rio de Janeiro: FGV Editora, 2017, p. 55. Também: COSTA, Álvaro Mayrink da. "Criminalidade na Administração Pública: peculato, corrupção, tráfico de influência e exploração de prestígio". *Revista da EMERJ*, vol. 13, nº 52, 2010, p. 57.

de brindes ofertados à Alta Administração Federal, desde que não tenham valor comercial ou não ultrapassem o valor unitário de R$ 100,00. Caso o presente tenha claro valor acima do aceitável, mas a recusa ou a devolução seja inviável na situação, a autoridade poderá receber a vantagem, mas deverá destiná-la ao Instituto do Patrimônio Histórico e Artístico Nacional-IPHAN, promover a doação a instituição filantrópica, ou determinar a incorporação ao patrimônio do órgão ou entidade em que exerce a função, conforme a natureza do bem.

Isso não significa que tais brindes devam ser ignorados na compreensão da dinâmica do lobby. Embora os projetos de lei brasileiros não tenham tido o cuidado de inserir presentes de pequena monta como técnica de convencimento, tanto o *Honest Leadership and Open Government Act* de 2007, que alterou o *Lobbying Act* dos Estados Unidos, quanto a *Ley de Lobby* chilena trataram da temática. A regulação norte-americana optou pela vertente inflexível da proibição, muito em decorrência dos depoimentos prestados ao senado estadunidense pelo lobista de Jack Abramoff, após ter se envolvido em verdadeiros escândalos de corrupção.[363] O caso chileno, no entanto, seguiu o caminho da transparência e preferiu que os donativos simbólicos, entregues aos funcionários públicos, fossem aceitos, mas que constassem no registro de agenda pública anual, disponibilizados em plataforma online.[364]

---

363 GONTIJO, Conrado Almeida Corrêa. *Lobby*: estudo de Direito Comparado e necessidade de regulamentação do instituto no ordenamento jurídico brasileiro. São Paulo: Marcial Pons, 2020, p. 121.

364 "Artículo 8°. Los registros de agenda pública establecidos en el artículo anterior deberán consignar: 3) Los donativos oficiales y protocolares, y aquellos que autoriza la costumbre como manifestaciones de cortesía y buena educación, que reciban los sujetos pasivos establecidos en esta ley, con ocasión del ejercicio de sus funciones. En dichos registros deberá singularizarse el regalo o donativo recibido, la fecha y ocasión de su recepción y la individualización de la persona natural o jurídica de la cual procede" (CHILE. *Ley n. 20.730*, de 3 mar. 2014. Disponível em: https://www.bcn.cl/leychile/navegar?idNorma=1060115. Acessado em: 14.05.2023).

Está na *vantagem indevida*, portanto, o elemento essencial para a distinção entre lobby e corrupção ativa.[365] Simplesmente, onde há oferta ou promessa de oferta acerca de benefício ilícito, há corrupção. Ao contrário, o agente privado que busca participação adequada na decisão política deverá se contentar a fazê-lo sem entrega de valores. A tentativa de influência legítima se dá no espaço do debate e do convencimento racional, jamais acompanhadas do enriquecimento do *intraneus*. Por isso, quando é verificada uma situação em que supostos lobistas se tornam agenciadores de propina, não está a se falar de lobby, mas de corrupção *stricto sensu*, crime tipificado em todas as nações do mundo e objeto de destacada atenção das entidades internacionais.[366]

Nesse sentido, é emblemático o julgamento do Inquérito n. 4.259 do Supremo Tribunal Federal. De relatoria do Ministro Edson Fachin, rejeitou-se a denúncia criminal contra deputado federal que teria intermediado reunião entre o Presidente do Banco Nordeste e os representantes de uma empreiteira. Isso, segundo o entendimento do ministro, deu-se porque "a simples solicitação para que o Presidente do Banco do Nordeste recebesse os representantes da empreiteira não traduziu ingerência indevida na gestão do banco e na aprovação do financiamento e do empréstimo",[367] não caracterizando, dessa forma, exercício de influência indevida para liberação de recursos.

Diferentemente da acusação de corrupção, verificou-se fato atípico que não se confunde com a mercancia da atividade parlamentar,

---

365 GRECO, Luís; TEIXEIRA, Adriano. "Aproximação a uma teoria da corrupção". *In*: LEITE, Alaor; TEIXEIRA, Adriano. *Crime e política*: corrupção, financiamento irregular de partidos políticos, caixa dois eleitoral e enriquecimento ilícito. Rio de Janeiro: FGV Editora, 2017, p. 45.

366 GONTIJO, Conrado Almeida Corrêa. *Lobby*: estudo de Direito Comparado e necessidade de regulamentação do instituto no ordenamento jurídico brasileiro. São Paulo: Marcial Pons, 2020, p. 226.

367 BRASIL. Supremo Tribunal Federal. *Inquérito n. 4259/DF*. Relator: Min. Edson Fachin. Brasília, DF, 18.12.2017.

conforme foi decidido. Mesma compreensão vale para o tipo penal da prevaricação, elencada no artigo 319 e constatada quando há infração ao dever funcional do agente público a pedido ou influência de alguém. Lobistas não visam fazer com que o agente do Estado atue de forma indevida ou oblíqua, mas, sim, no limite da escolha política dotada de discricionariedade.[368]

Em casos semelhantes, por mais que seja plausível levantar a discussão sobre a imoralidade dos atos praticados pelo aludido deputado federal, esse julgamento deve se situar no âmbito político-democrático – e não nos Tribunais. Nesse sentido, Margarete de Castro Coelho leciona que, cada vez mais, as atenções nacionais têm se debruçado sobre a idoneidade moral dos representantes eleitos, buscando-se uma suposta "legislação perfeccionista" que dê conta de controlar todas as situações passadas no âmbito político. Mas isso não é necessariamente desejável. Há de se considerar os riscos que tal redoma jurídica pode acarretar à democracia brasileira, sobretudo porque a intervenção ativista e acentuada do Poder Judiciário pode comprometer a própria vontade do eleitor. Por mais que os órgãos jurisdicionais tenham relevante papel na tutela da soberania popular, não podem ignorá-la ou desprestigiá-la.[369]

Daí porque a regulamentação do lobby deve se pautar em predicados de ampla transparência: o escrutínio público poderá agir como controle social das práticas que se encontrem na zona cinzenta entre o regular exercício da atividade e os eventuais conflitos de interesses ou o abuso de influência política – enquanto as condutas típicas que fujam da licitude serão apreciadas pelo Poder Judiciário.

---

368 GONTIJO, Conrado Almeida Corrêa. *Lobby*: estudo de Direito Comparado e necessidade de regulamentação do instituto no ordenamento jurídico brasileiro. São Paulo: Marcial Pons, 2020, pp. 237/238.

369 COELHO, Margarete de Castro. *A democracia na encruzilhada*: reflexões acerca da legitimidade democrática da justiça eleitoral brasileira para a cassação de mandatos eletivos. Belo Horizontal: Fórum, 2015, pp. 47-49.

Acredita-se que o cotejo entre o lobby e a corrupção ativa não apresente maiores dificuldades. Por outro lado, o contraste entre a atividade democrática de influência política e as condutas lesivas à Administração Pública começa a esvanecer quando se aproximam para comparação o (ii) tráfico de influência e a (iii) exploração de prestígio. Daí porque há de se ter compreensão com o tratamento indistinto utilizado no espaço atécnico.

6.3 O tráfico de influência e a exploração de prestígio diante do lobby

Na doutrina italiana, já se destacava

> que muitas vezes não estão claros os limites que diferenciam as atividades lícitas de lobby daquelas proibidas pelo Direito Penal, havendo uma zona cinzenta que conduz a interpretações de que a atuação dos lobistas estaria abrangida pelo preceito legal incriminador.[370]

Assim, é preciso que sejam elencados critérios científicos que diferenciem a atividade lícita da atividade criminal, sem que se impeça a prática democrática do lobby.

Acerca do *nomen juris* (ii) tráfico de influência, a legislação brasileira tipificou a conduta de solicitar, exigir, cobrar ou obter, para si ou para outrem, vantagem ou promessa de vantagem, a pretexto de influir em ato praticado por funcionário público no exercício da função, conforme dicção do artigo 332 do Código Penal. A compreensão jurídica atual é a de que o objeto jurídico de tutela seria a *autonomia intencional do Estado*, na vertente da liberdade de ação das entidades e dos órgãos públicos, para o

---

370 GONTIJO, Conrado Almeida Corrêa. *Lobby*: estudo de Direito Comparado e necessidade de regulamentação do instituto no ordenamento jurídico brasileiro. São Paulo: Marcial Pons, 2020, p. 250.

desfrute supraindividual da incolumidade moral da Administração Pública,[371] bem como para a garantia de imparcialidade, legalidade e objetividade administrativa. Daí porque Carlota Rocha Figueiredo o considera crime pluriofensivo ou complexo.[372]

Há uma relação subjetiva triangular entre o (i) sujeito ativo (vendedor de influência/*influence peddler*), que poderá ser qualquer pessoa, inclusive funcionário público, desde que não se coloque nessa qualidade; (ii) o comprador de influência, que não é destinatário da norma, mas que poderá ser enquadrado no concurso de pessoas se for beneficiário da situação; bem como o (iii) sujeito passivo mediato, qual seja, o funcionário público ludibriado (considerando que a vítima imediata será sempre a Administração Pública).[373]

Não é necessário que a influência vendida pelo sujeito ativo seja de fato exercida sobre a Administração Pública. A contrário, a solicitação de vantagem a pretexto de influir em ato de funcionário público independe de lesão à Administração Pública, sendo um crime de perigo abstrato relativamente ao bem jurídico ofendido. O que se criminaliza é a *venda de fumaça*. O conceito remete à incriminação romana *vendita di fumo*, bem como ao episódio em que o imperador Alexandro Severo condenou à fogueira Vetronio Turino, em razão de este frequentar a corte e receber dinheiro para influir nas decisões do governo. Turino não teria morrido queimado, mas asfixiado pela fumaça, enquanto eram proferidas as palavras

---

371 OLIVEIRA, Breno Alexei Rodrigues de. "A responsabilidade penal do 'beneficiário' no crime de tráfico de influência". *FIDES – Revista de Filosofia do Direito, do Estado e da Sociedade*, Natal, vol. 8, nº 2, jul./dez. 2016.

372 FIGUEIREDO, Carlota Rocha. *Tráfico de influência*: análise crítica da incriminação. Lisboa: Universidade Católica Portuguesa, 2012, p. 18. (Dissertação de Mestrado).

373 COSTA, Álvaro Mayrink da. "Criminalidade na Administração Pública: peculato, corrupção, tráfico de influência e exploração de prestígio". *Revista da EMERJ*, vol. 13, nº 52, 2010, p. 64.

"*fumo punitur qui fumo vendidit*" ("pune-se com fumaça aquele que vende fumaça").[374]

No Brasil, conforme se verifica na dicção do art. 332 do Código Penal, o vocábulo *pretexto* representa uma justificativa para esconder os reais motivos da conduta, ou seja, trata-se de uma desculpa. O sujeito ativo diz ser "amigo do rei" e cobra para que eventualmente possa usar sua amizade diante dos decisores. Contudo, não é necessário que haja contato real com os agentes da Administração Pública.[375] O *influence peddler* pode tão somente ter alardeado uma boa relação com os funcionários públicos, ainda que esta nunca tenha existido de fato.

Isso sói ocorrer porque o tipo penal não faz reserva quanto ao perigo concreto no ato. O particular que contrata com o vendedor de fumaça sob a falsa justificativa de que este intervirá nos atos estatais, na verdade, está sendo vítima de estelionato, uma vez que o infrator pode sequer se dirigir ao Estado. Nesse caso, há tráfico de influência fictícia, uma vez que ocorre sequer sem a potencial participação do funcionário público – razão pela qual não tem o condão de afetar o bem jurídico Administração Pública.[376]

Acerca do tráfico de influência fictício-estelionato, verifica-se o exato oposto do lobby. Como sustenta Conrado Almeida Corrêa Gontijo, o lobista não solicita e não recebe vantagem sob a falsa justificativa (a pretexto) de que atuará para influir em ato de funcionário público. Ao contrário,

---

374 FIGUEIREDO, Carlota Rocha. *Tráfico de influência*: análise crítica da incriminação. Lisboa: Universidade Católica Portuguesa, 2012, p. 5. (Dissertação de Mestrado).

375 MELLO, Sebástian Borges de Albuquerque. "O sujeito ativo do tráfico de influência e o anteprojeto do novo Código Penal". *Revista Brasileira de Ciências Criminais*, vol. 110, set.-out. 2014, p. 125.

376 COSTA, Álvaro Mayrink da. "Criminalidade na Administração Pública: peculato, corrupção, tráfico de influência e exploração de prestígio". *Revista da EMERJ*, vol. 13, nº 52, 2010, p. 64.

> ele efetivamente solicita, cobra e recebe vantagem de seus contratantes, mas com o real propósito de atuar para convencer agentes do Estado a contemplar os seus interesses, sem enganá-los, nem estimular a prática de qualquer comportamento ilegal.[377]

Mas é possível que se verifique o tráfico de influência *real*, quando ocorre o recebimento de vantagem – econômica ou não – para efetivamente influir em ato praticado por funcionário público no exercício da função. Nessa hipótese, há torpeza bilateral, tanto do vendedor de influência, que se compromete a fomentar a prática de ato ilícito pela Administração, quanto do comprador de fumaça, que pensa ocupar a figura de coautor, em típico caso de delito putativo.[378] Por outro lado, é imprescindível que o *intraneus* não tenha conhecimento da negociação realizada pelos particulares. Caso o funcionário público seja efetivamente influenciado, conhecendo as condições anteriormente pactuadas, poderá incorrer em corrupção passiva simples – sendo agraciado com vantagem ilícita – ou mera prevaricação – se desviar da função por sentimento de amizade com o vendedor de fumaça.[379]

Para Sofia Sobreira Calado, a *influência* configuraria elemento objetivo do tipo penal. Contudo, considerando a aplicação do princípio da insignificância, apenas a *influência abusiva* poderia justificar a eventual represália penal. Segundo a autora, há abuso

---

377 GONTIJO, Conrado Almeida Corrêa. *Lobby*: estudo de Direito Comparado e necessidade de regulamentação do instituto no ordenamento jurídico brasileiro. São Paulo: Marcial Pons, 2020, p. 261.

378 A conduta de quem promete ou entrega vantagem ao vendedor de fumaça é atípica, configurando-se crime putativo por erro de tipo: o comprador supõe estar participando de manobra tendente a corromper o funcionário público (JESUS, Damásio de. *Crimes de corrupção ativa e tráfico de influência nas transações comerciais internacionais*. São Paulo: Saraiva, 2003, p. 51).

379 MELLO, Sebástian Borges de Albuquerque. "O sujeito ativo do tráfico de influência e o anteprojeto do novo Código Penal". *Revista Brasileira de Ciências Criminais*, vol. 110, set.-out. 2014, p. 129.

de influência quando o traficante possuir uma posição de poder ou vínculo inerente junto ao *intraneus* – seja de natureza familiar, profissional, creditícia, religiosa, ou afetiva – e deles se valer para obter decisão em seu benefício próprio ou de outrem, interferindo na decisão administrativa escorreita.[380]

Diversamente, entendo que a influência, seja razoável ou abusiva, em nada interfere na consumação do delito. De fato, o elemento de discrímen entre o tráfico de influência e as condutas atípicas estaria na tentativa de obter *ato ilícito* da Administração Pública.

Assim, não se pode admitir a configuração de conduta delitiva nos casos em que a intermediação de interesses se der licitamente e através dos canais disponíveis para tanto. Algo similar ocorre quando a tratativa, ainda que imoral ou decorrente de vínculo afetivo, tenha como objetivo assegurar que o Estado pratique um ato legal. Em nenhum dos casos há qualquer tipo de ofensa que justifique a remediação com o poder total do Estado.[381]

Justamente por isso, a reforma penal portuguesa de 1995 teve o esmero de limitar o tipo penal apenas aos atos *ilegais* do funcionário público, afastando a punição diante das tentativas de persuasão que buscassem a consecução de um ato lícito e a promoção de interesses legítimos. Após uma aparente pressão popular – marcada por uma forte ação midiática – para agravar

---

380 CALADO, Sofia Sobreira. *O crime de tráfico de influência*: a questão da influência suposta. Lisboa: Universidade Católica Portuguesa, 2016. (Dissertação de Mestrado). No mesmo sentido: ALBUQUERQUE, Paulo Pinto de. *Comentário do Código Penal à luz da Constituição da República e da Convenção Europeia dos Direitos do Homem*. 2ª ed. Lisboa: Universidade Católica Editora, 2010, p. 281.

381 GONTIJO, Conrado Almeida Corrêa. *Lobby*: estudo de Direito Comparado e necessidade de regulamentação do instituto no ordenamento jurídico brasileiro. São Paulo: Marcial Pons, 2020, pp. 261-263.

a penalidade contra crimes na Administração Pública,[382] as alterações penais de 2001 e 2007 voltaram a modificar o artigo 335 do Código Penal Português, tornando-o mais amplo, sem mencionar o elemento ilícito do ato. Esse silêncio, no entanto, não foi suficiente para alterar o entendimento da validade jurídica da defesa de interesses quando o objetivo do agente privado é convencer o *intraneus* a agir dentro da legalidade.[383]

Muitas das tratativas a respeito dos crimes de colarinho branco possuem amparo no Direito Internacional. No caso da União Europeia, o tráfico de influência foi tipificado na Convenção Penal sobre a Corrupção, de 1999. Em seu artigo 12, determinou-se a criminalização da conduta dolosa de receber ou oferecer vantagem indevida, a título de remuneração, para quem afirmar ou confirmar que tenha a capacidade de exercer influência sobre a tomada de decisão dos agentes públicos.[384]

---

382 GOMES, Conceição; LOPES, José Mouraz. "As recentes transformações no Código Penal Português: a tensão entre garantias e a resposta à criminalidade". *Sistema Penal & Violência*, Porto Alegre, vol. 1, nº 1, jul.-dez. 2009, p. 28.

383 FIGUEIREDO, Carlota Rocha. *Tráfico de influência*: análise crítica da incriminação. Lisboa: Universidade Católica Portuguesa, 2012, p. 9. (Dissertação de Mestrado).

384 "Artigo 12º – Cada Parte adoptará as medidas legislativas e outras que entenda necessárias para classificar como infracção penal, nos termos do seu direito interno, o facto de uma pessoa, intencionalmente, prometer, oferecer ou entregar, directa ou indirectamente, quaisquer vantagens indevidas a título de remuneração a quem afirmar ou confirmar que tem capacidade para exercer influência sobre a tomada de decisão de qualquer pessoa referida nos artigos 2º, 4º a 6º e 9º a 11º, quer essa vantagem se destine a si próprio ou a terceiros, bem como solicitar, receber ou aceitar a oferta ou a promessa de oferta, a título de remuneração pela referida influência, quer venha ou não a ser exercida ou a suposta influência conduzir ou não ao resultado pretendido" (UNIÃO EUROPEIA. *Tratado Multilateral n. 173*, de 27 de janeiro de 1999. Convenção Penal Sobre a Corrupção. Estrasburgo, 1999. Disponível em: https://www.ministeriopublico.pt/instrumento/convencao-penal-sobre-corrupcao-do-conselho-da-europa-19. Acessado em: 15.05.2023).

Como a leitura inicial do dispositivo persevera a insegurança acerca da prática de lobby, coube ao Grupo de Estados contra a Corrupção (Greco) – órgão criado no âmbito da Convenção para monitorar a aplicação da norma – a resolver a ambiguidade. No relatório explicativo sobre a aludida convenção, elucidou-se que a *vendita di fumo* não se confunde com o lobby: aquela depende que a remuneração se dê para exercício de influência *indevida* sobre a terceira pessoa. Tal influência indevida, por sua vez, é acompanhada pela intenção corruptível, a fim de que o *intraneus* pratique ato corrupto ou que de outra forma – sem a pressão ilícita – estaria impedido de praticar.[385]

No domínio das Nações Unidas, o artigo 18 da Convenção de Mérida de 2003 – essa ratificada pelo Brasil – cuidou de orientar os Estados signatários a adotar medidas para criminalizar o tráfico de influência, assim considerados a promessa, o oferecimento ou a concessão, de forma direta ou indireta, de uma vantagem indevida com o fim de que a pessoa

> abuse de sua influência real ou suposta para obter de uma administração ou autoridade do Estado Parte um *benefício indevido* que redunde em proveito do instigador original do ato ou de qualquer outra pessoa.[386]

---

385 "The recipient of the undue advantage assists the person providing the undue advantage by exerting or proposing to exert an improper influence over the third person who may perform (or abstain from performing) the requested act. 'Improper' influence must contain a corrupt intent by the influence peddler: acknowledged forms of lobbying do not fall under this notion" (COUNCIL OF EUROPE. "Explanatory Report to the Criminal Law Convention on Corruption". *European Treaty Series*, nº 173, Estrasburgo, 1999. Disponível em: https://www.coe.int/en/web/conventions/full-list/-/conventions/treaty/173. Acessado em: 15.05.2023).

386 BRASIL. *Decreto n. 5.687*, de 31 de janeiro de 2006. Disponível em: https://www.planalto.gov.br/ccivil_03/_ato2004-2006/2006/decreto/d5687.htm. Acessado em: 14.05.2023.

Nota-se que, para a referida convenção, a tipificação do tráfico de influência, e a consequente sanção, deve ocorrer apenas nos casos em que a conduta do agente tenha como finalidade produzir um ato ilegal do funcionário público.[387]

Veja-se, então, que a fumaça ofertada no tráfico de influência deve ser exercida de modo a constranger, ou tentar constranger, os funcionários do Estado a praticar ato ilegal. Por outro lado, a decisão pública proferida em respeito à legalidade não é suficiente para enquadrar a conduta no tipo penal, mesmo que tenha sido obtida por meio da influência por parte de sujeito remunerado para tanto. A apresentação de argumentos persuasivos que convençam o gestor público ou o mandatário eleito a tomar uma *decisão legal* em prejuízo de outra igualmente válida é, portanto, absolutamente lícita e irrelevante ao Direito Penal.[388]

Não se olvide que a responsabilidade penal, pautada no princípio da legalidade estrita, não deve se ocupar de critérios de oportunidade e conveniência, elementos da função política. Nesse sentido, o lobby opera tanto no âmbito da indeterminação semântica das normas jurídicas quanto espaço da discricionariedade – e não na ilegalidade.[389]

---

387 GONTIJO, Conrado Almeida Corrêa. *Lobby*: estudo de Direito Comparado e necessidade de regulamentação do instituto no ordenamento jurídico brasileiro. São Paulo: Marcial Pons, 2020, p. 270.

388 CONLLEDO, Miguel Díaz y García. "La responsabilidad política ni implica ni presupone ni excluye la responsabilidad penal". *In*: LEITE, Alaor; TEIXEIRA, Adriano. *Crime e política*: corrupção, financiamento irregular de partidos políticos, caixa dois eleitoral e enriquecimento ilícito. Rio de Janeiro: FGV Editora, 2017, p. 91.

389 É plausível dizer que o lobby opera no espaço da função política ou de governo. Nesse sentido, destaca-se o entendimento de Ricardo Marcondes Martins, para quem a discricionariedade nada mais é que o espaço do político no âmbito jurídico: este sentido, Ricardo Marcondes Martins: "O que caracteriza os chamados atos políticos ou de governo é o fato de serem decorrentes do exercício de competência discricionária. Em Direito, a política é nada mais nada menos do que discricionariedade" (MARTINS Ricardo

Em clássica obra sobre o tema, Juarez Freitas conceitua a discricionariedade como a competência administrativa de avaliar e escolher a melhor solução entre várias opções lícitas, mediante justificativas válidas, coerentes e consistentes. À Administração Pública foi conferida a competência para avaliar e escolher, no plano concreto, a melhor opção segundo os critérios de oportunidade e conveniência conhecidos.[390] Na verdade, estranho seria se o administrador, após ser provido com argumentos racionais que indicassem a opção mais valorosa, deixasse de escolhê-la apenas por ter sido intermediada por agente privado, optando por descumprir o *dever da eficiência*.[391]

Se, após a oitiva da sociedade – cujo protagonismo se louva – o agente público optar por seguir as razões apresentadas por determinado lobista, em vez da alternativa sustentada pelos demais, não há ilícito. Ao contrário, há plena observância ao direito fundamental à boa Administração Pública. Por tudo isso, entende-se que venda de influência real sobre ato lícito do agente público é conduta atípica no sistema penal brasileiro.[392]

Adiante, a (iii) exploração de prestígio (*millantato credito*) foi positivada no artigo 357 do diploma repressivo nacional. De inspiração italiana, visa tutelar especificamente o funcionamento

---

Marcondes. "'Políticas públicas' e Judiciário: uma abordagem neoconstitucional". *A&C – Revista de Direito Administrativo & Constitucional*, Belo Horizonte, ano 18, nº 71, jan./mar. 2018, p. 149).

390 FREITAS, Juarez. *Discricionariedade administrativa e o Direito Fundamental à boa Administração Pública*. São Paulo: Malheiros, 2009, p. 24.

391 Sobre a normatividade do princípio da eficiência, vide: GABARDO, Emerson. "Princípio da eficiência". *In*: NUNES JR., Vidal S., ZOCKUN, Maurício; ZOCKUN, Carolina Z.; FREIRE, André L. *Enciclopédia Jurídica da PUCSP*. (Coord). Tomo: Direito Administrativo e Constitucional. São Paulo: PUC/SP, 2017, p. 13.

392 GONTIJO, Conrado Almeida Corrêa. *Lobby*: estudo de Direito Comparado e necessidade de regulamentação do instituto no ordenamento jurídico brasileiro. São Paulo: Marcial Pons, 2020, p. 271.

da Justiça, no sentido de garantir a objetividade das autoridades e demais atores do Poder Judiciário. O núcleo reitor do ato consiste em solicitar ou receber qualquer utilidade a pretexto de influir em magistrado, jurado, membros do Ministério Público, funcionários da justiça, perito, tradutor, intérprete ou testemunha. Esse rol de sujeitos passivos é taxativo, daí porque diferenciá-lo do tráfico de influência. Neste caso, o prestígio anunciado é sempre ficto, suposto, simulado. Se a jactância supera o mero pretexto e se torna realidade, haveria de se falar em corrupção ou suborno, pois o desvalor da ação está na ofensa à respeitabilidade da Justiça.[393]

Difere do tráfico de influência pelo motivo de a conduta se direcionar especificamente contra a Administração da Justiça. De fato, o legislador de 1940 trouxe originariamente o *nomen iuris* "exploração de prestígio" em duas oportunidades: a primeira genérica, tal como previsto no artigo 332 do Código Penal, e a segunda em seu artigo 357. Com a Lei n. 9.127/1995, alterou-se a denominação do primeiro tipo penal para tráfico de influência, nos moldes abordados acima, permanecendo íntegra a dicção do artigo 357. Dessa forma, como salienta Sebástian Borges de Albuquerque Mello, "as discussões sobre o sujeito ativo do delito de tráfico de influência são inteiramente aplicáveis ao tipo especial previsto no art. 357".[394]

6.4 A advocacia administrativa diante do lobby

Finalmente, a (iv) advocacia administrativa foi positivada no artigo 321 do Código Penal. Trata-se de dicção abrangente que tem como núcleo objetivo a ação de patrocinar interesse privado

393 COSTA, Álvaro Mayrink da. "Criminalidade na Administração Pública: peculato, corrupção, tráfico de influência e exploração de prestígio". *Revista da EMERJ*, vol. 13, nº 52, 2010, p. 64.

394 MELLO, Sebástian Borges de Albuquerque. "O sujeito ativo do tráfico de influência e o anteprojeto do novo Código Penal". *Revista Brasileira de Ciências Criminais*, vol. 110, set.-out. 2014, p. 127.

perante a Administração Pública, valendo-se da qualidade de funcionário público. Além dessa previsão genérica, também a Lei n. 8.666/1993 (Lei de Licitações) condena, em seu artigo 91, aquele que "patrocinar direta ou indiretamente, interesse privado perante a Administração, dando causa à instauração de licitação ou à celebração de contrato, cuja invalidação vier a ser decretada pelo Poder Judiciário". Por sua vez, o artigo 3°, inciso III, da Lei n. 8.137/1990, que define os crimes contra a ordem tributária, econômica e contra as relações de consumo, reprime a prática de "patrocinar, direta ou indiretamente, interesse privado perante a *administração fazendária*, valendo-se da qualidade de funcionário".[395]

Diferentemente dos demais tipos penais tratados *supra*, a advocacia administrativa possui sujeito ativo específico: o funcionário público, que se arvora dessa qualidade e das faculdades que a função lhe oferece para entregar vantagem exclusiva a outrem, ainda que legítima. O verbo empregado na definição do delito (patrocinar) implica que o benefício obtido é sempre em favor de terceiro, e não do próprio agente ativo.[396]

Cuida-se de criminalizar o interesse privado exclusivo, que não distribui vantagens à sociedade, mesmo que não se oponha propriamente ao interesse público. Dessa forma, ainda que o interesse perseguido pelas partes seja justo, há a prática delitiva. Coube

---

395 "Art. 3° Constitui crime funcional contra a ordem tributária, além dos previstos no Decreto-Lei n. 2.848, de 7 de dezembro de 1940 – Código Penal (Título XI, Capítulo I): III - patrocinar, direta ou indiretamente, interesse privado perante a administração fazendária, valendo-se da qualidade de funcionário público. Pena - reclusão, de 1 (um) a 4 (quatro) anos, e multa" (BRASIL. *Lei n. 8.137*, de 27 de dezembro de 1990. Disponível em: https://www.planalto.gov.br/ccivil_03/leis/l8137.htm. Acessado em: 19.05.2023).

396 BITENCOURT, Cezar Roberto. "Advocacia administrativa nos crimes licitatórios". *Revista Justiça e Sistema Criminal*, Curitiba, vol. 4, n° 6, jan./jun. 2012, pp. 89/90.

ao parágrafo único do artigo 321 do diploma repressivo trazer a qualificadora da pena quando for verificado benefício ilegítimo.[397]

Em sociedades democráticas que respeitam o pluralismo político – tal como a brasileira – os lobistas em geral advêm da iniciativa privada para representar interesses igualmente privados.[398] Aqui se denota a distinção entre o lobista privado que advoga por seus clientes, e o funcionário público que se aproveita do acesso privilegiado que possui para apadrinhar terceiros. Há, no entanto, discussão sensível acerca daquilo que Andréa Cristina de Jesus Oliveira chamou de *lobby público* (ou lobby governamental),[399] ou seja, a atuação de empresas estatais, autarquias, agências reguladoras, enfim, entes da administração indireta ou órgãos dos diversos Poderes para imprimir pressão política, congregando sobretudo reivindicações por mais autonomia e valorização da carreira dos servidores que compõem seus quadros.[400]

É o que fez, por exemplo, o Tribunal de Contas da União (TCU) em relação à Lei n. 13.655/2018. Como elucida Flávio Garcia Cabral, no curso do processo legislativo do projeto que trazia

---

397 "Art. 321 – Patrocinar, direta ou indiretamente, interesse privado perante a Administração Pública, valendo-se da qualidade de funcionário: Pena – detenção, de um a três meses, ou multa". (BRASIL. *Decreto-lei n 2.848*, de 7 de dezembro de 1940. Código Penal. Disponível em: https://www.planalto.gov.br/ccivil_03/decreto-lei/del2848compilado.htm. Acessado em: 19.05.2023).

398 GONTIJO, Conrado Almeida Corrêa. *Lobby*: estudo de Direito Comparado e necessidade de regulamentação do instituto no ordenamento jurídico brasileiro. São Paulo: Marcial Pons, 2020, p. 239.

399 A doutrina estrangeira designa por *intergovernmental lobbying* a influência de órgãos e entes governamentais sobre outros órgãos e entes governamentais. Nesse sentido: FREEMAN, Patricia K; NOWES, Anthony J. "Intergovernmental lobbying in the States". *Southeastern Political Review*, vol. 27, nº 4, dez. 1999.

400 OLIVEIRA, Andréa Cristina de Jesus. *Lobby e representação de interesses*: lobistas e seu impacto sobre a representação de interesses no Brasil. Instituto de Filosofia e Ciências Humanas. Campinas: Universidade Estadual de Campinas, 2004, p. 71. (Tese de Doutorado).

alterações à Lei de Introdução às Normas do Direito Brasileiro (LINDB), o TCU apresentou forte preocupação com o que seria um enfraquecimento dos órgãos de controle, particularmente em relação ao Ministério Público e ao Tribunal de Contas.[401] Em detalhado parecer, a Consultoria Jurídica (Conjur) do TCU versou sobre a inconstitucionalidade de diversos dispositivos do Projeto de Lei n. 7.448/2017. Em destaque, as críticas do TCU recaíram sobre o enunciado que viria a ser o artigo 20 da LINDB – por obrigar as esferas de controle a considerar possíveis alternativas em suas decisões – bem como daquele que se tornaria o artigo 21 da mesma lei, por impor aos ministros do TCU o dever de considerar as consequências jurídicas e administrativas na decretação de invalidação de ato ou norma administrativa.[402] Logo após a emissão do documento, a alta cúpula do TCU se encontrou com o então Presidente da República Michel Temer para demonstrar o descontentamento geral com o citado projeto de lei.[403]

A doutrina brasileira ainda não produziu materiais relevantes sobre o assunto do lobby público,[404] e mesmo a literatura estrangeira é escassa quanto ao problema. Como destacam Patricia Freeman e Anthony Nowes, uma das razões para esse vazio investigativo

---

401 CABRAL, Flávio Garcia. "O Tribunal de Contas da União é um órgão político?" *Revista de Investigações Constitucionais*, Curitiba, vol. 7, nº 1, jan./abr. 2020, p. 274.

402 BRASIL. Tribunal de Contas da União. *Processo TCU/CONJUR: TC-012.028/2018-5*, pp. 15-21. Disponível em: https://cdn.oantagonista.net/uploads/2018/04/PL-7448-2017-Inteiro-teor-Altera-LINDB-Parecer-Conjur-2018-04-20.pdf. Acessado em: 14.05.2023.

403 CABRAL, Flávio Garcia. "O Tribunal de Contas da União é um órgão político?" *Revista de Investigações Constitucionais*, Curitiba, vol. 7, nº 1, jan./abr. 2020, p. 274.

404 Foram realizadas buscas nos repositórios Portal de Periódicos da CAPES – que reúne artigos científicos de 45 mil periódicos, a partir de 130 bases referenciais – e Google Scholar, sem que se localizasse um único texto sobre a temática produzido em língua portuguesa. Os termos utilizados na pesquisa foram: "lobby público"; "lobby governamental"; "lobby intergovernamental"; "*public lobbying*"; "*governamental lobbying*"; "*intergovernamental lobbying*".

estaria na compreensão do lobby governamental como substancialmente distinto do lobby privado: enquanto o primeiro guardaria intimidade com a defesa do interesse público, o segundo buscaria a satisfação de objetivos privados.[405]

Contudo, conforme demonstram os professores, na arena de disputa das políticas públicas, determinadas instituições governamentais se apresentam como grupos de interesses bastante estreitos, quando não beneficiados por apenas uma parcela da população. Não por menos, as táticas de persuasão utilizadas por esses entes são muito semelhantes àquelas usadas pelo mercado. Via de regra, os representantes de grupos governamentais buscam manter uma boa reputação com os veículos de mídia, zelam pelo apoio popular típico do *grassroots lobbying*[406] e produzem informações parciais que justifiquem políticas públicas em seu favor.[407]

A problemática é acentuada quando se traz à cena a figura híbrida das associações privadas em defesa de instituições públicas, tais como a Associação dos Juízes Federais do Brasil (Ajufe) ou a Associação Nacional dos Membros do Ministério Público (Conamp). Em que pese as entidades sejam pessoas jurídicas de direito privado, ambas possuem em seus quadros apenas funcionários públicos, e veiculam interesses exclusivamente em benefício desses. A título ilustrativo, assim foi feito ao participarem, como *amici curiae*,

---

405 FREEMAN, Patricia K; NOWES, Anthony J. "Intergovernmental lobbying in the States". *Southeastern Political Review*, vol. 27, nº 4, dez. 1999, pp. 620-624.

406 Por *grassroots lobbying* entende-se tática de influenciar o decisor público por intermédio da mobilização social. Ao invés de agir diretamente sobre o tomador de decisão, o grupo de interesse busca comover a opinião pública acerca de determinada temática, para que essa, por sua vez, pressione a agenda pública. (PETRILLO, Pier Luigi. *Teorie e tecniche del lobbying*: regole, casi, procedure. Bolonha: Il Mulino, 2019, pp. 272/273).

407 FREEMAN, Patricia K; NOWES, Anthony J. "Intergovernmental lobbying in the States". *Southeastern Political Review*, vol. 27, nº 4, dez. 1999, pp. 620-624.

da Ação Ordinária n. 1.773 – cuja decisão liminar proferida pelo Ministro Luiz Fux franqueou o pagamento de auxílio-moradia para toda a magistratura nacional.

Reining Petacchi e Abigail Allen analisaram problema similar. Ao se debruçarem sobre o comportamento de entidades governamentais e organizações de agentes públicos em face da reforma previdenciária estadunidense de 2012,[408] concluíram que o lobby público age diretamente para promover ganhos pessoais aos membros representados, e não ao povo.[409]

Assim como os autores, entendo que o mero fato de uma agremiação privada possuir em seus quadros apenas agentes públicos não a torna, *per se*, aliada do interesse público – aqui adotado sob a perspectiva metassociológica.[410] Em outras palavras, que membros do Poder Judiciário se reúnam para postular vencimentos desproporcionais em nada corrobora com os objetivos constitucionais de erradicação da pobreza e redução das desigualdades sociais.

---

408 Em 2012, o *Governmental Accounting Standards Board* (*GASB*) publicou dois enunciados que afetavam diretamente os fundos de pensão do funcionalismo público, denominados *GASB's Statements* 67 e 68, sobretudo por considerar os empregados públicos corresponsáveis pelo eventual inadimplemento previdenciário na parcela do orçamento destinado aos seus fundos de pensão (*net pension liability*). Vide ALLEN, Abigail; PETACCHI, Reining. "Lobbying behavior of governmental entities: evidence from public pension accounting rules". *Harvard Business School Working Paper*, nº 15-043, 2014, p. 12. Disponível em: http://nrs.harvard.edu/urn-3:HUL.InstRepos:13479073. Acessado em: 14.05.2023.

409 "Our results are consistent with the hypothesis that government officials lobby directly in their own self-interests, not in the interests of their constituencies" (ALLEN, Abigail; PETACCHI, Reining. "Lobbying behavior of governmental entities: evidence from public pension accounting rules". *Harvard Business School Working Paper*, nº 15-043, 2014, p. 27. Disponível em: http://nrs.harvard.edu/urn-3:HUL.InstRepos:13479073. Acessado em: 14.05.2023).

410 Conforme capítulo V.

Mas tal situação não se confunde com o ilícito da advocacia administrativa.

Como elucida Basileu Garcia, o que Código Penal pune é o funcionário público que se vale das prerrogativas funcionais para obter pretensões alheias, de modo desleal. Para exemplificar, cita-se o caso de funcionário de instituição financeira estatal que se aproveita da facilidade de acesso aos colegas encarregados e passa a defender financiamentos indevidos, mas que lhe resultariam em ganhos pessoais.[411] No mesmo sentido, Cezar Roberto Bitencourt frisa que o crime do art. 321 do diploma repressivo é, por excelência, um crime funcional: exige que o sujeito ativo se arvore de sua condição especial para obter vantagens. "Não basta, portanto, ser funcionário público, é necessário que se utilize dessa situação para patrocinar interesse privado".[412]

Em conclusão ao problema anteriormente posto, quando a Ajufe postula, enquanto *amicus curiae*, por melhores condições remuneratórias para seus membros, ela o faz tomando em consideração ao prestígio que a classe dos magistrados tem na sociedade, e não mediante o poder jurisdicional de determinado associado. Entende-se que, nada obstante o patrocínio de interesses privados ser diretamente exercido em face da Administração Pública, a influência se dá através de estratégias de comunicação típicas do lobby.

Com efeito, reconheço que a defesa de acréscimos remuneratórios à magistratura passa ao largo do interesse público, especialmente quando ventilada por associações privadas. Porém, novamente, acredito que o processo de validação de interesses políticos deva perpassar a seara democrática. Conforme Conrado

---

411 GARCIA, Basileu. "Dos crimes contra a Administração Pública". *Revista de Direito Administrativo*, vol. 8, 1947, p. 410.

412 BITENCOURT, Cezar Roberto. "Advocacia administrativa nos crimes licitatórios". *Revista Justiça e Sistema Criminal*, Curitiba, vol. 4, nº 6, jan./jun. 2012, p. 89.

Gontijo, o Direito Penal, por sua vez, deve permanecer ausente das entidades privadas e dos órgãos públicos que se valem do lobby, não de sua condição funcional, para obter vantagens privadas.[413]

De todo o exposto, percebe-se que lobby não é sinônimo de criminalidade. A defesa de interesses privados não se confunde com condutas proscritas pelo Código Penal Brasileiro. No que concerne à corrupção, não há, no lobby, entrega ou promessa de vantagem ilícita ao *intraneus*. Em relação ao tráfico de influência, o lobista não busca instigar funcionário público a tomar decisão ilícita, mas aquela feita no campo da discricionariedade da função. Nesse caso, filia-se à interpretação de que o eventual abuso de influência, decorrente da proximidade entre as partes, em nada implicaria na configuração do crime. O análogo vale para a exploração de prestígio: o objetivo é lograr a melhor alternativa lícita. Finalmente, não há semelhança com a advocacia administrativa, pois, no *lobby* público, prestigia-se o interesse do órgão ou do ente jurídico, ou seja, o próprio interesse público de maneira mediata.

---

413 GONTIJO, Conrado Almeida Corrêa. *Lobby*: estudo de Direito Comparado e necessidade de regulamentação do instituto no ordenamento jurídico brasileiro. São Paulo: Marcial Pons, 2020, p. 240.

PARTE III

A REGULAMENTAÇÃO DO LOBBY: LÁ E AQUI

Apesar de não ser confundida com condutas criminalizadas, a prática desmedida do lobby pode trazer efeitos negativos ao interesse público, não apenas por facilitar a captura das instituições,[414] mas igualmente por criar a penumbra na qual se espalha o *white collar crime* e, possivelmente, cegar a Administração Pública. Acredita-se, de fato, que apenas a transparência e a ampla publicidade das relações entre agentes públicos e privados, com imposição de igual obrigação aos últimos, pode barrar tentativas predatórias ao interesse público. Para isso, é preciso regulamentar o lobby.

Nesse sentido, dedico esta última parte para comparar os marcos normativos internacionais que disciplinaram a conduta dos lobistas, além de avaliar o histórico nacional das tentativas de regulamentação. Ao final, defendo uma nova proposta legislativa, com apresentação de sugestões de forma e conteúdo.

---

414 Conforme capítulo V.

CAPÍTULO VII

A REGULAMENTAÇÃO DO LOBBY EM PERSPECTIVA COMPARADA: ESTADOS UNIDOS E CHILE

7.1 Histórico de regulamentação do lobby nos Estados Unidos

Certos de que o vácuo regulatório apenas fortaleceria a captura da política, desde 1995, um número crescente de países cuidou de normatizar a defesa de interesses privados como atividade lícita,[415] mas nem por isso livre da fiscalização estatal. A rigidez com que a prática do lobby é regulada em cada ordenamento jurídico varia enormemente, ora se apresentando apenas como uma lei de transparência especializada, ora impondo deveres e sanções severas às partes interessadas, a depender do grau de desenvolvimento das

---

415 Esse foi o caso de Alemanha, Austrália, Áustria, Canadá, Chile, Eslovênia, Estados Unidos, França, Holanda, Hungria, Itália, Irlanda, Israel, Lituânia, Macedônia, México, Montenegro, Peru, Polônia, Reino Unido, Romênia, e da União Europeia, em uma perspectiva supranacional (PETRILLO, Pier Luigi. *Teorie e tecniche del lobbying*: regole, casi, procedure. Bolonha: Il Mulino, 2019, pp. 83-225).

instituições locais, seu histórico de corrupção, bem como a maturidade da norma.[416]

Nessa diversidade de tratativas jurídicas, e sem pretensão de esgotar o estudo comparado, selecionaram-se para análise tão somente os sistemas normativos estadunidense e o chileno. A escolha metodológica se justifica, por um lado, pelo protagonismo inquestionável dos Estados Unidos na temática do lobby, já de longa data; por outro, exalta-se o ineditismo da *Ley de Lobby* do Chile, aprovada em 2014, que introduziu a preocupação na América Latina. Acredita-se que a investigação – ainda que sumária – dessas duas realidades possa contribuir para o momento propositivo que se avizinha, no qual um possível regramento brasileiro será desenhado.

O histórico de regulamentação do lobby em nível federal dos Estados Unidos remonta ao século XIX, quando, em 1876, a Câmara dos Deputados (*House of Representatives*) aprovou dispositivo ainda tímido que exigia o registro do cidadão junto à secretaria (*house clerk*) para poder se dirigir à sessão parlamentar. A evolução normativa da temática, contudo, dependeu menos da iniciativa do Congresso e mais dos escândalos políticos que a tracionaram ao longo do século XX.[417]

Em 1935, após a oitiva da *Federal Trade Comission*, o então Presidente estadunidense Franklin Roosevelt, apresentou projeto de lei para regular as companhias de energia elétrica e ampliar a

---

416 Raj Chari, Gary Murphy e John Hogan classificaram as normas comparadas entre regulações leves (Polônia e Alemanha), graves (Estados Unidos) e médias (as demais nações). Vide CHARI, Raj; MURPHY, Gary; HOGAN, John. "Regulating Lobbyists: a Comparative Analysis of the USA, Canada, Germany and the European Union". *The Political Quarterly*, vol. 78, nº 3, 2007, p. 432.

417 Sobre como escândalos políticos podem afetar a agenda legislativa, vide NYHAN, Brendan. "Scandal Potential: How Political Context and News Congestion Affect the President's Vulnerability to Media Scandal". *British Journal of Political Science*, Cambridge, vol. 45, nº 2, 2014, pp. 435-466.

concorrência no setor, dividindo grandes empresas em sistemas independentes, separados por divisões territoriais. Antes que o projeto fosse apreciado pelo Congresso, entretanto, todo ramo energético congregou esforços para inundar os gabinetes legislativos com milhares de telegramas, exigindo a rejeição do *Public Utilities Holding Act* – como viria a ser posteriormente denominado. Diante da quantidade incomum de petições, o então senador Hugo Black (que viria a se tornar *justice* na Suprema Corte) requereu a abertura de inquérito parlamentar para apurar a origem dos telegramas. A apuração constatou que os representantes do setor se faziam passar por cidadãos, apresentando centenas de mensagens idênticas ao serviço de telégrafo. O resultado da investigação culminou com uma emenda legislativa que obrigou todos os agentes das companhias a se registrar no Congresso previamente ao pleito de demandas sobre serviços elétricos.[418] Ainda assim, as regras permaneciam setorizadas.

A primeira regulamentação sistemática e específica sobre o lobby estadunidense se deu com a aprovação da *Federal Regulation of Lobbying Act* (*RLA*), de 1946, seguindo o imediato desfecho da Segunda Guerra. Com apenas nove dispositivos, a principal preocupação da norma foi estabelecer um processo de registro e divulgação de lobistas, bem como as operações econômicas envolvidas na influência política do Congresso. Dessa forma, o objetivo principal era, antes, franquear informação pública sobre as pressões envolvidas no processo legislativo e reconhecer que, sem a adequada divulgação, a manifestação popular poderia ser facilmente ignorada diante da voz dos grupos de interesses privados.[419]

---

418 HOLMAN, Craig. "Origins, evolution and structure of the Lobbying Disclosure Act". *Public Citizen*, vol. 11, 2006, p. 3. Disponível em: https://www.lobbycontrol.de/wp-content/uploads/download/OriginsofLDA.pdf. Acessado em: 15.05.2023.

419 LUNEBURG, William V. "The evolution of federal lobbying regulation: where we are now and where we should be going". *McGeorge Law Review*, vol. 41, nº 1, 2009, pp. 86/87.

Nesse sentido, a norma de 1946 previa que aquele com propósito específico que influenciar a aprovação ou reprovação de lei no Congresso (o Poder Executivo não foi considerado) deveria se registrar nas secretarias da Câmara dos Deputados (*House of Representatives*) e do Senado (*Senate*), bem como apresentar relatórios trimestrais contendo o nome do lobista, todos seus clientes pagantes, os honorários percebidos, as legislações objeto da atividade, as despesas empregadas para influência política, bem como os artigos científicos ou de opinião por ele assinados. Eventuais violações poderiam ser punidas com multas de até cinco mil dólares, além de reclusão de até um ano e a suspensão da prática de lobby por até três anos.[420]

A regulação foi considerada largamente ineficaz. Entre seus pontos críticos, estava o completo vácuo normativo sobre a influência exercida no Poder Executivo e nos funcionários do Poder Legislativo (assessores e secretários dos parlamentares).[421] Ademais, não enfrentava a prática do *grassroots lobbying*, ou seja, a pressão social indireta, e não era suficientemente precisa sobre quais atores precisariam, de fato, registrar-se, gerando uma sensação de insegurança jurídica e uma baixa taxa de adesão nas credenciais.[422]

Não por menos, em *United States v. Harriss*, a Suprema Corte considerou o RLA inconstitucionalmente impreciso e vago, restringindo sua aplicação apenas aos lobistas remunerados e que

---

420 HOLMAN, Craig. "Origins, evolution and structure of the Lobbying Disclosure Act". *Public Citizen*, vol. 11, 2006, p. 5. Disponível em: https://www.lobbycontrol.de/wp-content/uploads/download/OriginsofLDA.pdf. Acessado em: 15.05.2023.

421 RODRIGUES, Ricardo José Pereira. "Mudança e continuidade na regulamentação do lobby nos Estados Unidos". *Revista de Informação Legislativa*, Brasília, ano 49, nº 196, out./dez. 2012, pp. 85/86.

422 HOLMAN, Craig. "Origins, evolution and structure of the Lobbying Disclosure Act". *Public Citizen*, vol. 11, 2006, p. 5. Disponível em: https://www.lobbycontrol.de/wp-content/uploads/download/OriginsofLDA.pdf. Acessado em: 15.05.2023.

se comunicassem diretamente com membros do Congresso a respeito de processo legislativo pendente de votação. Por considerar a atividade de lobby um importante meio para o exercício do direito de petição, a Corte determinou que apenas casos específicos e limitados deveriam estar condicionados à norma infraconstitucional.[423] Assim, lobistas voluntários, esforços políticos direcionados à equipe parlamentar ou demais pessoas que dedicassem menos da metade de seu expediente profissional em encontros com deputados e senadores estariam dispensadas do registro e da apresentação dos relatórios econômicos.[424]

7.2 O *Lobbying Disclosure Act*

Após décadas de emendas e demais tentativas de preencher as lacunas deixadas pelo ato de 1946, o Congresso concluiu a reforma normativa do lobby, com a edição do *Lobbying Disclosure Act* (LDA), de 1995, ainda hoje em vigência. A nova regulamentação, apoiada por unanimidade no Senado, deu-se em resposta ao escândalo Wedtech, que ganhou as capas de jornais durante a década de 1980.[425] Pela primeira vez, uma lei federal compelia in-

---

423 ROBINS, Rand. "Why the Honest Leadership and Open Government Act of 2007 Falls Short, and How It Could Be Improved". *Legislation and Policy Brief*, vol. 2, nº 2, 2010, p. 1. Disponível em: http://digitalcommons.wcl.american.edu/lpb/vol2/iss2/4. Acessado em: 15.05.2023.

424 UNITED STATES OF AMERICA. US Supreme Court. *Appeal n. 347*, U.S. 612 (United States v. Harriss). Columbia, 1954. Disponível em: https://supreme.justia.com/cases/federal/us/347/612/. Acessado em: 15.05.2023.

425 O escândalo envolveu a Wedtech Corp., uma indústria metalúrgica estadunidense, e o diretor jurídico (*general counsel*) da administração de Ronald Reagan, Edwin Meese. Em 1981, Robert Wallach, advogado pessoal de Meese, apresentou memorandos ao gabinete jurídico informando os problemas enfrentados pela Wedtech, da qual também era advogado, para manutenção do contrato de fornecimento de ferramentas ao exército. Meese recebeu pessoalmente Robert Wallach e, de imediato, apresentou uma proposta de auxílio ao Departamento de Justiça, que culminou com uma contratação de U$ 32 milhões em favor da Wedtech. Do mesmo modo, entre 1984 e 1986,

teresses privados organizados a divulgar quanto de seu orçamento era destinado para influência política, quem eram os profissionais ativos, que instituições contatavam e sobre quais políticas públicas advogavam.[426]

O grande mérito do LDA foi sistematizar em um único diploma os inúmeros retalhos normativos que sobrevieram ao *Federal Regulation Lobbying Act* de 1946, após o julgamento de *United States v. Harriss*. Nesse sentido, parte do esforço se concentrou em definir com precisão os conceitos-chave objetos de regulação. Com efeito, a seção 3 da referida lei conta com um glossário para elucidar os termos apresentados naquele contexto normativo: (i) lobista (*lobbyist*); (ii) contato de lobby (*lobbying contact*); (iii) atividades de lobby (*lobbying activities*), entre outras, são noções exaustivamente detalhadas no corpo da norma.

Nesse sentido, definiu-se como (i) *lobista* o indivíduo contratado para realizar serviços que incluam mais de um contato de lobby, desde que suas atividades de lobby não ocupem menos de 20% do tempo dispensado pelo indivíduo para seu cliente durante um período de três meses. Por sua vez, (ii) *contato de lobby* designa qualquer comunicação, oral ou escrita, destinada a funcionário do Poder Legislativo ou Executivo, feita em favor de um cliente, acerca

---

a empresa recebeu outros U$ 218 milhões. Quando o caso foi trazido à luz, em 1986, descobriu-se que as contratações foram firmadas por dispensa de licitação, através um programa específico do Departamento de Justiça que garantia preferência a negócios sob propriedade de minorias (negros e latinos). Para isso, a Wedtech teve de fraudar documentos que indicavam que o controle estava sob a posse de sócios porto-riquenhos (HAMM, Mark S. "From Wedtech and Iran-Contra to the riots at Oakdale and Atlanta: on the ethics and public performance of Edwin Meese III". *Journal of crime and justice*, vol. 12, nº 2, 1991, pp. 128-133. Disponível em: http://dx.doi.org/10.1080/0735648X.1991.9721441. Acessado em: 15.05.2023).

426 LAPIRA, Timothy M.; THOMAS, Herschel F. "The lobbying disclosure act at 25: challenges and opportunities for analysis". *Interest groups & Advocacy*, vol. 9, nº 3, 2020, pp. 257-271. Disponível em: https://doi.org/10.1057/s41309-020-00101-0. Acessado em: 15.05.2023.

de legislação federal, regulação, formulação de política pública ou outro ato administrativo federal, da execução de programa ou política governamental, ou ainda sobre a nomeação de pessoa cujo cargo dependa de aprovação do senado. Finalmente, o termo (iii) *atividade de lobby* se refere aos contatos de lobby e demais esforços em seu apoio, incluindo atividades de preparação, planejamento e pesquisa destinadas para o contato final.[427]

A atualização conceitual acompanhou a evolução do mercado das relações governamentais. Exemplo disso é o tratamento de dois tipos de lobistas: o chamado *in-house lobbyist,* responsável por coordenar departamentos de assuntos governamentais da organização empregadora, bem como o *outside lobbyist*, profissional autônomo que contrata com clientes para a promoção de

427 "Sec. 3. (10) LOBBYIST. – The term 'lobbyist' means any individual who is employed or retained by a client for financial or other compensation for services that include more than one lobbying contact, other than an individual whose lobbying activities constitute less than 20 percent of the time engaged in the services provided by such individual to that client over a 3-month period. (8) LOBBYING CONTACT. – (A) DEFINITION. – The term 'lobbying contact' means any oral or written communication (including an electronic communication) to a covered executive branch official or a covered legislative branch official that is made on behalf of a client with regard to – (i) the formulation, modification, or adoption of Federal legislation (including legislative proposals); (ii) the formulation, modification, or adoption of a Federal rule, regulation, Executive order, or any other program, policy, or position of the United States Government; (iii) the administration or execution of a Federal program or policy (including the negotiation, award, or administration of a Federal contract, grant, loan, permit, or license); or (iv) the nomination or confirmation of a person for a position subject to confirmation by the Senate. (7) LOBBYING ACTIVITIES. – The term 'lobbying activities' means lobbying contacts and efforts in support of such contacts, including preparation and planning activities, research and other background work that is intended, at the time it is performed, for use in contacts, and coordination with the lobbying activities of others" (UNITED STATES OF AMERICA. Senate. *Lobbying Disclosure Act*, 1995, sec. 3. Disponível em: https://www.senate.gov/legislative/Lobbying/Lobby_Disclosure_Act/3_Definitions.htm. Acessado em: 19.05.2023).

seus interesses político-jurídicos. Seja como for, ambos deveriam se registrar e apresentar relatórios semestrais.[428]

Igualmente, a definição mais ampla e refinada de *lobbying contact* demandou que atividades como pesquisa e preparo da estratégia de influência sejam consideradas para divulgação. O detalhamento das condutas reguladas veio como que para remediar a expressão "propósito principal" utilizada na norma de 1946, sem que fosse considerada por demais sufocante à liberdade de profissão ou ao direito de petição. Ao estabelecer que apenas os indivíduos que dediquem mais de 20% de seu tempo laboral às atividades de lobby efetuem o registro profissional, o intento da norma foi opor deveres de conduta somente aos sujeitos que fizessem da pressão política sua profissão, excluindo o ativismo eventual da população em geral.[429]

De mesmo modo, o LDA cuidou de apresentar exceções que não se enquadram na moldura jurídico-regulatória, ora privilegiando direitos constitucionais, ora garantindo os interesses mediatos da Administração Pública. Quanto às proteções fundamentais, não é considerado contato de lobby a comunicação destinada aos decisores públicos quando feita: (i) por profissional da imprensa, com propósito de colheita de informação para divulgação pública; (ii) em denúncia à ilegalidade ou corrupção governamental, sob a proteção do *Whistleblower Protection Act* de 1989; ou (iii) por igreja ou ordem religiosa, com intuito de fazer valer isenção fiscal.[430]

---

428 HOLMAN, Craig. "Origins, evolution and structure of the Lobbying Disclosure Act". *Public Citizen*, vol. 11, 2006, p. 5. Disponível em: https://www.lobbycontrol.de/wp-content/uploads/download/OriginsofLDA.pdf. Acessado em: 15.05.2023.

429 MASKELL, Jack H. "Lobbying regulations on non-profit organizations". *Congressional Research Service*, vol. 806, 1996, pp. 7/8.

430 "Sec. 3. (8). (B) EXCEPTIONS. – The term 'lobbying contact' does not include a communication that is – (i) made by a public official acting in the public official's official capacity; (ii) made by a representative of a media organization if the purpose of the communication is gathering and disseminating news and

Por sua vez, as ressalvas direcionadas à boa administração incluem as comunicações realizadas (iv) por funcionário público em seu agir de ofício; (v) por agente de governo estrangeiro; (vi) em requerimento de reunião ou consulta administrativa, caso não vise influenciar os sujeitos passivos do contato; (vii) diante de comissão parlamentar de inquérito, ou em resposta a pedido de esclarecimento do Congresso; (viii) em sigilo exigido por lei; ou (ix) em resposta de procedimento judicial, cível ou criminal, inquérito administrativo, ou requerimento regulatório.[431]

---

information to the public; (iii) made in a speech, article, publication or other material that is distributed and made available to the public, or through radio, television, cable television, or other medium of mass communication; (xvii) a disclosure by an individual that is protected under the amendments made by the Whistleblower Protection Act of 1989, under the Inspector General Act of 1978, or under another provision of law; (xviii) made by – (I) a church, its integrated auxiliary, or a convention or association of churches that is exempt from filing a Federal income tax return under paragraph 2(A)(i) of section 6033(a) of the Internal Revenue Code of 1986, or (II) a religious order that is exempt from filing a Federal income tax return under paragraph (2)(A)(iii) of such section 6033(a)" (UNITED STATES OF AMERICA. Senate. *Lobbying Disclosure Act*, 1995, sec. 3. Disponível em: https://www.senate.gov/legislative/Lobbying/Lobby_Disclosure_Act/3_Definitions.htm. Acessado em: 19.05.2023).

431 "Sec. 3. (8). (B) EXCEPTIONS. – The term 'lobbying contact' does not include a communication that is – made by a public official acting in the public official's official capacity; (iv) made on behalf of a government of a foreign country or a foreign political party and disclosed under the Foreign Agents Registration Act of 1938 (22 U.S.C. 611 et seq.); (v) a request for a meeting, a request for the status of an action, or any other similar administrative request, if the request does not include an attempt to influence a covered executive branch official or a covered legislative branch official; (vii) testimony given before a committee, subcommittee, or task force of the Congress, or submitted for inclusion in the public record of a hearing conducted by such committee, subcommittee, or task force; (xi) not possible to report without disclosing information, the unauthorized disclosure of which is prohibited by law; (xii) made to an official in an agency with regard to – (I) a judicial proceeding or a criminal or civil law enforcement inquiry, investigation, or proceeding" (UNITED STATES OF AMERICA. Senate. *Lobbying Disclosure Act*, 1995, sec. 3. Disponível em: https://www.senate.gov/legislative/Lobbying/Lobby_Disclosure_Act/3_Definitions.htm. Acessado em: 19.05.2023).

Outro avanço significativo foi a expansão do rol de funcionários públicos tidos como destinatários – ou sujeitos passivos – dos contatos de lobby. Se em 1946 a preocupação se deu exclusivamente para os detentores de mandato eletivo no Congresso, o LDA ampliou o leque de *covered officials* para incluir todo o pessoal do Poder Legislativo (funcionários do Congresso), a equipe parlamentar (assessores e secretários dos parlamentares), bem como agentes públicos da esfera executiva com capacidade decisional (*decision making capacity*).[432]

Finalmente, o escândalo de Jack Abramoff forçou a mais recente alteração no LDA, em 2007, com a edição da emenda conhecida como *Honest Leadership and Open Government Act* (HLOGA).

Abramoff se destacou como um dos mais notórios e bem remunerados lobistas dos anos 2000.[433] Contudo, após denúncias do então deputado John McCain, Jack Abramoff celebrou transação penal e se declarou culpado dos crimes de fraude, conspiração e evasão fiscal. Em depoimento, confessou que buscava influenciar os decisores públicos com viagens a luxuosos campos de golfe, bilhetes para partidas esportivas e shows e, principalmente, oferta de emprego e bons salários aos secretários e assessores, após o término do mandato do agente público – prática conhecida como *revolving door*.[434] Para se ter uma dimensão do envolvimento público-privado, entre 1998 e 2004, metade dos senadores e 42%

---

432 HOLMAN, Craig. "Origins, evolution and structure of the Lobbying Disclosure Act". *Public Citizen*, vol. 11, 2006, p. 9. Disponível em: https://www.lobbycontrol.de/wp-content/uploads/download/OriginsofLDA.pdf. Acessado em: 15.05.2023.

433 Para maiores detalhes da vida e carreira de Jack Abramoff, vide a autobiografia do lobista em ABRAMOFF, Jack. *Capitol punishment*: the hard truth about Washington corruption from America's most notorious lobbyist. Washington: WND Books, 2011.

434 HOLMAN, Craig. "The tension between lobbying and campaign finance laws: rolling back gains made under the Honest Leadership and Open Government Act of 2007". *Election Law Journal*, vol. 13, nº 1, 2014, p. 46.

dos deputados federais que deixaram o Capitólio estadunidense voltaram a ele na condição de lobistas.[435]

O fenômeno da porta-giratória (*revolving door*) não decorre apenas das promessas de emprego espúrias entre atuais políticos e lobistas. Ao contrário, é comum que os titulares dos interesses defendidos (*e. g.* empresas e associações), procurem especificamente por escritórios de lobby formados por ex-decisores públicos. Isso se deve às relações, à experiência e aos contatos que os membros de governo desenvolvem enquanto ocupam o cargo, ativos considerados valiosos na estratégia de influência privada.[436]

Em face disso, o HLOGA refinou os limites de tolerância para registro de lobistas, alterou a frequência de submissão dos relatórios e criou obrigações sobre contribuições em campanhas eleitorais em estratégias governamentais. Ademais, determinou-se que tais informações fossem submetidas em formato eletrônico e divulgadas na rede mundial de computadores na metodologia de *open data*,[437] ou seja, em formato que possibilitasse que os dados fossem livremente reutilizados para inferências, análises, pesquisas e controle social.[438]

Como o objetivo inicial da emenda de 2007 não era ampliar o leque de indivíduos por ela afetados, boa parte das definições de lobista, contatos e atividades de lobby não foi afetada de modo substancial. Apenas se substituiu o período de três para seis meses,

---

435 BELLUZZO, Luiz Gonzaga; GALÍPOLO, Gabriel. *Manda quem pode, obedece quem tem prejuízo*. São Paulo: Contracorrente, 2017, p. 74.

436 PETRILLO, Pier Luigi. *Teorie e tecniche del lobbying*: regole, casi, procedure. Bolonha: Il Mulino, 2019, pp. 67/68.

437 Os registros e relatórios estão disponíveis no sítio eletrônico da *House of Representatives* em http://lobbyingdisclosure.house.gov, bem como no website do *Senate* http://www.senate.gov/lobby.

438 STRAUS, Jacob B. *Lobbying Disclosure Act at 20*: analysis and issues for congress. Columbia: CRS Report, 2015, p. 12. Disponível em: https://campaignlegal.org/sites/default/files/CRS%20report%20on%20LDA%20at%2020.pdf. Acessado em: 15.05.2023.

no cômputo do tempo de 20% dedicado às atividades laborais. As principais alterações se deram no acréscimo de demanda por relatórios, atualmente em frequência trimestral (não mais semestral), bem como se restringiu o limite de tolerância *a de minimis* nos relatórios financeiros: a redação inicial do LDA dispensava relatórios em que a renda da contratação com o lobista ou empresa fosse inferior a U$ 5.000,00, ou em que as despesas totais das atividades de lobby não superassem U$ 20.000,00, no período de quatro meses. Com o HLOGA, reduziu-se a tolerância para U$ 2.500,00 e U$ 10.000,00, respectivamente.[439]

Diferentemente do espírito republicano de publicidade e transparência que acompanhara o LDA, o foco de 2007 foi regular a prática, o comportamento e as movimentações financeiras dos lobistas. Dessa forma, além das alterações promovidas no regime de submissão de relatórios – que os tornou mais frequentes e mais minuciosos – outros deveres de conduta essenciais para monitorar e combater a corrupção foram positivados.

Muito inspirado nas lições aprendidas com o escândalo de Jack Abramoff, o HLOGA baniu quaisquer presentes de lobistas a membros do Congresso. As cortesias para partidas esportivas ou eventos artísticos, convites para jantares luxuosos e mesmo pequenos brindes de caráter comemorativo foram terminantemente proibidos. Igualmente, empresas que empreguem lobistas em qualquer departamento sofreram restrições ao patrocínio de viagens para sujeitos passivos da lei de lobby: (i) o pagamento deve se limitar a uma viagem de até dois dias, apenas o suficiente para que os agentes decisores possam conferir uma palestra em determinado evento e retornar; (ii) lobistas não podem constrangê-los durante a viagem; (iii) os agendamentos precisam ser previamente aprovados por um comitê de ética congresso,

---

439 STRAUS, Jacob B. *Lobbying Disclosure Act at 20*: analysis and issues for congress. Columbia: CRS Report, 2015, p. 12. Disponível em: https://campaignlegal.org/sites/default/files/CRS%20report%20on%20LDA%20at%2020.pdf. Acessado em: 15.05.2023.

com a devida publicidade; e (iv) as passagens devem se restringir à classe executiva – jatos particulares não são permitidos.[440]

7.3 Os efeitos da regulação no lobby estadunidense

O impacto da mudança legislativa alterou significativamente a dinâmica das empresas de lobby. Em 2005, foram registradas 4.917 viagens patrocinadas para parlamentares, ao custo de U$ 9,9 milhões. Um ano após a entrada em vigor do HLOGA, em 2008, esse número caiu para 1.171 viagens, com o dispêndio total de U$ 2,9 milhões. Isso não diminuiu a pressão existente de lobistas sobre os representantes do povo, mas os afastou de conversas realizadas na penumbra de restaurantes luxuosos e os atraiu de volta aos gabinetes parlamentares, diante dos olhos do público.[441]

Finalmente, na tentativa de mitigar o fenômeno da *revolving door*, a alteração de 2007 aumentou o período de quarentena pelo qual um funcionário do Poder Legislativo deve passar antes de poder se registrar como lobista.[442] No caso da Câmara, deputados e funcionários seniores estão proibidos de fazer contatos de lobby por um ano a partir de quando deixam o ofício. O mesmo vale para o corpo técnico do Senado, enquanto os próprios senadores devem aguardar dois anos para reingressar no Congresso como agentes de relações governamentais.[443]

---

440 HOLMAN, Craig. "The tension between lobbying and campaign finance laws: rolling back gains made under the Honest Leadership and Open Government Act of 2007". *Election Law Journal*, vol. 13, nº 1, 2014, p. 49.

441 HOLMAN, Craig. "The tension between lobbying and campaign finance laws: rolling back gains made under the Honest Leadership and Open Government Act of 2007". *Election Law Journal*, vol. 13, nº 1, 2014, p. 50.

442 LAPIRA, Timothy M.; THOMAS, Herschel F. "Revolving door lobbyists and interest representation". *Interest Groups & Advocacy*, vol. 3, 2014, p. 10.

443 STRAUS, Jacob B. *Lobbying Disclosure Act at 20*: analysis and issues for congress. Columbia: CRS Report, 2015, p. 30. Disponível em: https://

Quanto às sanções previstas, a violação comissiva ou omissiva da regra pode ensejar a responsabilidade administrativa e criminal, com multa de até U$ 200.000,00 e pena de reclusão de até cinco anos. Pela primeira vez nos EUA, foi prevista a possibilidade de sanção penal, caso se constate grave e dolosa violação da lei do lobby.[444] No que tange aos relatórios, a condenação será aplicada quando o infrator deixar de corrigir a prestação defeituosa em até 60 dias após a notificação feita por qualquer uma das casas legislativas.[445]

Não obstante a longa tradição e as diversas adaptações que acompanharam este caminhar, o tratamento jurídico do lobby nos Estados Unidos segue merecedor de críticas. Para William Luneburg, a partir de uma perspectiva interna, o LDA carece de efetividade jurídica (*enforcement*). Parte disso decorre da recusa do Congresso em renunciar à função de controle sobre o registro e transparência dos lobistas, apesar de norma abarcar o Poder Executivo desde 1995. Além de terem pouco poder para investigar e fiscalizar, a inexperiência dos agentes da Câmara e do Senado, que compartilham responsabilidades idênticas, prejudica o sucesso da norma. Com efeito, às secretarias das casas legislativas foram designadas as tímidas tarefas de (i) rever e verificar a acurácia das informações prestadas nos relatórios; (ii) notificar o responsável no caso de inobservância da norma; (iii) notificar a Procuradoria-geral dos EUA dos indícios de violação do LDA.[446]

---

campaignlegal.org/sites/default/files/CRS%20report%20on%20LDA%20at%2020.pdf. Acessado em: 15.05.2023.

444 GONTIJO, Conrado Almeida Corrêa. *Lobby*: estudo de Direito Comparado e necessidade de regulamentação do instituto no ordenamento jurídico brasileiro. São Paulo: Marcial Pons, 2020, p. 124.

445 UNITED STATES OF AMERICA. House of Representatives. *Lobbying Disclosure Act Guidance*. Columbia, 2017. Disponível em: https://lobbyingdisclosure.house.gov/amended_lda_guide.html. Acessado em: 15.05.2023.

446 LUNEBURG, William V. "The evolution of federal lobbying regulation: where we are now and where we should be going". *McGeorge Law Review*,

Por sua vez, Rand Robins adverte que, apesar de um pouco de transparência ser melhor que nada, os relatórios trimestrais quase não fornecem informação útil para o público leigo. Em geral, os relatórios se limitam a discriminar os agentes públicos contatados e os respectivos assuntos tratados, sem detalhar as atividades realizadas por parte do lobista.[447]

Além disso, a necessidade de submeter separadamente os formulários em cada uma das casas legislativas, segregados por clientes, trouxe mais despesas financeiras e gastos administrativos para as empresas de lobby, tornando a atividade ainda mais custosa para os pequenos grupos de interesses. A partir daí,

> combine a exigência de produzir dados indiscutivelmente inúteis com a exigência de produzi-los quatro vezes por ano, e o resultado é uma montanha de papel que assustaria até mesmo um repórter investigativo experiente com um computador poderoso.[448]

Nesse sentido, o grande volume de informações teria beneficiado as grandes bancas de lobby, as quais conseguem estruturar e analisar os dados para melhorar suas estratégias em face de

---

vol. 41, nº 1, 2009, pp. 123/124.

447 ROBINS, Rand. "Why the Honest Leadership and Open Government Act of 2007 Falls Short, and How It Could Be Improved". *Legislation and Policy Brief*, vol. 2, nº 2, 2010, pp. 8/9. Disponível em: http://digitalcommons.wcl.american.edu/lpb/vol2/iss2/4. Acessado em: 15.05.2023.

448 Tradução livre de: "Combine a requirement for producing arguably useless data with a requirement to produce it four times a year, and the result is a mountain of paper that would frighten even a seasoned investigative reporter with a powerful computer" (ROBINS, Rand. "Why the Honest Leadership and Open Government Act of 2007 Falls Short, and How It Could Be Improved". *Legislation and Policy Brief*, vol. 2, nº 2, 2010, p. 9. Disponível em: http://digitalcommons.wcl.american.edu/lpb/vol2/iss2/4. Acessado em: 15.05.2023).

competidores.[449] Com efeito, o HLOGA teria mais uso se, em vez de demandar por informações repetitivas com maior frequência, houvesse optado por revelar mais especificações do grupo de interesse envolvido, como a composição de membros e principais doadores, evitando as chamadas coalizões ocultas (*shadow lobby*): associações que se unem com o propósito de se esconder atrás de um único conglomerado público.[450]

7.4 Histórico de regulamentação do lobby no Chile

Na América Latina, o primeiro país a dedicar uma lei específica para o tema de lobby foi, na realidade, o Peru, através da *Ley n.* 28.024/2003, que regula a chamada *gestión de interesses.* Apesar de contar com uma redação bastante moderna e conforme as orientações da OCDE, no entanto, ficou mais de 15 anos em franca inoperância, por carecer de decreto do Poder Executivo que regulasse sua aplicação. O ato administrativo veio apenas em julho de 2019, com a publicação do Decreto Supremo n. 120-2019 no *Diário Oficial Peruano.*[451]

---

449 Acredito que, com o avanço das ferramentas tecnológicas de visualização de dados, a dificuldade em tratar e interpretar grandes dados tenha reduzido. A partir de *dashboards* interativos, mesmo pequenos grupos de interesse podem, sem dispender muitos recursos, analisar os movimentos e estatísticas dos adversários, contribuindo para a democratização da disputa. Sobre o impacto da visualização de dados no cenário político, vide HALEGOUA, Germaine R. *Smart Cities*. Cambridge: MIT Press, 2020, pp. 61-63.

450 ROBINS, Rand. "Why the Honest Leadership and Open Government Act of 2007 Falls Short, and How It Could Be Improved". *Legislation and Policy Brief*, vol. 2, nº 2, 2010, pp. 10-12. Disponível em: http://digitalcommons.wcl.american.edu/lpb/vol2/iss2/4. Acessado em: 15.05.2023.

451 GALER, Nicolás Fernando Rodríguez. *Regulación de lobby en el Perú*: trayectoria pendular hacia una ley de gestión de intereses de segunda generación. Curso de Magíster En Gestión Pública. Lima: Universidad del Pacífico, 2016. (Dissertação de Mestrado). Disponível em: https://repositorio.up.edu.pe/bitstream/handle/11354/1155/Nicol%C3%A1s_Tesis_maestria_2016.

Resultado disso é que, entre 2004 e 2019, apenas 25 lobistas se registraram voluntariamente; apenas uma apresentou relatório semestral e nenhum decisor público reportou contatos com grupos de pressão.[452] Dessa forma, sem ignorar o ineditismo da norma peruana, o curto período de aplicação normativa e a ausência de estudos concludentes até o momento não permitem a realização de inferências pautadas em evidências científicas.

Também a Colômbia começou a se preocupar com a influência privada na política. Em agosto de 2011, a Câmara dos Deputados Colombiana aprovou a Resolução n. 2348, que determina que os indivíduos ou grupos de indivíduos que queiram defender interesses particulares no âmbito do Poder Legislativo devem se registrar e declarar o interesse representado. Apesar do tímido avanço, não há lei ordinária que trate da matéria ou que determine uma regra de conduta para além da Câmara dos Deputados.[453]

Por outro lado, o Chile tem se apresentado como o grande protagonista latino no tratamento jurídico do lobby. Ali, a primeira tentativa de regular a atividade ocorreu em 2003, quando o *Boletín* n. 3.407-07 foi apresentado nas Casas Legislativas tão somente para prever a criação de registros públicos de lobistas – sem incluir, por exemplo, um portal de transparência ou a publicidade das audiências realizadas entre as autoridades públicas e os sujeitos ativos da relação. Como aponta Nicolás Sanhueza Toro, o mérito

---

pdf?sequence=1. Acessado em: 15.05.2023; LAGOS, Adolfo Lapostol Dettori Mauricio Lopez. *Ley de lobby en Chile*: antecedentes y análisis de la ley 20.730. Curso de Ciências Jurídicas. Santiago: Universidad Finis Terrae, 2016, p. 42. (Trabalho de conclusão de curso); SAAVEDRA, Medaly Abad. "Nuevo Reglamento de la Ley que regula la gestión de intereses en la administración pública". *Taller de Investigación En Derecho Administrativo*. Lima, 15 jul. 2019.

452 PETRILLO, Pier Luigi. *Teorie e tecniche del lobbying*: regole, casi, procedure. Bolonha: Il Mulino, 2019, p. 102.

453 PETRILLO, Pier Luigi. *Teorie e tecniche del lobbying*: regole, casi, procedure. Bolonha: Il Mulino, 2019, p. 108.

do projeto não estaria no conteúdo jurídico em si, mas na justificativa que acompanhou a proposição. Isso porque se reconheceu que a normalização do lobby teria como objetivo assegurar (i) a transparência e a igualdade em uma sociedade democrática; (ii) o interesse público; (iii) a livre concorrência na economia de mercado; (iv) a probidade das autoridades públicas, evitando a ocorrência de atos de corrupção; bem como (v) a imagem internacional de um país integrado à economia global.[454]

No entanto, após vencer todo o procedimento parlamentar, em abril de 2008, o projeto foi vetado pela então Presidenta Michelle Bachelet, tendo em vista a iminência de projeto semelhante, apresentado pelo Poder Executivo, que viria com uma série de alterações substantivas. De fato, após seis meses do veto presidencial, foi editado o *Boletín* n. 6189-06, com novo texto legal, outra redação e outras definições dos conceitos-chave da influência política. Entre as modificações mais sensíveis, o projeto de 2008 foi acompanhado por um rol de atividades que não se enquadravam como lobby, justamente para evitar um alargamento regulatório que restringisse os direitos fundamentais – tais como a liberdade de imprensa e a liberdade de associação.[455]

Todavia, por erro de medida, a ação que serviria de remédio tornou-se veneno. A cláusula de exclusão foi de tal modo exaustiva que afastou do enquadramento legal sindicatos, organizações religiosas, associações de pequenos empresários, bem como associações do terceiro setor. Parte disso decorreu das discussões

---

454 TORO, Nicolás Sanhueza. *Informe sobre Políticas Públicas*: Ley de Lobby. Curso de Políticas Públicas. Santiago: Universidad Adolfo Ibáñez, 2016, p. 5. (Monografia – Especialização). Disponível em: https://www.academia.edu/32889929/Informe_sobre_Pol%C3%ADticas_P%C3%BAblicas_Ley_de_Lobby. Acessado em: 15.05.2023.

455 UNDURRAGA, Cristóbal Lamas; MARTINA, Tomás Restrepo. *Análisis de la ley de lobby (ley 20.730), a 3 años de su entrada en vigencia*. Ciências Jurídicas y Sociales. Santiago: Universidad de Chile, 2018, p. 26. (Monografia – Especialização).

parlamentares, as quais ainda entendiam o lobby vinculado a uma ideia pejorativa, impassível de prosperar com os interesses legítimos da sociedade civil organizada. A iniciativa de regulamentação tornou-se, assim, *natimorta*.[456]

Finalmente, em 2012 foi redigida a terceira e derradeira versão da regulamentação do lobby no Chile. Amplamente apoiada pela sociedade civil, intelectuais e grupos de estudos transversais, que muito contribuíram com uma "*solución a la chilena*" e com forte pressão nas redes sociais, publicou-se a *Ley n.* 20.730/2014.[457]

7.5 A *Ley n.* 20.730/2014 e seu impacto no lobby chileno

Na tendência das regulações contemporâneas, cada vez mais especializadas na atividade econômica que visam disciplinar, a *Ley* n. 20.730/2014 é aberta com um glossário que sistematiza a definição de conceitos-chave no âmbito de aplicação da norma. Nesse sentido, traduziu-se por "lobista" a pessoa natural ou jurídica que realiza lobby. Lobby, por sua vez, é definido como a atividade *remunerada* exercida por pessoas naturais ou jurídicas, chilenas ou estrangeiras, que tenha como objeto promover, defender ou representar qualquer *interesse particular* para influir nas decisões tomadas pelos sujeitos passivos da norma. Na mesma toada, a noção de interesse particular foi positivada como qualquer propósito ou benefício, seja ou não de caráter econômico.[458]

---

456 UNDURRAGA, Cristóbal Lamas; MARTINA, Tomás Restrepo. *Análisis de la ley de lobby (ley 20.730), a 3 años de su entrada en vigencia*. Ciências Jurídicas y Sociales. Santiago: Universidad de Chile, 2018, p. 27. (Monografia – Especialização).

457 JARAQUEMADA, María. "Breve história de una ley de lobby". *In*: DRAGO, Marcelo; SAHD, Jorge (Coord.). *Perfeccionamientos a la ley de lobby*. Santiago: Orjikh, 2019, pp. 79-81.

458 "Artículo 2° – Para los efectos de esta ley se entenderá por: (1) Lobby: aquella gestión o actividad remunerada, ejercida por personas naturales o

Tendo em vista as discussões tidas com o projeto de 2008 e a tentativa de distinguir a defesa de interesses em favor de pessoas jurídicas não guiadas pelo lucro, a lei chilena diferenciou a figura do lobista do *gestor de interesses particulares*:[459] caso perceba remuneração pelas atividades, será lobista; do contrário, tratar-se-á da gestão de interesses particulares, guiado pelo espírito cívico-voluntarista. Não obstante a divisão conceitual, ambos os casos estão submetidos ao mesmo regime jurídico que regula o lobby diante das autoridades públicas. Afinal, nada obsta que a atividade gratuita realizada hoje não venha a sê-lo no futuro breve.[460]

Ocorre que este regime foi especialmente generoso com os sujeitos ativos do lobby: grande parcela das obrigações estatuídas pela *Ley* n. 20.730 recaíram sobre as autoridades públicas. Para garantir a transparência das atividades, o artigo 7º da norma

---

jurídicas, chilenas o extranjeras, que tiene por objeto promover, defender o representar cualquier interés particular, para influir en las decisiones que, en el ejercicio de sus funciones, deban adoptar los sujetos pasivos que se indican en los artículos 3º y 4º. (...). (5) Lobbista: La persona natural o jurídica, chilena o extranjera, remunerada, que realiza lobby. Si no media remuneración se denominará gestor de intereses particulares, sean éstos individuales o colectivos. Todo ello conforme a los términos definidos en los numerales 1) y 2) precedentes. (4) Interés particular: cualquier propósito o beneficio, sean o no de carácter económico, de una persona natural o jurídica, chilena o extranjera, o de una asociación o entidad determinada" (CHILE. *Ley n. 20.730*, de 3 mar. 2014. Disponível em: https://www.bcn.cl/leychile/navegar?idNorma=1060115. Acessado em: 14.05.2023).

459 "Artículo 2º – Para los efectos de esta ley se entenderá por: (...) (2) Gestión de interés particular: aquella gestión o actividad ejercida por personas naturales o jurídicas, chilenas o extranjeras, que tiene por objeto promover, defender o representar cualquier interés particular, para influir en las decisiones que, en el ejercicio de sus funciones, deban adoptar los sujetos pasivos que se indican en los artículos 3º y 4º" (CHILE. *Ley n. 20.730*, de 3 mar. 2014. Disponível em: https://www.bcn.cl/leychile/navegar?idNorma=1060115. Acessado em: 14.05.2023).

460 CONSEJO DIRECTIVO DEL CONSEJO PARA LA TRANSPARENCIA. "Documento de trabajo hacia una ley de lobby 2.0". *In*: DRAGO, Marcelo; SAHD, Jorge (Coord.). *Perfeccionamientos a la ley de lobby*. Santiago: Orjikh, 2019, p. 19.

determinou a criação de sete registros públicos, sendo um para a alta administração do Poder Executivo Federal, Regional e das Forças Armadas, o segundo para a Controladoria-Geral da República, outro para o Banco Central do Chile, dois para as comissões de ética do Parlamento, o sexto registro para o Ministério Público e o último para a *Corporación Administrativa del Poder Judicial*, órgão encarregado da administração judiciária chilena.[461]

Em cada registro devem constar (i) as audiências e reuniões realizadas e que tenham por objeto o lobby, em especial a indicação da pessoa ou organização com quem se manteve a reunião, em nome de quem se defenderam os interesses privados, qual foi a matéria em discussão e se houve remuneração ou não para a defesa de interesses; bem como (ii) as viagens realizadas pela autoridade pública a propósito de atividades de lobby; e (iii) os brindes eventualmente percebidos pela autoridade pública, por ocasião de manifestações de cortesia e costumes comemorativos.[462]

Tendo em vista a grande quantidade de informação exigida pela referida lei e o alto nível de descentralização dos registros, o legislador optou por responsabilizar tão somente a Administração, a fim de garantir a efetividade da norma. Seja para os lobistas, seja para os gestores de interesses particulares, não há dever de submeter formulários ou relatórios periódicos, mas apenas colaborar com

461 GONZÁLEZ, Renato Garin. *The Chilean Lobbying Act*: legal analysis and criticism. Magister Juris. Oxford: University of Oxford, 2015, p. 13. (Dissertação de Mestrado). Disponível em: https://www.u-cursos.cl/inap/2016/1/ELE661/1/material_docente/bajar?id_material=1291791. Acessado em: 15.05.2023.

462 GONZÁLEZ, Renato Garin. *The Chilean Lobbying Act*: legal analysis and criticism. Magister Juris. Oxford: University of Oxford, 2015, p. 14. (Dissertação de Mestrado). Disponível em: https://www.u-cursos.cl/inap/2016/1/ELE661/1/material_docente/bajar?id_material=1291791. Acessado em: 15.05.2023.

as autoridades, informando com veracidade e precisão os dados necessários para preenchimento do registro.[463]

Além da obrigação em reportar e atualizar as informações relativas à promoção de interesses privados, o artigo 11 da *Ley* n. 20.730 inseriu um dever principiológico direcionado aos sujeitos passivos: as autoridades públicas ali assinadas devem tratar com igualdade todos aqueles que solicitem audiências sobre uma mesma matéria.[464] Em que pese vir em bom tom, como tentativa de nivelar a competição entre os participantes, o ditame da não discriminação tem caráter meramente simbólico, na medida em que o princípio da impessoalidade administrativa deveria ser o bastante para evitar favoritismos de qualquer sorte.[465]

Consequentemente, o regime de sanções contemplado na lei se centra na responsabilidade administrativa sobre os sujeitos passivos (autoridades públicas) que não cumprirem adequada e tempestivamente as obrigações dos registros públicos. Nesse caso, compete à Controladoria-Geral da República notificar a autoridade infratora, que terá o prazo de 20 dias para praticar ou retificar o ato, ou apresentar resposta, sob pena de multa de dez a trinta unidades tributárias. De outro vértice, ao agente privado que omitiu informação sabidamente necessária ou a prestou de modo falso

---

463 CONSEJO DIRECTIVO DEL CONSEJO PARA LA TRANSPARENCIA. "Documento de trabajo hacia una ley de lobby 2.0". *In*: DRAGO, Marcelo; SAHD, Jorge (Coord.). *Perfeccionamientos a la ley de lobby*. Santiago: Orjikh, 2019, p. 24.

464 "Artículo 11 – Las autoridades y funcionarios señalados en los artículos 3° y 4° deberán mantener igualdad de trato respecto de las personas, organizaciones y entidades que soliciten audiencias sobre una misma materia" (CHILE. *Ley n. 20.730*, de 3 mar. 2014. Disponível em: https://www.bcn.cl/leychile/navegar?idNorma=1060115. Acessado em: 14.05.2023).

465 ORGANIZATION FOR ECONOMIC COOPERATION AND DEVELOPMENT. *Lobbyists, governments and public trust*: implementing the OECD principles for transparency and integrity in lobbying. Paris: OECD Publishing, 2014, p. 143.

ou impreciso, será aplicada multa de vinte a cinquenta unidades tributárias, sem prejuízo de eventual responsabilidade criminal.[466]

Avanço considerável na implementação normativa se deu com a criação de um portal de transparência específico para as práticas de lobby, atualizado mensalmente e disponibilizado para informação pública.[467] Daí porque o *Consejo para la Transparencia* chileno classificou o diploma mais como uma lei de agenda pública, que como uma norma que efetivamente viria a regular a atividade econômica do lobby.[468]

---

466 "Artículo 15 – En caso que el sujeto pasivo de aquellos señalados en el artículo 3° y en los numerales 2), 4) y 7) del artículo 4°, los consejeros regionales y el secretario ejecutivo del consejo regional señalados en el numeral 1) del artículo 4°, no informare o registrare lo señalado en el artículo 8° dentro del plazo dispuesto para ello, la Contraloría General de la República le comunicará dicha circunstancia, y el obligado tendrá el plazo de veinte días para informar al respecto. En caso de ser necesario, el período probatorio será de ocho días. Podrán utilizarse todos los medios de prueba, la que será apreciada en conciencia. La Contraloría, mediante resolución fundada, propondrá, dentro de los diez días siguientes a aquel en que se evacuó la última diligencia, si corresponde, al jefe de servicio o a quien haga sus veces, la aplicación de una multa de diez a treinta unidades tributarias mensuales. En caso que el sujeto pasivo sancionado sea el jefe de servicio o autoridad, la potestad sancionatoria residirá en la autoridad que lo nombró. Artículo 16 – La omisión inexcusable de la información que conforme a esta ley y su reglamento debe incorporarse en alguno de los registros establecidos en el artículo 7°, o la inclusión a sabiendas de información inexacta o falsa, se sancionará, respecto de las personas señaladas en el artículo anterior, con multa de veinte a cincuenta unidades tributarias mensuales, de acuerdo al procedimiento señalado en dicho artículo, sin perjuicio de la responsabilidad penal que pudiere corresponderles" (CHILE. *Ley n. 20.730*, de 3 mar. 2014. Disponível em: https://www.bcn.cl/leychile/navegar?idNorma=1060115. Acessado em: 14.05.2023).

467 É possível encontrar informações referentes às matérias mais registradas nas audiências de lobby, destinos mais visitados por parlamentares por ocasião de viagens pagas por agentes privados, bem como os principais brindes ofertados às autoridades públicas no link https://www.infolobby.cl.

468 CONSEJO DIRECTIVO DEL CONSEJO PARA LA TRANSPARENCIA. "Documento de trabajo hacia una ley de lobby 2.0". *In*: DRAGO, Marcelo;

Entre as críticas opostas ao atual regramento chileno estaria a ausência de previsão sobre um período de quarentena de ex-funcionários públicos para combater o fenômeno da *revolving door*. Como se verificou na experiência estadunidense, o prestígio e as relações provenientes do cargo público produzem ativos importantes para os profissionais do setor, mas geram sensíveis anomalias no processo de decisão do agente político.[469]

Outra lacuna normativa diz respeito à obrigatoriedade de reportar comunicações com agentes privados em outros ambientes que não os gabinetes oficiais, especialmente aquelas feitas em sistemas eletrônicos como e-mails e aplicativos de mensagens instantâneas. Este vazio se tornou um problema relevante após um e-mail vindo da empresa de seguros chilena Penta ter vindo a público, após um vazamento de dados internos. Nele, o gerente geral da *holding* pressionava o Presidente do partido UDI pela aprovação de um projeto sobre o sistema suplementar de saúde que iria beneficiar a empresa, sem que qualquer contato semelhante constasse nos portais de transparência.[470]

Contudo, a principal falha da *Ley* n. 20.730 está vinculada ao desequilíbrio de obrigações compartilhadas entre os sujeitos ativo e passivo da relação de lobby, pendendo a balança negativa para a Administração Pública. A fim de elevar os padrões de transparência e informação, é imprescindível que os lobistas e as empresas que os contratam prestem contas frequentes de suas atividades, não apenas

---

SAHD, Jorge (Coord.). *Perfeccionamientos a la ley de lobby*. Santiago: Orjikh, 2019, p. 21.

469 GONTIJO, Conrado Almeida Corrêa. *Lobby*: estudo de Direito Comparado e necessidade de regulamentação do instituto no ordenamento jurídico brasileiro. São Paulo: Marcial Pons, 2020, p. 174.

470 GONZÁLEZ, Renato Garin. *The Chilean Lobbying Act*: legal analysis and criticism. Magister Juris. Oxford: University of Oxford, 2015, p. 19. (Dissertação de Mestrado). Disponível em: https://www.u-cursos.cl/inap/2016/1/ELE661/1/material_docente/bajar?id_material=1291791. Acessado em: 15.05.2023.

quando demandadas para tanto, incluindo a indicação de clientes envolvidos e os recursos econômicos dispendidos nas operações, mas também após requisição por iniciativa da Administração.[471]

Por tais razões, a *Ley de Lobby* chilena é considerada ineficiente para fins de desestimular a atuação irregular do convencimento governamental. Isso pode ser constatado pelo próprio portal *Infolobby.cl*, do Estado do Chile, que indica uma discrepância na quantidade de atividades divulgadas entre diferentes ministérios, além do que seria razoável supor.[472] Eis um ótimo exemplo para se constatar que a simples criação de um diploma normativo, embora seja encorajada, não é suficiente para assegurar a hígida e legítima atividade do lobby, sem a captura das instituições políticas.

A breve comparação entre os contextos estadunidense e chileno permite distinguir dois marcos regulatórios absolutamente diversos.

No caso dos EUA, a incontornável maturidade obtida após diversos escândalos políticos contribuiu para lapidar as normativas, colocando à prova as lacunas existentes desde 1946. Desde então, a regulamentação do lobby variou outras duas vezes, aprimorando-se. Com o *Lobbying Disclosure Act*, os conceitos jurídicos foram refinados, garantiu-se a observância de direitos fundamentais não sujeitos à norma infraconstitucional e se aprimorou a experiência da transparência governamental.

Em 2007, com edição do HLOGA, buscou-se mitigar e desestimular comportamentos predatórios nos poderes públicos:

---

471 DRAGO, Marcelo. "Prólogo". *In*: DRAGO, Marcelo; SAHD, Jorge (Coord.). *Perfeccionamientos a la ley de lobby*. Santiago: Orjikh, 2019, p. 11.

472 "Por exemplo, enquanto a média de reuniões cadastradas por alguns ministros em um período de 20 meses supera 70, a média do titular do Ministério das Mulheres e da Igualdade de Gênero foi de apenas seis reuniões" (GONTIJO, Conrado Almeida Corrêa. *Lobby*: estudo de Direito Comparado e necessidade de regulamentação do instituto no ordenamento jurídico brasileiro. São Paulo: Marcial Pons, 2020, p. 175).

relatórios mais frequentes passaram ser exigidos, indicando a evolução das atividades empresariais, bem como se ampliou o período de quarentena dos agentes públicos. Não há dúvidas de que, ao longo das alterações legais, as obrigações se tornaram mais rigorosas.

A lei chilena, por outro lado, situa-se em um grau regulatório menos rígido, possivelmente correspondente ao intervalo entre o RLA (1946) e o LDA (1995) norte-americanos. Tal situação se explica porque, em que pese tenha uma clara preocupação em trazer conceitos bem definidos e um escopo de aplicação delimitados, trata-se mais de um diploma de transparência pública, e menos da atribuição de deveres aos agentes econômicos do lobby. Como primeiro exemplo prático latino-americano, necessário reconhecer a coragem do Chile.

No Brasil, apesar de algumas tentativas, essa hora ainda não chegou.

CAPÍTULO VIII

PROJETOS DE REGULAMENTAÇÃO DO LOBBY NO BRASIL: INÉRCIA, FRACASSO E TABU

8.1 Acerca da metodologia de comparação

Entre os brasileiros, a regulamentação dos grupos de pressão com vistas a influenciar a tomada de decisão política jamais se concretizou. Isso não significa, contudo, o desinteresse nacional pela temática.

Ainda em 1974, o artigo 60 do Regimento Interno da Câmara dos Deputados permitia "o credenciamento de entidades que, através de um representante, forneçam subsídios, em nível técnico, ao Legislativo sobre proposições de seu interesse".[473] Algo similar também permanece no regimento em vigor, no artigo 259,[474] mas

---

473 RODRIGUES, Ricardo José Pereira. "A regulamentação do lobby no Brasil: leitura crítica de um projeto de lei". *Revista de Administração Pública*, vol. 30, nº 1, 1996, p. 55.

474 "Art. 259. Além dos Ministérios e entidades da administração federal indireta, poderão as entidades de classe de grau superior, de empregados e empregadores, autarquias profissionais e outras instituições de âmbito

apenas indica a possibilidade e o reconhecimento de grupos de pressão, sem se debruçar no efetivo controle das atividades praticadas.

Em termos de propostas legislativas independentes (desconsideradas emendas e substitutivos), apenas cinco projetos foram apresentados ao Congresso Nacional.[475] Trata-se, especifica e cronologicamente, (i) do Projeto de Lei do Senado (PLS) n. 203/1989, de autoria do ex-senador Marco Maciel (DEM), posteriormente autuado na Câmara como Projeto de Lei (PL) n. 6132/1990; (ii) do PL n. 1202/2007, de autoria do ex-deputado Carlos Zarattini (PT) e apensado ao PL n. 1961/2015; (iii) do PLS n. 336/2015, do ex-senador Walter Pinheiro (sem partido);[476] (iv) da Proposta de Emenda à Constituição (PEC) n. 47/2016, elaborada pelo ex-senador

---

nacional da sociedade civil credenciar junto à Mesa representantes que possam, eventualmente, prestar esclarecimentos específicos à Câmara, através de suas Comissões, às Lideranças e aos Deputados em geral e ao órgão de assessoramento institucional. §1º Cada Ministério ou entidade poderá indicar apenas um representante, que será responsável perante a Casa por todas as informações que prestar ou opiniões que emitir quando solicitadas pela Mesa, por Comissão ou Deputado. §2º Esses representantes fornecerão aos Relatores, aos membros das Comissões, às Lideranças e aos demais deputados interessados e ao órgão de assessoramento legislativo exclusivamente subsídios de caráter técnico, documental, informativo e instrutivo. §3º Caberá ao Primeiro-Secretário expedir credenciais a fim de que os representantes indicados possam ter acesso às dependências da Câmara, excluídas as privativas dos Deputados" (BRASIL. *Resolução n. 17*, de 21 de setembro 1989. Disponível em: http://www.camara.gov.br/internet/legislacao/regimento_interno/RIpdf/RegInterno.pdf. Acessado em: 14.05.2023).

475 Foram considerados apenas projetos de leis ordinárias e emendas constitucionais. A título de normas primárias, foram elaboras proposições de resoluções no âmbito da Câmara dos Deputados e do Senado Federal, as quais não serão objeto de análise. Para aprofundamento nos projetos de resoluções, vide SANSON, Alexandre. *Dos grupos de pressão na democracia representativa*: os limites jurídicos. Programa de Pós-graduação em Direito. São Paulo: Faculdade de Direito da Universidade de São Paulo, 2013, pp. 263-266. (Tese de Doutorado).

476 O ex-Senador Walter Pinheiro foi eleito pelo PT/BA, mas deixou o partido em 29 de março de 2016. Para mais informações: https://www25.senado.leg.br/web/senadores/senador/-/perfil/604.

Romero Jucá (MDB); e, por fim, (v) do PL n. 11025/2018, de autoria do ex-deputado Jaime Martins (PROS).

As proposições possuem conteúdo e forma bastante variável, modulando-se conforme o espectro ideológico do parlamentar responsável por sua autoria. Dessa forma, para que seja possível perquirir eventuais avanços e/ou retrocessos em cada texto – sem que isso redunde em mero favoritismo retórico – entendo necessária a adoção de uma metodologia própria de análise.

A fim de comparar diferentes regulamentações estrangeiras sobre o lobby, Raj Chari, Gary Murphy e John Hogan desenvolveram um índice quantitativo que permite medir quão bem desenvolvido são os quadros normativos e identificar três tipos ideais de regulação (leve, moderado, robusto).[477]

O cálculo é feito a partir de oito categorias-chave, selecionados pelo *Center for Public Integrity (CPI)* disponíveis – em maior ou menor grau – em grande parte das regulamentações bem-sucedidas: (a) definição dos conceitos – 7 pontos; (b) registro individual – 19 pontos; (c) divulgação das despesas individuais – 29 pontos; (d) divulgação dos gastos do empregador/cliente – 5 pontos; (e) procedimento digital – 3 pontos; (f) acesso à informação – 20 pontos; (g) aplicabilidade *(enforcement)* – 15 pontos; e (h) enfrentamento à *revolving door* – 2 pontos.[478]

477 CHARI, Raj; MURPHY, Gary; HOGAN, John. "Regulating Lobbyists: a Comparative Analysis of the USA, Canada, Germany and the European Union". *The Political Quarterly*, vol. 78, nº 3, 2007, p. 428.

478 Cada categoria-chave é composta por diversas perguntas objetivas, responsáveis por atribuir os pontos indicados de maneira detalhada, nos termos em que segue. (a) *Definição de conceitos*: (a.i) A definição incorpora o Poder Executivo? (Não = 0, Sim = 3); (a.ii) Quanto o lobista deve perceber/gastar para ser qualificado como tanto? (Mais de U$500,00 = 0, Mais de U$100,00 = 1, Mais de U$50,00 = 2, Menos de U$ 50,00 = 3, registro independente do faturamento = 4 pontos). (b) *Registro individual*: (b.i) O lobista deve submeter formulário de registro? (Não = 0, Sim = 3); (b.ii) Em quantos dias o lobby pode ocorrer antes que o registro seja exigido? (16 dias ou mais =

Segundo o índice, quanto maior a pontuação atingida, melhor

0, de 11 a 15 dias = 1, de 6 a 10 dias = 2, de 1 a 5 dias = 3, 0 dia = 4); (b.iii) A matéria ou o projeto de lei endereçado pelo lobista deve ser apresentada pelo lobista? (Nada é exigido = 0, Apenas a matéria é exigida = 1, Apenas o projeto de lei é exigido = 1, Ambos são exigidos = 3); (b.iv) Com que frequência o registro é exigido? (Uma única vez = 0, A cada dois anos = 1, Anualmente = 2); (b.v) Em quanto tempo o lobista deve informar ao órgão controlador mudanças no registro? (16 dias ou mais = 0, de 11 a 15 dias = 1, de 6 a 10 dias = 2, de 1 a 5 dias = 3, 0 dia = 4); (b.vi) O lobista deve submeter uma foto pessoal com o registro? (Não = 0, Sim = 1) (b.vii); O lobista deve inserir alguma outra informação relevante, como remuneração? (Não = 0, Sim = 1). (c) *Divulgação das despesas individuais*: (c.i) O lobista deve submeter um relatório de financeiro? (Não = 0, Sim = 3); (c.ii) Com que frequência, no período de 2 anos, o lobista deve submeter o relatório? (0-3 vezes = 0, 4-6 vezes = 1, 7-9 vezes = 2, 10 ou mais = 3); (c.iii) A remuneração do lobista deve constar nos relatórios? (Não = 0, Sim = 2); (c.iv) Os gastos totais devem ser separados em categorias? (Não = 0, Sim = 1); (c.v) Quais despesas devem ser individualizadas? (Nenhuma despesa = 0, Acima de U$ 100,00 = 1, Acima de U$ 25,00 = 2, Abaixo de U$ 25,00 = 3, Todas as despesas = 4); (c.vi) o empregador ou cliente representado sobre o qual a despesa foi executada deve ser identificado? (Não = 0, Sim = 1); (c.vii) A autoridade pública sobre a qual a despesa foi destinada deve ser identificada? (Não = 0, Sim = 1); (c.viii) A data do dispêndio deve constar no relatório? (Não = 0, Sim = 1); (c.ix) A descrição das despesas individualizadas deve constar no relatório? (Não = 0, Sim = 1). (c.x) A matéria ou o projeto de lei endereçado pelo lobista deve constar no relatório financeiro? (Nada é exigido = 0, Apenas a matéria é exigida = 1, Apenas o projeto de lei é exigido = 1, Ambos são exigidos = 3). (c.xi) Os gastos feitos em favor de funcionários públicos devem constar no relatório? (Não = 0, Sim = 1); (c.xii) O lobista deve divulgar eventual sociedade empresária com o agente público? (Não = 0, Sim = 1); (c.xiii) Qual a previsão legal sobre brindes? (Brindes não são reportados = 0, Brindes são reportados = 1, Brindes são limitados e reportados = 2, Brindes são proibidos = 3); (c.xiv) Qual a previsão legal sobre lobistas contribuírem com campanhas eleitorais? (Contribuições são permitidas e não precisam ser divulgadas = 0, Contribuições são permitidas, mas precisão ser divulgadas = 1, Contribuições de lobistas são proibidas = 2); (c.xv) O lobista que não realizou despesas em determinado período deve reportar a inatividade? (Não = 0, Sim = 1). (d) *Divulgação dos dados do empregador/cliente*: (d.i) O empregador/cliente representado deve submeter um relatório financeiro? (Não = 0, Sim = 3) (d.ii) A remuneração do lobista deve constar no relatório do empregador? (Não = 0, Sim = 2). (e) *Procedimento digital*: (e.i) o órgão controlador fornece registro online aos lobistas? (Não = 0, Sim = 1); (e.ii) O órgão controlador fornece relatórios online aos lobistas? (Não = 0, Sim = 1); (e.iii) O órgão controlador fornece treinamento sobre como seria a legislação em termos da promoção da publicidade, acesso à informação e transparência nas atividades. Se uma lei atingir o mínimo de 60 pontos, é considerada adequada para regular a atividade de lobby, ainda que de modo pouco robusto. Ademais, em que pese o CPI tenha elaborado o critério de investigação inspirado nas normas estaduais dos Estados Unidos, sustentam os autores

---

submeter os registros e relatórios financeiros eletronicamente? (Não = 0, Sim = 1). (f) *Acesso à informação*: (f.i) Qual o sistema de arquivo dos registros? (Fotocópias no gabinete = 1, PDF ou arquivos de imagem na web = 2, Banco de dados pesquisável na web = 3, Banco de dados para download = 4); (f.ii) Qual o sistema de arquivo dos relatórios? (Fotocópias no gabinete = 1, PDF ou arquivos de imagem na web = 2, Banco de dados pesquisável na web = 3, Banco de dados para download = 4); (f.iii) Custo por cópia (U$ 0,25 ou mais = 0, Menos de U$ 0,25 = 1); (f.iv) Há um modelo de registro/relatório disponível na web? (Não = 0, Sim = 1); (f.v) O órgão controlador fornece o total das despesas de lobby no ano? (Não = 0, Sim = 2). (f.vi) O órgão controlador fornece o total das despesas de lobby em diferentes períodos? (Não = 0, Sim = 2); (f.vii) O órgão controlador fornece o total de despesas de lobby por setor econômico? (Não = 0, Sim = 2); (f.viii) Com que frequência os dados são atualizados? (Semestralmente ou menos = 1, Mensalmente = 2, Semanalmente = 3, Diariamente = 4). (g) *Aplicabilidade* (*enforcement*): (g.i) O Estado possui prerrogativa legal para auditar? (Não = 0, Sim = 2); (g.ii) O Estado conduz revisões obrigatórias ou auditorias? (Não = 0, Sim = 2); (g.iii) Há alguma sanção legal para registro intempestivo? (Não = 0, Sim = 1); (g.iv) Há alguma sanção legal para relatórios intempestivos? (Não = 0, Sim = 1); (g.v) Quando a última penalidade por submissão intempestiva foi aplicada? (Há mais de 5 anos = 0, Entre 4 - 5 anos = 1, Entre 2 - 3 anos = 2, Entre 0 - 1 ano = 3). (g.vi) Há alguma sanção legal para registros incompletos? (Não = 0, Sim = 1); (g.vii) Há alguma sanção legal para relatórios incompletos? (Não = 0, Sim = 1); (g.viii) Quando a última penalidade por submissão incompleta foi aplicada? (Há mais de 5 anos = 0, Entre 4 - 5 anos = 1, Entre 2 - 3 anos = 2, Entre 0 - 1 ano = 3); (g.ix) O Estado publica alguma lista com os infratores (Não = 0, Sim = 1). (h) *Revolving door*: (h.i) Há algum período de quarentena exigido para que legisladores possam se registrar como lobistas? (Não = 0, Sim = 2). (tradução livre) (grifo do autor). Vide: THE CENTER FOR PUBLIC INTEGRITY. *Hired guns*: methodology. Washington D.C., 2003. Disponível em: https://publicintegrity.org/politics/state-politics/influence/hired-guns/methodology-5/. Acessado em: 15.05.2023.

que este seria absolutamente aplicável a outras jurisdições, dada a objetividade dos quesitos considerados no exame.[479]

Acredito que a métrica elaborada pelo *Center for Public Integrity* apresenta grande utilidade para avaliação dos projetos de lei até então levados ao Congresso Nacional brasileiro. Ao se segregarem os textos normativos nas diversas categorias do aludido índice, é possível lançar luzes sobre as lacunas jurídicas e descobrir os eventuais riscos fáticos que acompanham a alteração legislativa.

8.2 O Projeto de Lei do Senado (PLS) n. 203/1989

O primeiro projeto de lei a enfrentar a problemática do lobby foi o (i) PLS n. 203/1989, apresentado pelo Senador Marco Maciel. Ao se apreciar a categoria (a) definição de conceitos, nos termos do índice do CPI, percebe-se que o projeto adotou terminologia genérica,[480] fato citado no parecer da Mesa do Congresso Nacional, limitando-se a regular a atividade no Poder Legislativo e ignorando a forte presença de lobistas na função executiva.

No que tange ao (b) registro individual, os interessados em influenciar o processo legislativo devem submeter registro às Casas do Congresso, indicando o sujeito favorecido pelo serviço, a matéria ou o projeto defendido, os valores percebidos e quaisquer outras doações realizadas para contribuição na atividade. No entanto,

---

479 CHARI, Raj; MURPHY, Gary; HOGAN, John. "Regulating Lobbyists: a Comparative Analysis of the USA, Canada, Germany and the European Union". *The Political Quarterly*, vol. 78, nº 3, 2007, p. 429.

480 "Art. 1º – As pessoas físicas ou jurídicas que exercerem qualquer atividade tendente a influenciar o processo legislativo, deverão registrar-se perante as Mesas Diretoras do Senado Federal e da Câmara dos Deputados" (BRASIL. Câmara dos Deputados. *Projeto de Lei n. 6.132-A*, de 1990, p. 2. Disponível em: https://www.camara.leg.br/proposicoesWeb/prop_mostrarintegra?codteor=982371&filename=Dossie+-PL+6132/1990. Acessado em: 14.05.2023).

nada disse sobre a renovação do registro, tampouco sobre sua anterioridade para o exercício da atividade profissional, nos termos do artigo 3º, *caput*, e parágrafos 1º e 3º.[481]

Os mesmos dispositivos determinam que a (c) divulgação das despesas individuais deve ser feita junto às Casas Legislativas, duas vezes ao ano, com a declaração de gastos acima de 3 mil Bônus do Tesouro Nacional (cerca de R$ 5.100,00),[482] matéria ou projeto de lei destino da despesa, bem como o interessado (cliente/empregador) em sua realização. Contudo, são silentes quanto à classificação dos gastos, à indicação do parlamentar beneficiário, ou à proibição de pequenos brindes.

O artigo 3º, parágrafo 2º, da norma, impõe a divulgação de relatórios sobre as empresas que empregam lobistas ou se destinam à atividade de influência, mas não exige a apresentação da

---

481 "Art. 3º – As pessoas físicas ou jurídicas, registradas junto ao Senado Federal e à Câmara dos Deputados, deverão encaminhar às respectivas Mesas Diretoras, até 30 de junho e 30 de dezembro de cada ano, declaração dos gastos relativos à sua atuação perante aquelas Casas do Congresso, discriminando necessariamente, as importâncias superiores ao valor correspondente a 3.000 Bônus do Tesouro Nacional (BTN). § 1º – Da declaração prevista neste artigo constará, obrigatoriamente, quando prestada por pessoas físicas ou jurídicas contratadas por terceiros, indicação do interessado nos serviços, o projeto cuja aprovação ou rejeição é defendida, ou a matéria cuja discussão é desejada. § 3º – As pessoas físicas ou jurídicas registradas declararão, além de outros elementos exigidos pelas Mesas Diretoras do Senado e da Câmara, o recebimento de qualquer doação de valor superior ao indicado neste artigo" (BRASIL. Câmara dos Deputados. *Projeto de Lei n. 6.132-A*, de 1990, p. 2. Disponível em: https://www.camara.leg.br/proposicoesWeb/prop_mostrarintegra?codteor=982371&filename=Dossie+-PL+6132/1990. Acessado em: 14.05.2023).

482 Cálculo realizado em janeiro de 2021, com base nas informações constantes em BRASIL. Receita Federal. *Valor da UFIR*. Disponível em: https://receita.economia.gov.br/orientacao/tributaria/pagamentos-e-parcelamentos/valor-da-ufir. Acessado em: 14.05.2023.

remuneração da atividade. Assim, a categoria (d) divulgação dos gastos do empregador/cliente foi apenas parcialmente contemplada.[483]

Considerando a antiguidade do PLS n. 203/1989, não surpreende que o parâmetro (e) procedimento digital fosse nulo. No entanto, o disposto no artigo 7º, inciso I, teve preocupação vanguardista sobre o (f) acesso à informação: determinou a divulgação de relatório semestral, de acesso público, das fichas de registro e das declarações prestadas, ainda que em formato físico.[484]

O projeto primogênito ainda demonstrou acerto sob o prisma da (g) aplicabilidade (*enforcement*). O artigo 5º do texto conferiu à mesa diretora de qualquer das casas a prerrogativa de auditar e penalizar aqueles que omitirem ou falsificarem informações sobre as quais deveriam declarar, ou tentarem fazê-lo, ou ainda as reportarem de modo intempestivo.[485] Por outro lado, nada disciplinou sobre as práticas de (h) *revolving door* e seu enfrentamento.

---

483 "Art. 3º (...) § 2º – Em se tratando de pessoas jurídicas, ou de associações, ou escritórios de seryiço informalmente constituídos, serão fornecidos dados sobre a constituição ou associação, sócios ou associados, capital social, número e nome de empregados e dos que, eventualmente, estivlerem em sua folha de pagamento" (BRASIL. Câmara dos Deputados. *Projeto de Lei n. 6.132-A*, de 1990, p. 2. Disponível em: https://www.camara.leg.br/proposicoesWeb/prop_mostrarintegra?codteor=982371&filename=Dossie+-PL+6132/1990. Acessado em: 14.05.2023).

484 "Art. 7º – As Mesas Diretoras do Senado e da Câmara, à vista das fichas de registro e das declarações prestadas pelas pessoas físicas ou jurídicas, providenciarão: I – divulgação de relatório semestral, de acesso público, contendo as declarações prestadas pelas pessoas físicas ou jurídicas registrada" (BRASIL. Câmara dos Deputados. *Projeto de Lei n. 6.132-A*, de 1990, p. 2. Disponível em: https://www.camara.leg.br/proposicoesWeb/prop_mostrarintegra?codteor=982371&filename=Dossie+-PL+6132/1990. Acessado em: 14.05.2023).

485 "Art. 5º – A omissão nas declarações ou em resposta a indagações da Mesa Diretora de qualquer das Casas do Congresso, ou a tentativa de ocultar dados ou confundir a fiscalização, implicará, de início, em advertência e, em caso de reincidência, na cassação do registro com o impedimento de acesso às Casas do Congresso, sem prejuízo do encaminhamento de documentação ao Conselho Administrativo de Defesa Econômica (CADE), para a apuração

No que concerne à tramitação legislativa, após ter recebido emenda vinda da Mesa da Câmara dos Deputados, através do PL n. 6.132-A/1990, foi rejeitado pela Comissão Mista de Constituição e Justiça em junho de 1993.[486] Segundo o parecer da Comissão, a pretensão de se criar sistema de registro na Câmara dos Deputados e no Senado Federal incorreu em vício de forma insanável, na medida em que se trataria de "matéria tipicamente afeta à organização e ao funcionamento de cada uma das Casas do Congresso, a quem a Constituição reservou competência para dispor privativamente sobre o assunto".[487]

8.3 O Projeto de Lei (PL) n. 1.202/2007

Mais de uma década após o parecer de inconstitucionalidade do primeiro projeto legislativo, a segunda tentativa de regulamentar o lobby partiu do ex-deputado Carlos Zarattini, autor do (ii) do PL n. 1.202/2007. Em relação ao texto primitivo, houve notório avanço no campo da (a) definição de conceitos, haja vista que o artigo 2º da segunda redação traz um glossário dos termos-chave para aplicação e interpretação da lei. Igualmente, o conceito de decisão administrativa, abarcada pelo artigo 2º, inciso I, alínea "a", reconheceu o Poder Executivo como destinatário do lobby. Por sua vez, o conceito de lobista – delineado no inciso VI do mesmo

---

e repressão do abuso de poder econômico, nos termos da Lei n. 4.137, de 10 de setembro de 1962" (BRASIL. Câmara dos Deputados. *Projeto de Lei n. 6.132-A*, de 1990, p. 2. Disponível em: https://www.camara.leg.br/proposicoesWeb/prop_mostrarintegra?codteor=982371&filename=Dossie+-PL+6132/1990. Acessado em: 14.05.2023).

486 RODRIGUES, Ricardo José Pereira. "A regulamentação do lobby no Brasil: leitura crítica de um projeto de lei". *Revista de Administração Pública*, vol. 30, nº 1, 1996, p. 58.

487 BRASIL. Câmara dos Deputados. *Projeto de Lei n. 6.132-A*, de 1990, p. 18. Disponível em: https://www.camara.leg.br/proposicoesWeb/prop_mostrarintegra?codteor=982371&filename=Dossie+-PL+6132/1990. Acessado em: 14.05.2023.

artigo – seguiu independente de parâmetros de rendimentos, o que é considerado louvável pelo índice do CPI.[488]

Previu-se a exigência do (b) registro individual, com renovação anual. Entretanto, delegou-se aos órgãos competentes do Congresso Nacional e à Controladoria-Geral da União a tarefa de disciplinarem o processo de credenciamento, sem que fosse enumerado um conteúdo mínimo legal.[489]

Relativamente à categoria (c) divulgação das despesas individuais, o artigo 7º do PL n. 1.202/2007 cuidou de disciplinar a submissão de relatórios financeiros anuais, incluindo discriminação da remuneração ou salário dos lobistas. Nesse caso, todas

---

488 "Art. 2º Para os fins do disposto nesta lei, considera-se: I – decisão administrativa toda e qualquer deliberação de agente público que envolva: a) a proposição, consideração, elaboração, edição, promulgação, adoção, alteração ou rescisão de um regulamento ou norma de caráter administrativo; VII – lobista ou agente de grupo de interesse, o indivíduo, profissional liberal ou não, a empresa, a associação ou entidade não-governamental de qualquer natureza que atue por meio de pressão dirigida a agente público, seu cônjuge ou companheiro ou sobre qualquer de seus parentes, colaterais ou afins até o segundo grau, com o objetivo de lograr a tomada de decisão administrativa ou legislativa favorável ao grupo de interesse que representa, ou contrária ao interesse de terceiros, quando conveniente ao grupo de interesse que representa" (BRASIL. Câmara dos Deputados. *Projeto de Lei n. 1.202*, de 2007, p. 1. Disponível em: https://www.camara.leg.br/proposicoesWeb/fichadetramitacao?idProposicao=353631. Acessado em: 14.05.2023).

489 "Art. 3º As pessoas físicas e jurídicas que exercerem, no âmbito da Administração Pública Federal, atividades tendentes a influenciar a tomada de decisão administrativa ou legislativa deverão cadastrar-se perante os órgãos responsáveis pelo controle de sua atuação, ao qual caberá o seu credenciamento. § 1º No âmbito do Poder Executivo, caberá à Controladoria-Geral da União promover o credenciamento de entidades de 'lobby'. § 6º Caberá ao órgão competente, na forma do regulamento, expedir credenciais, que deverão ser renovadas anualmente, a fim de que os representantes indicados possam ter acesso às dependências dos órgãos públicos, excluídas as privativas dos respectivos membros ou autoridades superiores" (BRASIL. Câmara dos Deputados. *Projeto de Lei n. 1.202*, de 2007, p. 2. Disponível em: https://www.camara.leg.br/proposicoesWeb/fichadetramitacao?idProposicao=353631. Acessado em: 14.05.2023).

as despesas acima de mil Unidades Fiscais de Referência – UFIR (cerca de R$ 1.064,00)[490] devem ser arroladas e descritas, acompanhadas da indicação do contratante, dos interessados nos serviços de lobby, bem como da matéria cuja discussão seja desejada ou das proposições legislativas cuja aprovação ou rejeição se intente.[491] Igualmente, o *caput* do artigo 9º proibiu a percepção, pelo servidor público ou agente político, de qualquer vantagem com valor econômico que possa afetar o equilíbrio e a isenção do juízo de discricionariedade, ainda que a título de cortesia. Até que o Tribunal de Contas da União fixasse *quantum* constitutivo da infração, determinou-se que o valor indevido seria correspondente a 500 UFIR.[492] Por outro lado, não se exigiu que empregadores de

---

490 Cálculo realizado em janeiro de 2021, com base nas informações constantes em BRASIL. Receita Federal. *Valor da UFIR*. Disponível em: https://receita.economia.gov.br/orientacao/tributaria/pagamentos-e-parcelamentos/valor-da-ufir. Acessado em: 14.05.2023.

491 "Art. 7º As pessoas credenciadas para o exercício de atividades de "lobby" deverão encaminhar ao Tribunal de Contas da União, até o dia 31 de dezembro de cada ano, declaração discriminando suas atividades, natureza das matérias de seu interesse e quaisquer gastos realizados no último exercício relativos à sua atuação junto a órgãos da Administração Pública Federal, em especial pagamentos a pessoas físicas ou jurídicas, a qualquer título, cujo valor ultrapasse 1.000 Unidades Fiscais de Referência - UFIR. § 1º Constarão da declaração a indicação do contratante e demais interessados nos serviços, as proposições cuja aprovação ou rejeição seja intentado ou a matéria cuja discussão seja desejada" (BRASIL. Câmara dos Deputados. *Projeto de Lei n. 1.202*, de 2007, p. 4. Disponível em: https://www.camara.leg.br/proposicoesWeb/fichadetramitacao?idProposicao=353631. Acessado em: 14.05.2023).

492 "Art. 9º Constitui ato de improbidade, sujeito às penas do art. 12, I da Lei n. 8.429, de 2 de junho de 1992, a percepção, por servidor público ou agente político, de qualquer vantagem, doação, benefício, cortesia ou presente com valor econômico que possa afetar o equilíbrio e a isenção no seu julgamento, ou que caracterize suborno ou aliciamento, concedido por pessoa física ou jurídica que exerça atividade destinada a influenciar a tomada de decisão administrativa ou legislativa. § 1º Até que Resolução do Tribunal de Contas da União fixe o valor econômico a ser considerado para os fins do disposto no caput, será considerado para tanto o valor correspondente a 500 Unidades Fiscais de Referência – UFIR" (BRASIL. Câmara dos Deputados. *Projeto*

lobistas (*in-house lobbyists*) apresentassem relatórios segregados, apresentando lacuna jurídica na categoria (d) divulgação dos gastos do empregador/cliente.

O grande demérito da proposta de Carlos Zarattini está na completa falta de preocupação com os critérios de governo eletrônico e transparência, descritos nas classes (e) procedimento digital e (f) acesso à informação. Quase nada se disse quanto à submissão online dos relatórios financeiros, tampouco da publicidade das informações prestadas, salvo a pequena nota inserta no parágrafo 4º, de seu artigo 7º: "O Tribunal de Contas da União divulgará relatório dos elementos referidos neste artigo até o dia 31 de março do exercício seguinte". O dispositivo foi um regresso em face do projeto legislativo primevo, ainda que este tenha sido apresentado na década anterior.

Por outro lado, a indicação do Tribunal de Contas da União como órgão de fiscalização indica um aperfeiçoamento normativo quanto ao tópico da (g) aplicabilidade (*enforcement*).[493] Previu-se igualmente o poder de auditoria das atividades de lobby, através da prerrogativa de convocação dos agentes privados para prestar esclarecimentos sobre as atividades desenvolvidas ou os meios empregados para a obtenção de resultados.[494] No mesmo sentido,

---

de Lei n. 1.202, de 2007, p. 5. Disponível em: https://www.camara.leg.br/proposicoesWeb/fichadetramitacao?idProposicao=353631. Acessado em: 14.05.2023).

493 BARBOSA FILHO, Claudio Roberto; MÜLLER, Vitor André Brandão. "Como regular o lobby no Brasil? Fundamentos e projetos legislativos". *In*: SALGADO, Eneida Desiree (Coord.). *Direito, política e democracia*: reflexões sobre a reforma do sistema político. Curitiba: Íthala, 2015, p. 63.

494 "Art. 8º A qualquer momento as pessoas físicas e jurídicas credenciadas para o exercício de atividades de 'lobby' poderão ser convocadas pelos Presidentes das Casas do Poder Legislativo, pelo Ministro de Estado do Controle e Transparência e pelo Presidente do Tribunal de Contas da União, para prestar esclarecimento sobre a sua atuação ou meios empregados em suas atividades" (BRASIL. Câmara dos Deputados. *Projeto de Lei n. 1.202*,

a omissão de informações ou a tentativa de omitir ou ocultar dados, ou a declaração intempestiva dos relatórios mandatórios, foi sancionada com a cassação do credenciamento para atividades, além do encaminhamento dos fatos ao Ministério Público, para apurar eventual responsabilidade criminal.[495]

Por fim, o PL n. 1.202/2007 inovou e trouxe uma quarentena de doze meses aos agentes públicos que tenham participado na matéria objeto de influência, na tentativa de combater a (h) *revolving door.*[496]

Dentre os seis projetos temáticos apresentados, apenas o PL n. 1.202/2007 não foi arquivado e segue em tramitação. Desde dezembro de 2016, encontra-se aguardando deliberação no plenário da Câmara dos Deputados.[497]

---

de 2007, p. 4. Disponível em: https://www.camara.leg.br/proposicoesWeb/fichadetramitacao?idProposicao=353631. Acessado em: 14.05.2023).

495 "Art. 7º (...) § 5º A omissão de informações, a tentativa de omitir ou ocultar dados ou confundir importará a cassação do credenciamento, ou a constatação de qualquer irregularidade ou omissão nas informações prestadas, acarretará a pena de advertência e, em caso de reincidência, a cassação do credenciamento, sem prejuízo, quando for o caso, do encaminhamento das peças e elementos pertinentes ao Ministério Público para as providências cabíveis" (BRASIL. Câmara dos Deputados. *Projeto de Lei n. 1.202*, de 2007, p. 4. Disponível em: https://www.camara.leg.br/proposicoesWeb/fichadetramitacao?idProposicao=353631. Acessado em: 14.05.2023).

496 "Art. 3º (...) §5º. Serão indeferidos a indicação e o cadastramento como representantes de indivíduos que tenham, nos doze meses anteriores ao requerimento, exercido cargo público efetivo ou em comissão em cujo exercício tenham participado, direta ou indiretamente, da produção da proposição legislativa objeto de sua intervenção profissional" (BRASIL. Câmara dos Deputados. *Projeto de Lei n. 1.202*, de 2007, p. 2. Disponível em: https://www.camara.leg.br/proposicoesWeb/fichadetramitacao?idProposicao=353631. Acessado em: 14.05.2023).

497 Consulta da tramitação legislativa realizada em 8 de janeiro de 2021 (BRASIL. Câmara dos Deputados. *Projeto de Lei n. 1.202*, de 2007. Disponível em: https://www.camara.leg.br/proposicoesWeb/fichadetramitacao?idProposicao=353631. Acessado em: 14.05.2023).

Para Conrado Almeida Corrêa Gontijo, o projeto, se aprovado, será ineficaz. Entre seus defeitos, estaria o valor nulo das sanções positivadas, pois apenas se prevê a pena nos casos em que há prática de corrupção, conduta já disciplinada pelo próprio Código Penal. Nas palavras do autor

> trata-se, por conseguinte, de projeto de lei fadado à inocuidade, que não cria obrigação para seus destinatários, não cria qualquer mecanismo de controle e monitoramento das atividades do lobista (...) e, por isso, é absolutamente imprestável juridicamente.[498]

8.4 O Projeto de Lei do Senado (PLS) n. 336/2015

Na sequência, a terceira tentativa de regulamentação do lobby se deu com o (iii) PLS n. 336/2015. Em seu artigo 4º, incisos I e III, apresenta uma (a) definição dos conceitos de lobby e lobista, abrangendo o Poder Executivo como destinatário da pressão. Como as demais proposições, também aqui não há ressalvas financeiras para qualificar o lobista como tal, bastando o exercício da atividade de representação de interesses, independentemente de remuneração.[499]

---

498 GONTIJO, Conrado Almeida Corrêa. *Lobby*: estudo de Direito Comparado e necessidade de regulamentação do instituto no ordenamento jurídico brasileiro. São Paulo: Marcial Pons, 2020, pp. 203/204.

499 "Art. 4º. Para os fins do disposto nesta Lei, considera-se: I - atividade de lobby ou de representação de interesses, qualquer comunicação, oral, escrita ou por qualquer outro meio, dirigida a órgão, entidade ou autoridade administrativa ou legislativa, ou a terceiros a eles vinculados, com o objetivo de favorecer ou contrariar, direta ou indiretamente, interesse próprio ou de pessoa física ou jurídica, ente de direito público ou grupo de pressão ou de interesse, ou de qualquer forma influenciar a tomada de decisões administrativas, regulamentares e legislativas. III - lobista: a) o indivíduo que exerce atividades de lobby ou de representação de interesse, de modo autônomo e

Quanto ao (b) registro individual, o projeto de lei de 2015 determinou que as pessoas qualificadas como lobistas se cadastrassem no prazo máximo de trinta dias, contados a partir do primeiro contato de pressão, com renovação anual, conforme artigo 5°, *caput* e parágrafo 6°,[500] e artigo 9°.[501] Nos termos do artigo 6°, parágrafo 3°, o registro deve conter pessoa física, pessoa jurídica ou grupo de pressão que representam, mas não precisam expressar a matéria ou decisão administrativa sobre a qual se busca impactar.[502]

---

remunerado, em favor de pessoa física, pessoa jurídica ou grupo de pressão ou de interesse; b) o indivíduo, empregado, dirigente ou representante de pessoa jurídica, com ou sem fins lucrativos, que exerce atividade de lobby ou de representação de interesses em favor do empregador ou sociedade, ou que atua em seu nome; c) a pessoa jurídica, constituída de fato ou de direito, que exerce precipuamente atividades de lobby ou de representação de interesses em favor de pessoa física, pessoa jurídica ou grupo de pressão ou de interesse, ainda que seu objeto social não contemple essas atividades de forma expressa; e d) o agente público que tenha por atribuição precípua o exercício da atividade de lobby ou de representação de interesses junto aos órgãos do Poder Legislativo" (BRASIL. Senado Federal. *Projeto de Lei do Senado n. 336*, de 2015, p. 2. Disponível em: https://www25.senado.leg.br/web/atividade/materias/-/materia/121578. Acessado em: 14.05.2023).

500 "Art. 5°. As pessoas caracterizadas como lobistas nos termos desta Lei deverão cadastrar-se perante os órgãos ou entidades responsáveis pelo controle de sua atuação, aos quais caberá o seu credenciamento. § 6°. O cadastramento deverá ser atualizado no prazo máximo de trinta dias contados da ocorrência de fatos que ensejem alteração das informações prestadas à Administração Pública" (BRASIL. Senado Federal. *Projeto de Lei do Senado n. 336*, de 2015, p. 5. Disponível em: https://www25.senado.leg.br/web/atividade/materias/-/materia/121578. Acessado em: 14.05.2023).

501 "Art. 9°. Os regulamentos específicos de cada Poder ou órgão competente deverão dispor sobre a renovação anual do cadastramento para o exercício da atividade de lobby ou de representação de interesses" (BRASIL. Congresso. Senado Federal. *Projeto de Lei do Senado n. 336*, de 2015, p. 7. Disponível em: https://www25.senado.leg.br/web/atividade/materias/-/materia/121578. Acessado em: 14.05.2023).

502 "Art. 6°, §3°. Ao se dirigirem a agente público ou político, os credenciados declinarão a pessoa física, pessoa jurídica ou grupo de pressão ou de interesse que representam" (BRASIL. Senado Federal. *Projeto de Lei do Senado n. 336*, de 2015, p. 6. Disponível em: https://www25.senado.leg.br/web/atividade/materias/-/materia/121578. Acessado em: 14.05.2023).

O artigo 9º cuidou da categoria (c) divulgação das despesas individuais. O lobista deve apresentar relatórios financeiros anuais, com a descrição de gastos realizados acima de R$ 2.500,00, honorários e salário, além da descrição de todas os dispêndios com publicidade, elaboração de textos, publicação de livros, realização de eventos e outras atividades sociais tendentes a influir no processo legislativo, bem como a explanação da matéria cuja discussão tenha sido solicitada, ou a proposição legislativa e o contratante interessado no assunto. Apesar de nada dizer sobre a entrega de brindes sem valor econômico e atos de cortesia, a Resolução n. 3/2000 da Presidência da República é suficiente para disciplinar parâmetros de tolerância. Em que pese o zelo nas normas financeiras, não se exigiu a declaração de conflito de interesses entre lobistas e parlamentares, tampouco o relatório de empresas com *in-house lobbyists* em seu quadro de funcionários, novamente deixando de enfrentar a questão da (d) divulgação dos gastos do empregador/cliente.[503]

Considerando que o aludido projeto de lei garantiu aos órgãos de cada Poder o controle independente sobre o credenciamento dos lobistas, não houve previsão legal sobre (e) procedimento digital. No entanto, pela primeira vez, cuidou-se de estabelecer bons parâmetros para a garantia do (f) acesso à informação: o cadastro de lobistas registrados e os relatórios financeiros deverão ser públicos

503 "Art. 9º Os regulamentos específicos de cada Poder ou órgão competente deverão dispor sobre a renovação anual do cadastramento para o exercício da atividade de lobby ou de representação de interesses. § 1º. O lobista deverá apresentar anualmente aos respectivos órgãos responsáveis pelo controle de sua atuação, como condição para obter a renovação de seu cadastramento, relatório contendo informações sobre as atividades desenvolvidas, as matérias de seu interesse, os valores recebidos e gastos realizados no ano anterior relativos à sua atuação junto a órgãos e entidades da Administração Pública, em especial pagamentos a pessoas físicas ou jurídicas, a qualquer título, cujo valor ultrapasse R$ 2.500,00 (dois mil e quinhentos reais)" (BRASIL. Senado Federal. *Projeto de Lei do Senado n. 336*, de 2015, p. 7. Disponível em: https://www25.senado.leg.br/web/atividade/materias/-/materia/121578. Acessado em: 14.05.2023).

e acessíveis, em formato de dados abertos, na internet, inclusive com totais agregados de despesas.

No tópico da (g) aplicabilidade (*enforcement*), a norma do artigo 11 franqueou às autoridades competentes a prerrogativa de auditar e solicitar esclarecimentos sobre as declarações prestadas por lobistas.[504] Quando constatada omissão ou falsidade das informações, os profissionais poderão ser descredenciados, com suspensão ou cassação do registro, além da aplicação de multa de R$ 1.000,00 a R$ 100.000,00 e encaminhamento dos fatos ao Ministério Público, para apuração da responsabilidade criminal.[505] Finalmente, o artigo 4º, parágrafo 3º, do projeto de lei seguiu a tendência das tentativas anteriores e, de mesmo modo, estabeleceu prazo de doze meses de quarentena para combater a (h) *revolving door*.[506]

504 "Art. 11. A qualquer momento as pessoas físicas e jurídicas credenciadas poderão ser convocadas pelas autoridades responsáveis pelos órgãos onde estejam cadastrados, para prestar esclarecimentos sobre sua atuação ou meios empregados em suas atividades, podendo as autoridades mencionadas delegar a competência para convocação" (BRASIL. Senado Federal. *Projeto de Lei do Senado n. 336*, de 2015, p. 9. Disponível em: https://www25.senado.leg.br/web/atividade/materias/-/materia/121578. Acessado em: 14.05.2023).

505 "Art. 14. (...) §2º. A multa simples será aplicada quando o infrator incorrer na prática de infrações leves ou graves e nas hipóteses em que, advertido por irregularidades que tenham sido praticadas, deixar de saná-las no prazo assinalado, devendo o seu valor variar entre R$ 1.000,00 (mil reais) e R$ 100.000,00 (cem mil reais)" (BRASIL. Senado Federal. *Projeto de Lei do Senado n. 336*, de 2015, p. 10. Disponível em: https://www25.senado.leg.br/web/atividade/materias/-/materia/121578. Acessado em: 14.05.2023).

506 "Art. 4º. (...) § 3º. O indivíduo que tenha ocupado cargo eletivo, efetivo ou em comissão, ou emprego permanente, no âmbito dos Poderes da União, suas autarquias, fundações, empresas públicas e sociedades de economia mista, fica impedido, pelo prazo de doze meses contados do seu desligamento, de exercer atividade remunerada de lobby ou de representação de interesse relacionada, direta ou indiretamente, com as atribuições do cargo, mandato ou emprego exercido" (BRASIL. Senado Federal. *Projeto de Lei do Senado n. 336*, de 2015, p. 2. Disponível em: https://www25.senado.leg.br/web/atividade/materias/-/materia/121578. Acessado em: 14.05.2023).

No que tange à tramitação legislativa do PLS n. 336/2015, o autor do projeto (ex-senador Walter Pinheiro) deixou o mandato sem que a proposta tivesse sido apreciada por qualquer das comissões responsáveis. Dessa forma, nos ditames do artigo 332 do Regimento Interno do Senado Federal, o projeto foi arquivado ao final da legislatura de 2018.[507]

8.5 A Proposta de Emenda à Constituição (PEC) n. 47/2016

Em 2016, o então Senador Romero Jucá apresentou a PEC n. 47/2016, que pretendia acrescentar o Artigo 38-A na Constituição Federal para regular a atividade de representação de interesses perante a Administração Pública. Por se tratar de emenda constitucional, as disposições positivas têm textualidade mais enxuta e muito se delegou à regulamentação posterior, no âmbito de cada Poder.[508]

Ainda assim, a PEC n. 47/2016 teve a preocupação de trazer uma breve (a) definição do conceito de *representação de interesses* que englobasse o Poder Executivo, sem se limitar a parâmetros financeiros para qualificação do sujeito ativo.[509]

---

507 Para consulta da tramitação legislativa: BRASIL. Senado Federal. *Projeto de Lei do Senado n. 336*, de 2015. Disponível em: https://www25.senado.leg.br/web/atividade/materias/-/materia/121578. Acessado em: 14.05.2023.

508 Na justificação do Projeto de Emenda à Constituição, o senador apontou as enormes dificuldades formais na aprovação de um projeto de lei ordinária para a regulamentação do lobby. “Desde a década de 70, todas as tentativas tomaram forma de projetos de lei ordinária, e, por isso, esbarraram em incontornáveis obstáculos de ordem constitucional, por conta das reservas de competência de cada Poder e de cada instituição para regulamentar o funcionamento das respectivas estruturas administrativas, a afastar, por completo, uma regência una sob a forma de lei ordinária” (BRASIL. Senado Federal. *PEC n. 47*, de 2016, p. 6. Disponível em: https://www25.senado.leg.br/web/atividade/materias/-/materia/126981. Acessado em: 14.05.2023).

509 “Art. 38-A. § 1°. Entende-se por representação de interesses perante o Poder Público a ação de pessoas físicas ou jurídicas, de direito público ou privado, diretamente ou por interposta pessoa, que tenha por finalidade provocar,

Fora a simples determinação para que os Poderes, o Ministério Público e os Tribunais de Contas regulamentassem o procedimento de habilitação, credenciamento e descredenciamento – positivado no parágrafo §4º, inciso I, do eventual artigo 38-A – nada mais foi estabelecido quanto ao (b) registro individual. Menos que isso se deu com as categorias (c) divulgação das despesas individuais; (d) divulgação dos gastos do empregador/cliente; (e) procedimento digital; (f) acesso à informação; (g) *enforcement*; e (h) *revolving door*. Para essas questões, sequer a previsão de futura regulamentação foi determinada.[510]

Na realidade, a emenda proposta por Romero Jucá se configura muito mais como uma moção relativa ao direito subjetivo de representação de interesses. Justamente por isso, o parágrafo 5º, do virtual artigo 38-A, trouxe consigo um rol exemplificativo de prerrogativas que poderiam ser conferidas aos representantes de interesses. Direito à voz no âmbito de reunião de comissão legislativa; direito à apresentação de emendas e proposições legais e direito de acostar memoriais ao processo legislativo ou administrativo de seu interesse estão entre as faculdades constitucionalmente conferidas.[511]

---

subsidiar, impulsionar ou orientar a ação estatal, como definida no caput deste artigo. § 2º. Poderão ser objeto da ação de representação: I – perante os Poderes, instituições e órgãos da União: a) interesses de quaisquer dos Poderes, instituições e órgãos nacionais e federais" (BRASIL. Senado Federal. *PEC n. 47*, de 2016, p. 3. Disponível em: https://www25.senado.leg.br/web/atividade/materias/-/materia/126981. Acessado em: 14.05.2023).

510 "Art. 38-A. (...) § 4º. Os Poderes Executivos e Legislativos dos entes federativos, o Poder Judiciário, o Ministério Público, os Tribunais e Conselhos de Contas, as Advocacias Públicas e as Defensorias Públicas regulamentarão, pelas normas próprias, os procedimentos relativos ao tratamento dos agentes de representação de interesses, com ênfase: I – à habilitação, credenciamento e descredenciamento)" (BRASIL. Senado Federal. *PEC n. 47*, de 2016, p. 4. Disponível em: https://www25.senado.leg.br/web/atividade/materias/-/materia/126981. Acessado em: 14.05.2023).

511 "Art. 38-A. (...) § 5º. É facultada a adoção, pelas entidades federativas, das seguintes prerrogativas aos agentes de representação de interesses, além

Tal como o projeto analisado *supra*, também a PEC n. 47/2016 teve a tramitação encerrada em razão da perda do mandato de seu autor. Em 21 de dezembro de 2018 foi arquivada, nos termos do artigo 332 do regimento interno, sem que a Comissão de Constituição e Justiça houvesse apresentado parecer preliminar.[512]

8.6 O Projeto de Lei (PL) n. 11.025/2018

A tentativa mais recente de disciplinar o lobby no Brasil – e certamente aquela que melhor corresponde às expectativas e orientações do CPI, ainda que de forma insuficiente – é o PL n. 11.025/2018. Acerca da categoria (a) definição de conceitos, o artigo 4º apresentou glossário adequado, enunciando o agente de relações governamentais – indivíduo que exerce atividades de lobby – de modo independente de sua remuneração.[513] O parágrafo

---

de outras reputadas importantes à efetividade da ação destes: I – no Poder Legislativo: a) direito a voz no âmbito de reunião de comissão; b) direito à apresentação formal de emendas a proposições; c) direito ao acompanhamento pessoal da tramitação de matéria de seu interesse, vedado o acesso aos ambientes exclusivos de parlamentares; d) direito de acostar memoriais e documentos a proposições de seu interesse. II – no âmbito do Poder Executivo: a) direito de ser recebido pela autoridade competente; b) direito de acostar memoriais e documentos aos processos de seu interesse; c) direito de informação sobre a inteira tramitação de processos de seu interesse" (BRASIL. Senado Federal. *PEC n. 47*, de 2016, p. 4. Disponível em: https://www25.senado.leg.br/web/atividade/materias/-/materia/126981. Acessado em: 14.05.2023).

512 A tramitação da proposta está disponível em: BRASIL. Senado Federal. *PEC n. 47*, de 2016. Disponível em: https://www25.senado.leg.br/web/atividade/materias/-/materia/126981. Acessado em: 14.05.2023.

513 "Art. 4º. Para os fins do disposto nesta Lei, considera-se: (...) II – atividade de lobby: toda ação lícita de defesa de interesse que possui como objetivo final a tomada de uma decisão de autoridade pública. III – agente de relações governamentais: a) o indivíduo que exerce atividades de lobby por interesse próprio ou em favor de pessoa física ou jurídica, grupo de pressão ou de interesse; b) o indivíduo, empregado, dirigente ou representante de pessoa jurídica, com ou sem fins lucrativos, que exerce atividade de lobby ou de representação de interesses em favor do empregador ou sociedade, ou que

único do artigo 1º, por sua vez, incorporou o Poder Executivo à submissão normativa.[514]

Os lobistas (agentes de relações governamentais, nos termos do PL n. 11.025/2018), devem se credenciar perante o órgão responsável pelo controle de sua atuação, no prazo de 10 dias após a primeira interação com a autoridade administrativa.[515] O registro terá validade de um ano e conterá a identificação do agente de representação de interesses, do agente público ou político envolvido, do representado, bem como do interesse defendido, segundo o artigo 19, parágrafo 2º, da proposta.[516]

---

atua em seu nome; c) a pessoa jurídica, constituída de fato ou de direito, bem como seus empregados, dirigentes e representantes, que exerce atividades de lobby ou de representação de interesses em favor de pessoa física ou jurídica ou grupo de pressão ou de interesse, ainda que seu objeto social não contemple essas atividades de maneira expressa; e d) o agente público que tenha por atribuição precípua o exercício da atividade de lobby ou representação de interesses junto aos órgãos do Poder Legislativo" (BRASIL. Câmara dos Deputados. *Projeto de Lei n. 11.025*, de 2018, pp. 2/3. Disponível em: https://www.camara.leg.br/proposicoesWeb/fichadetramitacao?idProposicao=2187188. Acessado em: 14.05.2023).

514 "Art. 1º. Parágrafo único. Subordinam-se ao regime desta Lei: I – os órgãos públicos integrantes da administração direta dos Poderes Executivo, Legislativo, incluindo as Cortes de Contas, Judiciário e do Ministério Público" (BRASIL. Câmara dos Deputados. *Projeto de Lei n. 11.025*, de 2018, p. 1. Disponível em: https://www.camara.leg.br/proposicoesWeb/fichadetramitacao?idProposicao=2187188. Acessado em: 14.05.2023).

515 "Art. 11. O agente de relações governamentais deverá credenciar-se perante o órgão ou entidade responsável pelo controle de sua atuação, no âmbito do Poder Legislativo ou Judiciário, ou da Administração Pública direta ou indireta do Poder Executivo. (...) §5º Na ocasião da primeira interação entre agente de relações governamentais e autoridade administrativa, aquele não pode ser impedido de exercer atividades de lobby, mesmo que sem credenciamento, hipótese na qual se compromete a realizar o respectivo credenciamento em até dez dias, sob pena de inabilitação" (BRASIL. Câmara dos Deputados. *Projeto de Lei n. 11.025*, de 2018, pp. 8/9. Disponível em: https://www.camara.leg.br/proposicoesWeb/fichadetramitacao?idProposicao=2187188. Acessado em: 14.05.2023).

516 "Art. 19. (...) §2º. O CNRG conterá, entre outras, as seguintes informações acerca das interações requeridas: I – a identificação do agente público ou

Quanto à (c) divulgação das despesas individuais, exige-se a apresentação de relatório discriminado anual, contendo a lista de clientes com interesses no órgão de atuação do lobistas, suas atividades, a matéria de seu interesse, bem como os valores recebidos e gastos realizados cujo valor ultrapasse R$ 5.000,00. As despesas declaradas abrangem, igualmente, as atividades realizadas fora da sede dos órgãos legislativos, mas que tenham como objetivo influir na tomada de decisão discricionária, como elaboração de textos, publicação de livros e contratação de consultoria.[517]

Diferentemente de todos os projetos analisados anteriormente, o PL 11.025/2018 enfrentou o tópico da (d) divulgação dos gastos do empregador/cliente. Em seu artigo 12, parágrafo 2º, determinou que as pessoas jurídicas contratantes de *in-house lobbyists* prestassem relatório financeiro, fornecendo também a origem de seus rendimentos.[518]

---

político com quem houve interação; II – a identificação do agente de representação; III – a identificação de quem está sendo representado, caso se trate de terceiros; IV – o interesse defendido" (BRASIL. Câmara dos Deputados. *Projeto de Lei n. 11.025*, de 2018, p. 15. Disponível em: https://www.camara.leg.br/proposicoesWeb/fichadetramitacao?idProposicao=2187188. Acessado em: 14.05.2023).

517 "Art. 12. Sob pena de descredenciamento, o agente de relações governamentais deverá encaminhar ao órgão de controle interno do órgão onde atue, até o dia 31 de janeiro de cada ano, relatório discriminando, relativamente ao exercício findo em 31 de dezembro do ano anterior: I – sua lista de clientes com interesses no órgão onde atue; II – suas atividades realizadas no período em referido órgão; III – natureza das matérias de seu interesse; IV – os valores recebidos e gastos realizados no exercício anterior relativos à sua atuação junto a órgãos e entidades da Administração Pública, em especial pagamentos a pessoas físicas ou jurídicas, a qualquer título, cujo valor ultrapasse R$ 5.000,00 (cinco mil reais)" (BRASIL. Câmara dos Deputados. *Projeto de Lei n. 11.025*, de 2018, p. 10. Disponível em: https://www.camara.leg.br/proposicoesWeb/fichadetramitacao?idProposicao=2187188. Acessado em: 14.05.2023).

518 "Art. 12. (...) §2º Em se tratando de pessoas jurídicas, incluindo entidades sem fins lucrativos de caráter associativo, devem ser fornecidos, por meio do relatório de que trata o caput, dados sobre sua constituição, sócios ou

Em relação ao (e) procedimento digital, garantiu-se que o registro das interações governamentais seria assegurado mediante a criação de um formulário de audiências online, mas nada se disse quanto à submissão eletrônica do relatório de atividades anual.[519]

O texto do ex-deputado Jaime Martins teve desempenho notório no quesito (f) acesso à informação. Isso porque o artigo 7º da iniciativa delegou ao Portal do Governo eletrônico a incumbência de garantir publicidade dos registros, formulários de audiências online, inclusive para possibilitar o acesso automatizado por sistemas externos, em formato de dados aberto e legíveis por máquina.[520] Outra inovação se deu com a criação do Cadastro Nacional de

---

titulares, número de filiados, quando couber, e a relação de pessoas que lhes prestam serviços, com ou sem vínculo empregatício, além das respectivas fontes de receita, discriminando toda e qualquer doação ou legado recebido no exercício cujo valor ultrapasse R$ 10.000,00 (dez mil reais)" (BRASIL. Câmara dos Deputados. *Projeto de Lei n. 11.025*, de 2018, pp. 10/11. Disponível em: https://www.camara.leg.br/proposicoesWeb/fichadetramitacao?idProposicao=2187188. Acessado em: 14.05.2023).

519 "Art. 6º. Os registros da interação entre agentes de relações governamentais e autoridades administrativas no bojo dos processos de decisão administrativa ou legislativa será assegurado mediante a criação de um formulário de agendamento de audiências online, assegurado o acesso público das solicitações e seu deferimento" (BRASIL. Câmara dos Deputados. *Projeto de Lei n. 11.025*, de 2018, p. 6. Disponível em: https://www.camara.leg.br/proposicoesWeb/fichadetramitacao?idProposicao=2187188. Acessado em: 14.05.2023).

520 "Art. 7º. A divulgação das informações referentes ao formulário de agendamento de audiências online estará à cargo do portal do Governo Eletrônico do respectivo ente e dos sítios oficiais na internet dos serviços de informação ao cidadão dos órgãos e entidades, atendendo aos seguintes requisitos, entre outros: I – conter ferramenta de pesquisa de conteúdo que permita o acesso à informação de maneira objetiva, transparente, clara e em linguagem de fácil compreensão; II – possibilitar gravação de relatórios em diversos formatos eletrônicos, inclusive abertos e não proprietários, como planilhas e texto, de modo a facilitar a análise das informações III – possibilitar acesso automatizado por sistemas externos em formatos abertos, estruturados e legíveis por máquina" (BRASIL. Câmara dos Deputados. *Projeto de Lei n. 11.025*, de 2018, pp. 6/7. Disponível em: https://www.camara.leg.br/proposicoesWeb/fichadetramitacao?idProposicao=2187188. Acessado em: 14.05.2023).

Relacionamento Governamental – CNRG, responsável por conferir publicidade aos dados dos lobistas e aos relatórios de atividades.[521]

O derradeiro protejo certamente alcançaria os parâmetros considerados mínimos para adequação da norma, conforme a metodologia do *Center for Public Integrity*, não fosse a grande lacuna jurídica no escopo da (g) aplicabilidade legal (*enforcement*).

Rompendo com o histórico construído desde o PLS n. 203/1989, a tentativa novel não concedeu função de auditoria aos órgãos estatais. Previu-se apenas sanção de inabilitação, no caso cadastro intempestivo; o indeferimento de renovação por relatório atrasado;[522] e pena de suspensão ou descredenciamento, por omissão ou falsidade nas informações declaradas, com eventual aplicação de multa de até R$ 100.000,00, dosada conforme a gravidade do caso, sem prejuízo da responsabilidade criminal independente.[523]

---

521 "Art. 19. Fica criado no âmbito do Poder Legislativo federal o Cadastro Nacional de Relacionamento Governamental – CNRG, que reunirá e dará publicidade aos dados de agentes de relações governamentais e às interações havidas entre estes e autoridades administrativas dos Poderes Executivo, Legislativo e Judiciário de todas as esferas de governo com base nesta Lei" (BRASIL. Câmara dos Deputados. *Projeto de Lei n. 11.025*, de 2018, p. 15. Disponível em: https://www.camara.leg.br/proposicoesWeb/fichadetramitacao?idProposicao=2187188. Acessado em: 14.05.2023).

522 "Art. 12. (...) §5º. A omissão ou falsidade das informações prestadas, bem como a recusa em apresentá-las, importará no não credenciamento, ou na sua não renovação, sem prejuízo, quando for o caso, da aplicação das penalidades previstas no art. 15 e do encaminhamento das peças e elementos pertinentes ao Ministério Público para as providências cabíveis" (BRASIL. Câmara dos Deputados. *Projeto de Lei n. 11.025*, de 2018, p. 11. Disponível em: https://www.camara.leg.br/proposicoesWeb/fichadetramitacao?idProposicao=2187188. Acessado em: 14.05.2023).

523 "Art. 15. O agente de relações governamentais que atuar com credencial irregular, sem credencial, com credencial falsa ou que, mesmo tendo credenciamento regular, atuar em desacordo com o disposto nesta Lei, será punido de acordo com a gravidade da infração, sendo aplicáveis as seguintes sanções, isoladas ou cumulativamente, sem prejuízo da apuração de eventual responsabilidade civil e criminal ou por ato de improbidade administrativa: I – advertência; II – multa; III – suspensão do registro de agente de relações

Em compensação, no que tange à (h) *revolving door*, o período de quarentena para servidor público foi alargado para 24 meses.[524]

O PL n. 11.025/2018 seguiu a mesma sina de tantos outros: com o fim da legislatura, o Deputado Jaime Martins não foi reeleito e – como a proposta ainda não havia sido analisada em nenhuma comissão – não houve a designação de novo parlamentar responsável por conduzir a tramitação. Foi arquivado em janeiro de 2019, nos termos do artigo 105 do Regimento Interno da Câmara dos Deputados.[525]

Rememora-se que a análise comparada acima tomou em conta critérios objetivos, desenvolvidos pelo *Center for Public Integrity*, a fim de afastar preferências político-ideológicas, prioridades de mandato e perfil de cada parlamentar responsável pela aprovação – elementos sempre presentes no desenho de qualquer projeto de lei não inquirido por comissões temáticas, ou pelo plenário legislativo. Ao se atribuir a pontuação correspondente a cada categoria, foi possível criar o seguinte quadro resumido:

---

governamentais pelo prazo mínimo de um ano e máximo de três anos; ou IV – inabilitação para o exercício da atividade de agente de relações governamentais pelo prazo mínimo de três anos e máximo de dez anos. §2º. A multa simples será aplicada quando o infrator incorrer na prática de infrações leves ou graves e nas hipóteses em que, advertido por irregularidades que tenham sido praticadas, deixar de saná-las no prazo assinalado, devendo seu valor variar entre R$ 1.000,00 (mil reais) e R$ 100.000,00 (cem mil reais)" (BRASIL. Câmara dos Deputados. *Projeto de Lei n. 11.025*, de 2018, p. 13. Disponível em: https://www.camara.leg.br/proposicoesWeb/fichadetramitacao?idProposicao=2187188. Acessado em: 14.05.2023).

524 "Art. 11. §2º. Será indeferido o credenciamento de agente de relações governamentais que exerça ou tenha exercido, nos 24 meses anteriores ao requerimento, cargo público efetivo" (BRASIL. Câmara dos Deputados. *Projeto de Lei n. 11.025*, de 2018, p. 9. Disponível em: https://www.camara.leg.br/proposicoesWeb/fichadetramitacao?idProposicao=2187188. Acessado em: 14.05.2023).

525 Consulta à tramitação disponível em: BRASIL. Câmara dos Deputados. *Projeto de Lei n. 11.025*, de 2018. Disponível em: https://www.camara.leg.br/proposicoesWeb/fichadetramitacao?idProposicao=2187188. Acessado em: 14.05.2023.

Tabela 1 – Pontuação dos projetos de lei de lobby apresentados no Congresso Nacional, conforme índice do *Center for Public Integrity*

	(i) PLS 203/1989		(ii) PL 1.202/2007		(iii) PLS 336/2015		(iv) PEC 47/2016		(v) PL 11.025/2018	
Categoria	Pontuação	Dispositivos	Pontuação	Dispositivos	Pontuação	Dispositivos	Pontuação	Dispositivos	Pontuação	Dispositivos
(a) Definição de conceitos	4 pontos	Art. 1º.	7 pontos	Art. 2º, I, a; Art. 2º, VII.	7 pontos	Art. 4º, III; Art. 4º, IV.	7 pontos	Art. 38-A, *caput;* Art. 38-A, §3º.	7 pontos	Art. 1º, parágrafo único; Art. 4º, III.
(b) Registro individual	6 pontos	Art. 1º; Art. 3º, §1º; Art. 3º, §3º.	5 pontos	Art. 3º; Art. 3º, §6º.	6 pontos	Art. 5º, *caput;* Art. 5º, §6º; Art. 6º, §3º; Art. 9º, *caput*.	0 ponto	NULO	11 pontos	Art. 11, *caput;* Art. 11, §3º; Art. 11, §5º; Art. 19, §2º, IV.
(c) Divulgação das despesas pessoais	8 pontos	Art. 3º, *caput;* Art. 3º, §,º.	14 pontos	Art. 7º, *caput*; Art. 7º, §1º; Art. 7º, §2º; Art. 7º, §3º; Art. 9º; Art. 3º, §6º.	14 pontos	Art. 9º, *caput;* Art. 9º, §1º; Art. 9º, §2º; Art. 9º, §3º; Art. 9º, 4º. Res. nº 3/2000 - Pres. Rep.	2 pontos	Res. nº 3/2000 - Pres. Rep.	12 pontos	Art. 11, §5º; Art. 12, *caput;* Art. 12, *caput;* III; Art. 12, *caput*, IV; Art. 12, §2º; Res. nº 3/2000 - Pres. Rep.
(d) Divulgação dos gastos do empregador/cliente	3 pontos	Art. 3º, §2º.	0 ponto	NULO	0 ponto	NULO	0 ponto	NULO	5 pontos	Art. 12, §2º.
(e) Procedimento Digital	0 ponto	NULO	0 ponto	NULO	0 ponto	NULO	0 ponto	NULO	1 ponto	Art. 6º, *caput;* Art. 7º, *caput.*
(f) Acesso à informação	10 pontos	Art. 7º, I.	1 ponto	Art. 7º, §4º	13 pontos	Art. 5º, §2º; Art. 9º, §5º.	0 ponto	NULO	16 pontos	Art. 7º; Art. 12, *caput;* Art. 12, §3º; Art. 19.
(g) Aplicabilidade (*enforcement*)	8 pontos	Art. 5º.	8 pontos	Art. 8º; Art. 7º, §5º; Art. 7º, §7º.	7 pontos	Art. 9º, §7º; Art. 11; Art. 13.	0 ponto	NULO	4 pontos	Art. 11, §5º; Art. 12, *caput;* Art. 12, §4º; Art. 12, §5º; Art. 15, *caput.*
(h) *Revolving door*	0 ponto	NULO	2 pontos	Art. 3º, §5º.	2 pontos	Art. 4, §3º.	0 ponto	NULO	2 pontos	Art. 11, §2º.
TOTAL	**39 pontos**		**37 pontos**		**49 pontos**		**9 pontos**		**58 pontos**	

Fonte: Elaborada pelo autor, a partir da metodologia desenvolvida pelo *Center for Public Integrity*.

A apreciação da tabela acima demonstra como nenhuma proposição legislativa encaminhada ao Congresso Nacional atingiu, até então, os parâmetros mínimos indicados pelo *CPI* (60 pontos). Parte disso decorre da ausência de cotejo entre a norma ulterior com as normas anteriores. O caso do PL n. 11.025/2018 é ilustrativo, pois, embora tenha avançado significativamente nas estratégias de (f) acesso à informação e na (d) divulgação de gastos do empregador, regrediu no tópico de (g) *enforcement* da norma, atingindo a pior pontuação nesse quesito (com exceção da PEC n. 47/2016, que sequer procurou enfrentar a questão). Houvesse uma leitura sistemática do histórico legislativo, o resultado compilado das propostas poderia ter sido mais promissor.

O cenário brasileiro carece, portanto, não apenas de uma regulamentação mínima do lobby, mas, igualmente, de uma proposta adequada para a disciplinar a atividade, tomando-se em consideração as orientações elaboradas por organizações internacionais, recomendações da doutrina especializada nacional e regional e – sobretudo – inspirada nos acertos dos trabalhos já realizados.

CAPÍTULO IX

ORIENTAÇÕES PARA ELABORAÇÃO DE UM ANTEPROJETO DE LEI QUE REGULAMENTE O LOBBY NO BRASIL[526]

9.1 Diretrizes institucionais e doutrinárias

A escolha metodológica pelo índice do *Center for Public Integrity*, aplicado na seção anterior, deu-se em razão de sua utilidade para comparar diferentes textos jurídicos em critérios objetivos. Essa também foi a justificativa de Raj Chari, Gary Murphy e John

526 Este derradeiro capítulo foi modificado diante da minha Dissertação de Mestrado. Por ocasião da pesquisa acadêmica, procurei apresentar uma redação legislativa autônoma – fruto do estudo de trabalhos anteriores – que integrava os apêndices da obra. Nesse sentido, minha preocupação fora comentar e justificar os dispositivos normativos. O momento agora é outro, mais solidário, e que entrega sugestões para todo leitor pleitear uma mudança na política, quem sabe, com as orientações ora expostas. Seja como for, o anteprojeto por mim redigido pode ser acessado na íntegra em GAZOTTO, Gustavo Martinelli Tanganelli. *O lobby e a sua regulamentação no Brasil*: entre influência privada e interesse público. Curitiba: Pontifícia Universidade Católica do Paraná, 2021. (Dissertação de Mestrado).

Hogan, quando compararam os quadros normativos dos Estados Unidos, Alemanha, Canadá e União Europeia, a fim de contrastar a intensidade regulatória aplicada sobre os lobistas em diferentes ordenamentos.[527] Isso não significa que exclusivamente o CPI tenha desenvolvido diretrizes sobre a normatização do lobby.

Com efeito, a OCDE estruturou dez princípios para transparência e integridade na atividade de lobby, organizados em quatro eixos temáticos: competitividade e acessibilidade pública; transparência; fomento à cultura da integridade; e mecanismos para implementação efetiva e *compliance*. Trata-se de orientações que devem balizar os países que buscam atingir o nível regulatório da organização internacional e o padrão desejado para o desenvolvimento nacional e das instituições.[528]

---

527 CHARI, Raj; MURPHY, Gary; HOGAN, John. "Regulating Lobbyists: A Comparative Analysis of the USA, Canada, Germany and the European Union". *The Political Quarterly*, vol. 78, nº 3, 2007, pp. 422-438.

528 Os princípios são os seguintes: 1) as nações devem providenciar um ambiente de competição equilibrada entre os diferentes interesses políticos, garantindo acesso materialmente igualitário aos *stakeholders* que buscam influenciar a produção legislativa e de políticas públicas. 2) As regras de lobby devem tomar em consideração aspectos sociopolíticos e institucionais de cada realidade. 3) As regras devem ser coerentes com o quadro regulatório geral. 4) Na elaboração normativa, as nações devem definir claramente os termos lobby e lobista. 5) As nações devem prover um nível adequado de transparência que permitam os agentes públicos, o povo e o mercado obter informação sobre as atividades de lobby. 6) A transparência deve habilitar o escrutínio público das atividades de lobby. 7) As nações devem estabelecer regras claras de conduta para os agentes públicos na relação com lobistas. 8) Os lobistas devem cumprir com padrões mínimos de profissionalismo e transparência. 9) Nações devem ouvir os diversos atores envolvidos no lobby para formulação de estratégias de compliance. 10) Nações devem revisar as regras de lobby com certa frequência, para aprimorá-las diante da experiência (ORGANIZATION FOR ECONOMIC COOPERATION AND DEVELOPMENT. *The 10 principles for transparency and integrity in lobbying*. Paris: OECD Publishing, 2013. Disponível em: https://www.oecd.org/gov/ethics/Lobbying-Brochure.pdf. Acessado em: 15.05.2023).

No âmbito da doutrina, Alberto Bitonti advoga por aquilo que denominou *triângulo ideal* das boas regulamentações de lobby, que consiste na combinação de três ferramentas de governo aberto. Nesse sentido, o primeiro vértice do modelo regulatório seria representado pela divulgação da *agenda pública* dos agentes decisores, ou seja, a exposição, nos portais de transparência, de quem pretenda se reunir com um tomador de decisão. Conforme o autor, a importância dessa ferramenta está no nível agregado, para se avaliar, ao final de um período longo de tempo, quão intenso foi o contato entre várias as partes envolvidas – e não criar um voyeurismo político.[529]

No segundo ângulo dessa estrutura, haveria um registro de transparência que incorporasse não apenas os lobistas, mas, sobretudo, as organizações e conglomerados que os empregassem e contratassem, a fim de mitigar o fenômeno do lobby às ocultas (*shadow lobby*). Por fim, o terceiro vértice seria representado pela "pegada legislativa", ou seja, um histórico de todas as contribuições que influenciaram no processo de aprovação de uma norma ou ato executivo.[530]

Na literatura brasileira, Wagner Pralon Mancuso e Andréa Cristina Oliveira Gozetto selecionaram sete elementos que devem estar presentes para compor uma legislação adequada da atividade de influência de interesses privados. Dessa forma, uma boa regulamentação conteria (i) a definição de lobby, lobista e do subconjunto de atividades e agentes destinatários da norma; (ii) as obrigações relativas aos lobistas; (iii) disposições relativas aos decisores, incluindo medidas para evitar conflito de interesses; (iv) disposições relativas

529 BITONTI, Alberto. "Definición y discusión del tema del lobby". *In*: DRAGO, Marcelo; SAHD, Jorge (Coord.). *Perfeccionamientos a la ley de lobby*. Santiago: Orjikh, 2019, p. 40.

530 BITONTI, Alberto. "Definición y discusión del tema del lobby". *In*: DRAGO, Marcelo; SAHD, Jorge (Coord.). *Perfeccionamientos a la ley de lobby*. Santiago: Orjikh, 2019, p. 41.

aos órgãos incumbidos de implementar as normas e fiscalizar seu cumprimento; (v) disposições relativas à transparência e ao controle social; (vi) disposições sancionatórias; e disposições relativas ao exercício de lobby por ex-decisores (*revolving door*).[531]

Por mais que haja uma série de manifestações acerca dos contornos regulatórios, as orientações para regulação do lobby convergem em grande medida. Definições precisas, transparência e acesso à informação, equidade de tratamento e oportunidades são ditames repetidos e perseguidos por aqueles que buscaram parâmetros jurídico-avaliativos sobre as regras da representação de interesses.

Tendo isso em vista – bem como todo o estudo até agora elaborado – resta investir alguma tinta no esforço propositivo de alterar a realidade brasileira, a fim de que, enfim, regulamente-se a influência privada nos Poderes de Estado.

9.2 Conceitos técnicos bem definidos

A experiência internacional foi firme: boas regulamentações possuem escopo de aplicação bem delimitado e conceitos precisos.[532]

Quanto ao âmbito de incidência da norma, entendo que a mesma lei seja aplicada nos órgãos e entidades da União, dos Estados, do Distrito Federal e dos Municípios. A opção dessa

---

531 MANCUSO, Wagner Pralon; GOZETTO, Andréa Cristina Oliveira. *Lobby e políticas públicas*. Rio de Janeiro: FGV Editora, 2018, pp. 100-111. Nesse sentido: NASSAR, Paulo; PARENTE, Carlos. *Lobby e comunicação*: a integração da narrativa como via de transformação. São Paulo: Aberje, 2020, p. 18.

532 Segundo a OCDE, as definições de lobby e lobista devem ser robustas, compreensíveis e suficientemente explicitas para prevenir lacunas oportunistas ou interpretações errôneas (ORGANIZATION FOR ECONOMIC COOPERATION AND DEVELOPMENT. *Lobbyists, Governments and Public Trust*: implementing the OECD principles for transparency and integrity in lobbying. Paris: OECD Publishing, 2017, p. 38).

uniformidade federativa se apoia no que sustentou o ex-senador Romero Jucá, quando da defesa da PEC n. 47/2016, ao argumentar que "a simetria e a inteireza normativa sempre reclamaram que não se olvidasse que a atividade de lobby também ocorre nos demais âmbitos da Federação brasileira".[533] Essa perspectiva foi seguida também pelo projeto ulterior (PL n. 11.025/2018), avanço que não se pode ignorar.[534]

No que se refere à depuração de conceitos, é louvável que qualquer ato normativo de caráter mais técnico abra a redação com um glossário dos termos elementares. Especificamente no caso do lobby, essa técnica legislativa foi empregada no Chile, nos EUA, bem como no PL n. 1.202/2007, PLS n. 336/2015 e PL n. 11.025/2018, anteriormente abordados.

Mas não basta a tradução descontextualizada e alheia às particularidades jurídicas brasileiras. Assim, inspirado no *Lobbying Disclosure Act*, mas ainda atento às previsões da Constituição Federal de 1988, entende-se lobby como *a atividade de comunicação, incluindo a respectiva preparação, pesquisa e planejamento,*[535] *exercida por pessoa natural ou jurídica, que tenha por objeto a representação de interesse privado a fim de influenciar a tomada de decisão sobre atos discricionários dos Três Poderes.*

Tais atos discricionários devem incluir, igualmente, as decisões referentes à indicação, nomeação e confirmação dos indivíduos para ocupar cargo ou função pública sujeito ao escrutínio

---

533 Conforme justificação da PEC n. 47/2016 (BRASIL. Congresso. Senado Federal. *Projeto de Lei do Senado n. 336*, de 2015. Disponível em: https://www25.senado.leg.br/web/atividade/materias/-/materia/121578. Acessado em: 14.05.2023).

534 Conforme art. 1º do PL n. 11.025/2018 (BRASIL. Câmara dos Deputados. *Projeto de Lei n. 11.025*, de 2018, p. 1. Disponível em: https://www.camara.leg.br/proposicoesWeb/prop_mostrarintegra?codteor=1694416&filename=PL%2011025/2018. Acessado em: 20.05.2023).

535 Atividades colaterais previstas no *Lobbying Disclosure Act*.

do Congresso Nacional – a exemplo dos Ministros do Supremo Tribunal Federal.[536] Destaco, ainda, a importância de considerar os planos nacionais, regionais e estaduais de desenvolvimento econômico e social como objeto de lobby.[537]

Outras figuras pedem por conceituação técnica, tais como o *lobista* e o *agente decisor*, minimamente para que seja construída a relação intercambial de influência.

Quanto à definição de lobista, prefiro a orientação do *Center for Public Integrity* para um enquadramento do sujeito ativo independentemente de remuneração, afastando-se tanto da tendência estadunidense quanto da chilena, mas em consonância com o histórico brasileiro: lobista é quem realiza lobby.

Por outro lado, no lugar de seguir a lógica do PLS n. 336/2015,[538] que segregou as autoridades legislativas e administrativas, defendo a reunião de todos os sujeitos passivos sob a categoria de *agente decisor*. Esse posicionamento procura não excluir qualquer agente público que possa a vir a ser influenciado por um lobista. Dessa

---

536 Conforme art. 84, XIV, da Constituição Federal: "Art. 84. Compete privativamente ao Presidente da República: (...) XIV – nomear, após aprovação pelo Senado Federal, os Ministros do Supremo Tribunal Federal e dos Tribunais Superiores, os Governadores de Territórios, o Procurador-Geral da República, o Presidente e os diretores do banco central e outros servidores, quando determinado em lei" (BRASIL. *Constituição da República Federativa do Brasil*, de 5 de outubro de 1988. Disponível em: https://www.planalto.gov.br/ccivil_03/constituicao/constituicao.htm. Acessado em: 16.05.2023).

537 Conforme art. 21, IX, da Constituição Federal: "Art. 21. Compete à União: (...) IX – elaborar e executar planos nacionais e regionais de ordenação do território e de desenvolvimento econômico e social" (BRASIL. *Constituição da República Federativa do Brasil*, de 5 de outubro de 1988. Disponível em: https://www.planalto.gov.br/ccivil_03/constituicao/constituicao.htm. Acessado em: 16.05.2023).

538 Conforme art. 4º, VI e VII, do PLS n. 336/2015 (BRASIL. Senado Federal. *Projeto de Lei do Senado n. 336*, de 2015. Disponível em: https://www25.senado.leg.br/web/atividade/materias/-/materia/121578. Acessado em: 14.05.2023).

forma, deve ser garantida a possibilidade de que qualquer cidadão requisite à Controladoria-Geral da União (CGU) o enquadramento de determinado sujeito como agente decisor, sempre que houver indícios de que ele possua atribuições decisórias relevantes.

Por outro lado, haja a vista a decisão da Suprema Corte estadunidense em *United States v. Harriss*,[539] qualquer regulamentação da atividade de lobby deve ser acompanhada de cláusula de limitação normativa. Não se pode considerar lobby, por exemplo, as comunicações feitas pelos agentes públicos no exercício da função administrativa, as manifestações garantidas pela liberdade de comunicação e do direito fundamental de petição. Ademais, manifestações privadas que já possuem disciplina própria devem ser afastadas da regulação, como o caso do Procedimento de Manifestação de Interesse (PMI), positivado nas normas de contratações públicas.[540]

Vencidas as questões preliminares atinentes aos limites de aplicação da norma, imperioso enfrentar as obrigações atinentes ao agente de relações governamentais. Nessa esteira, é possível separar os deveres designados ao lobista em três categorias, quais sejam, o registro de credenciamento; os relatórios de atividades; bem como as vedações aplicáveis. Esse conjunto de obrigações é verificável na maior na maior parte das legislações acerca do lobby, inclusive nos PLS n. 336/2015 e PL n. 11.025/2018,[541] os quais tiveram as

---

539 UNITED STATES OF AMERICA. US Supreme Court. *Appeal nº 347*, U.S. 612 (United States v. Harriss). Columbia, 1954. Disponível em: https://supreme.justia.com/cases/federal/us/347/612/. Acessado em: 15.05.2023.

540 A Lei de Licitações e Contratos Administrativos (Lei n. 14.133/2021) cuidou de disciplinar o Procedimento de Manifestação de Interesse no art. 80 e nos seguintes. Para verticalizar o tema, vide: STROPPA, Christianne de Carvalho; BORDIN, Newton Antônio Pinto. "Considerações a respeito do controle dos Procedimentos de Manifestação de Interesse (PMI), pelos Tribunais de Contas". *In*: GABARDO, Emerson; MOTTA, Fabrício (Coord.). *Limites do controle da Administração Pública no Estado de Direito*. Curitiba: Íthala, 2019.

541 Conforme artigos 5º, 9º e 11 do PLS n. 336/2015 e artigos 11, 12 e 15 do PL n. 11.025/2018 (vide BRASIL. Senado Federal. *Projeto de Lei do Senado n.*

melhores médias no *ranking* do CPI. O conteúdo normativo, no entanto, precisa se diferenciar.

9.3 O credenciamento do lobista

No que toca ao registro de credenciamento, defendo que um único órgão deve ser responsável por centralizar os cadastros em nível nacional, especificamente a Controladoria-Geral da União.

Até o presente, todas as investidas internas para regular a atividade de lobby optaram por descentralizar o banco de credenciamento nos inúmeros órgãos dos Três Poderes, ora criando obrigações legais precisas no funcionamento das Casas Legislativas – redundando em inconstitucionalidade formal por ausência de legitimidade para iniciativa legislativa[542] – ora dispondo genericamente sobre a criação de um sistema de registro, nos termos dos regimentos internos posteriormente elaborados.[543] A estratégia sempre foi obrigar os sujeitos privados, não os agentes decisores, a se preocuparem com a realização da transparência, independentemente do quão oneroso possa ser.[544]

336, de 2015. Disponível em: https://www25.senado.leg.br/web/atividade/materias/-/materia/121578. Acessado em: 14.05.2023; BRASIL. Câmara dos Deputados. *Projeto de Lei n. 11.025*, de 2018, p. 1. Disponível em: https://www.camara.leg.br/proposicoesWeb/prop_mostrarintegra?codteor=1694416&filename=PL%2011025/2018. Acessado em: 20.05.2023).

542 Esse foi o caso do PLS n. 203/1989, do ex-Senador Marco Maciel, conforme abordado no subcapítulo 8.2.

543 Conforme art. 3º, § 6º, do PL n. 1.202/2007; art. 5º do PLS n. 336/2015 e art. 11 do PL n. 11.025/2018 (vide BRASIL. Senado Federal. *Projeto de Lei do Senado n. 336*, de 2015. Disponível em: https://www25.senado.leg.br/web/atividade/materias/-/materia/121578. Acessado em: 14.05.2023.

544 Essa foi a tradição inaugurada pelos Estados Unidos, que desde o *Federal Regulation of Lobbying Act* (RLA) propunha a inscrição de lobistas junto às secretarias da câmara e do senado, conforme exposto em detalhes no capítulo VII.

Essa via não parece ser a mais adequada. Segundo a OCDE, um dos caminhos possíveis para se atingir a transparência nas atividades de lobby é diminuir os custos de transação que os lobistas e empresas enfrentam para agir de acordo com as normas, em especial o tempo para se regularizar. Optar por sistemas concentrados e sob a responsabilidade de um único órgão corrobora com o equilíbrio entre dispêndios e benefícios da regulação para os agentes diretamente afetados.[545]

Outra vantagem expressiva desse modelo centralizador é que, ao criar obrigações diretas entre os lobistas e a CGU, a eventual regulação não adentraria em atribuições legislativas cuja iniciativa fosse privativa de qualquer das Casas Legislativas, como ocorre com os regimentos internos.[546]

Ademais, a Lei n. 13.844/2019, que organiza os órgãos da Presidência da República e seus Ministérios, estabelece que à Controladoria-Geral da União compete a atuação em defesa do patrimônio público, nas providências necessárias à auditoria pública, à correição, à prevenção e ao combate à corrupção, às atividades de ouvidoria e ao incremento da transparência da gestão no âmbito da Administração Pública federal.[547] Tais prerrogativas são complementares para garantir o adequado exercício do lobby.

---

545 ORGANIZATION FOR ECONOMIC COOPERATION AND DEVELOPMENT. *Lobbyists, Governments and Public Trust*: implementing the OECD principles for transparency and integrity in lobbying. Paris: OECD Publishing, 2017, p. 55. No mesmo sentido, MANCUSO, Wagner Pralon; GOZETTO, Andréa Cristina Oliveira. *Lobby e políticas públicas*. Rio de Janeiro: FGV Editora, 2018, p. 108.

546 Constituição Federal: "Art. 51. Compete privativamente à Câmara dos Deputados: (...) III – elaborar seu regimento interno; (...) Art. 52. Compete privativamente ao Senado Federal: (...) XII – elaborar seu regimento interno" (BRASIL. *Constituição da República Federativa do Brasil*, de 5 de outubro de 1988. Disponível em: https://www.planalto.gov.br/ccivil_03/constituicao/constituicao.htm. Acessado em: 16.05.2023).

547 Lei n. 13.844/2019: "Art. 51. Constituem áreas de competência da Controladoria-Geral da União:

Igualmente, desde a promulgação da Lei n. 12.846/2013 (Lei Anticorrupção), a CGU recebeu incremento institucional para apurar, processar e julgar processos administrativos de responsabilização de pessoas jurídicas,[548] tornando-a o órgão de excelência para fiscalizar o cumprimento dos deveres dos lobista.

Na experiência internacional, opção similar foi feita pela *Ley de Lobby* chilena, ao se criar um registro a cargo da *Contraloría General de la República*. No entanto, em vez de esse sistema reunir todas as declarações e informações – como ora proposto – a instituição chilena cuidaria apenas dos atos atinentes ao controlador-geral e seus inferiores hierárquicos. Com efeito, entre os textos legais apreciados neste capítulo, a regulamentação adotada pelo Chile foi a que mais descentralizou os sistemas de credenciamento.

Para conferir maior efetividade ao dever legal, é incontornável a fixação de um prazo legal para que o lobista promova seu registro. Nesse sentido, o PL 11.025/2018 acertou ao estabelecer dez dias de tolerância entre o contato do lobista com o decisor público e o respectivo credenciamento, de modo a não obstar o direito de petição e de acesso aos órgãos públicos pela norma infraconstitucional.[549] O projeto do ex-deputado Jaime Martins foi

---

I – providências necessárias à defesa do patrimônio público, ao controle interno, à auditoria pública, à correição, à prevenção e ao combate à corrupção, às atividades de ouvidoria e ao incremento da transparência da gestão no âmbito da Administração Pública federal" (BRASIL. *Lei n. 13.844*, de 18 de junho de 2019. Disponível em: https://www.planalto.gov.br/ccivil_03/_ato2019-2022/2019/lei/L13844.htm. Acessado em: 21.05.2023).

548 Lei n. 12.846/2013: "Art. 8º. A instauração e o julgamento de processo administrativo para apuração da responsabilidade de pessoa jurídica cabem à autoridade máxima de cada órgão ou entidade dos Poderes Executivo, Legislativo e Judiciário, que agirá de ofício ou mediante provocação, observados o contraditório e a ampla defesa" (BRASIL. *Lei n. 12.846*, de 1º de agosto de 2013. Disponível em: https://www.planalto.gov.br/ccivil_03/_ato2011-2014/2013/lei/l12846.htm. Acessado em: 21.05.2023).

549 NASSAR, Paulo; PARENTE, Carlos. *Lobby e comunicação*: a integração da narrativa como via de transformação. São Paulo: Aberje, 2020, p. 18.

além e previu dispositivo explicito para determinar que, no primeiro contato com a autoridade pública, o sujeito ativo "não pode ser impedido de exercer atividades de lobby, mesmo que sem credenciamento, hipótese na qual se compromete a realizar o respectivo credenciamento em até dez dias, sob pena de inabilitação".[550]

Quanto ao conteúdo dos registros de credenciamento, além dos itens fundamentais em qualquer norma acerca do tema – como a qualificação do lobista e seus clientes – deve-se constar a declaração de remuneração; a matéria e o projeto de lei cuja aprovação ou rejeição é intentada; bem como a indicação de pessoas ou entidades que possam contribuir indiretamente com o financiamento das atividades, na expectativa de mitigar os riscos de *shadow lobby*.

Referidas declarações não devem aparecer apenas nos formulários. Na realidade, compreende-se que o lobista deva informar a sua condição perante o agente decisor no primeiro contato, ou tão logo quanto seja requisitado, acompanhado da relação de pessoas ou entidades em nome das quais se promovem os interesses. Disposição similar é encorajada pelo Instituto de Relações Governamentais, ao recomendar que, no contato com agentes decisores, os profissionais na área identifiquem a entidade que representam, declarando seus interesses e a finalidade de sua participação no processo decisório. Trata-se de norma de conduta que fomenta a transparência, a honestidade e a integridade na relação de lobby.[551]

Insta salientar que todos os registros de credenciamento precisariam cumprir as exigências de transparência de Lei de Acesso à Informação (Lei n. 12.527/2011), sobretudo porque está na publicidade das informações o potencial de *accountability* das

550 Conforme art. 11, § 5º, do PL n. 11.025/2018, *supra*.

551 INSTITUTO DE RELAÇÕES GOVERNAMENTAIS. *Guia de melhores práticas da atividade de relações governamentais*. São Paulo, 2019. Disponível em: https://www.irelgov.com.br/guia-de-melhores-praticas-da-atividade-de-relacoes-governamentais/. Acessado em: 15.05.2023.

atividades de lobby, ainda que isso não venha a ser positivado na eventual regulação.[552]

Finalmente, entende-se que os registros devem ser renovados anualmente e qualquer alteração superveniente nas informações prestadas deve ser atualizada no mesmo prazo de tolerância, inclusive para informar o encerramento das atividades de lobby. Desde o PL 1.202/2007, as iniciativas nacionais reproduziram a renovação anual das credenciais, fato louvável por possibilitar um acompanhamento sistemático e macroeconômico das operações de lobby em todo território nacional,[553] além de corroborar com as orientações do CPI.[554]

9.4 Relatórios de atividade

Além do credenciamento junto ao órgão fiscalizador, os relatórios de atividades devem compor o conjunto de obrigações do lobista, tal como se sucedeu no *Lobbying Disclosure Act.*[555] Nesse sentido, a proposta do ex-deputado Jaime Martins trouxe

---

552 MANCUSO, Wagner Pralon; GOZETTO, Andréa Cristina Oliveira. *Lobby e políticas públicas*. Rio de Janeiro: FGV Editora, 2018, p. 107.

553 Para Timothy Lapira e Herschel Thomas, a construção de um banco de dados que permaneça atualizado ao longo dos anos franqueia a toda comunidade científica, às instituições governamentais e para toda sociedade civil elementos para inferências relevadores, que podem auxiliar no aprimoramento normativo futuro (LAPIRA, Timothy M.; THOMAS, Herschel F. "The lobbying disclosure act at 25: challenges and opportunities for analysis". *Interest groups & Advocacy*, vol. 9, nº 3, 2020, p. 270. Disponível em: https://doi.org/10.1057/s41309-020-00101-0. Acessado em: 15.05.2023).

554 Conforme itens 6 e 25 da metodologia do *Center for Public Integrity*, apresentada no capítulo VIII (THE CENTER FOR PUBLIC INTEGRITY. *Hired guns*: methodology. Washington D.C., 2003. Disponível em: https://publicintegrity.org/politics/state-politics/influence/hired-guns/methodology-5/. Acessado em: 15.05.2023).

555 Conforme *Lobbying Disclosure Act of 1995*, Sec. 5. (b): CONTENTS OF REPORT (UNITED STATES OF AMERICA. House of Representatives. *Lobbying Disclosure Act Guidance*. Columbia, 2017. Disponível em:

dispositivo alusivo a comunicações oficiais, respeitando-se o termo final da submissão no dia 31 de janeiro de cada ano, mas deixou de exigir informações relevantes nos documentos anuais.[556]

Em atenção à metodologia do CPI, entende-se que os relatórios de atividades devem fazer constar (i) a notificação de eventuais alterações ainda não atualizadas nos registros de credenciamento, atinentes à qualificação do lobista; (ii) o detalhamento da natureza das matérias objeto de lobby e a indicação específica da legislação, projetos de lei e demais atos que possam ser objetos de lobby;[557] (iii) a indicação dos agentes decisores contatados; (iv) sendo pessoa jurídica, a indicação das pessoas naturais responsáveis pela representação e interesses privados; (v) os valores recebidos e gastos realizados no exercício anterior, a qualquer título, cujo valor ultrapasse R$ 5.000,00;[558] (vi) as despesas efetuadas pelo declarante com publicidade, elaboração de textos, publicação de livros, contratação de consultorias, realização de eventos, inclusive sociais, ainda que realizadas fora das repartições públicas ou paraestatais;[559] bem como (vii) uma declaração atestando ter pleno

---

https://lobbyingdisclosure.house.gov/amended_lda_guide.html. Acessado em: 15.05.2023).

556 Conforme art. 12, *caput*, do PL n. 11.025/2018.

557 Conforme item 20 da metodologia do *Center for Public Integrity*, apresentada no capítulo VIII (vide: THE CENTER FOR PUBLIC INTEGRITY. *Hired guns*: methodology. Washington D.C., 2003. Disponível em: https://publicintegrity.org/politics/state-politics/influence/hired-guns/methodology-5/. Acessado em: 15.05.2023).

558 Redação e *quantum a de minimis* conforme art. 12, IV, do PL n. 11.025/2018.

559 Dispositivo semelhante pode ser encontrado no art. 7°, §3° do PL n. 1.202/2007, no art. 9°, §4°, do PLS n. 336/2015, bem como no art. 12, §1°, II, do PL n. 11.025/2018. Além de considerar as despesas com preparação, planejamento e atividades de influência para além do mero contato direto com o agente decisor, a classificação de despesas possibilita um olhar mais amplo e de forma agregada acerca da dinâmica do mercado, conforme item 14 da metodologia do *Center for Public Integrity*. Vide: THE CENTER FOR PUBLIC INTEGRITY. *Hired guns*: methodology. Washington D.C., 2003.

conhecimento das normas sobre tratamento de presentes e brindes aplicáveis às autoridades públicas.[560]

Salienta-se que as pessoas jurídicas que contratem ou desempenhem atividades de lobby devem fornecer, igualmente, dados sobre sua constituição, além da relação de pessoas que lhes prestam os serviços de lobby. Trata-se de preocupação voltada a disciplinar os departamentos de relações governamentais internos a grandes empresas – denominados *in-house lobbyists* – tal como ocorreu com a evolução da legislação estadunidense.[561]

9.5 Vedações e sanções

Como risco de mitigar a efetividade regulatória, entende-se por bem que qualquer normativa que venha a disciplinar o lobby seja acompanhada de um regime sancionador compatível com a sistemática jurídica. Essa apreensão foi inaugurada no projeto de lei de Carlos Zarattini e seguida – revisada e ampliada – nas redações posteriores.[562]

Disponível em: https://publicintegrity.org/politics/state-politics/influence/hired-guns/methodology-5/. Acessado em: 15.05.2023.

560 Nos termos do art. 5º, I, da Resolução n. 3 de 2000, da Comissão de Ética Pública da Presidência da República, é permitida a entrega de brindes de valor econômico até R$ 100,00. Dessa forma, o dispositivo do anteprojeto de lei atende ao item 23 da metodologia do *Center for Public Integrity*, apresentada no capítulo VIII, na medida em que limita seu conteúdo econômico e exige a divulgação da cortesia (vide: THE CENTER FOR PUBLIC INTEGRITY. *Hired guns*: methodology. Washington D.C., 2003. Disponível em: https://publicintegrity.org/politics/state-politics/influence/hired-guns/methodology-5/. Acessado em: 15.05.2023).

561 HOLMAN, Craig. “Origins, evolution and structure of the Lobbying Disclosure Act”. *Public Citizen*, vol. 11, 2006, p. 8. Disponível em: https://www.lobbycontrol.de/wp-content/uploads/download/OriginsofLDA.pdf. Acessado em: 15.05.2023.

562 Conforme art. 4º, do PL n. 1.202/2007, art. 10 do PLS n. 336/2015, e art. 13 do PL n. 11.025/2018.

Deve ser vedado ao lobista a provocação ou apresentação de proposição legislativa com o fim de ser contratado para influenciar sua aprovação ou rejeição. Vedação similar pode ser encontrada na Lei n. 8.906/1994 (Estatuto da Advocacia), relativamente ao advogado que angariar ou captar causas indevidamente.[563]

Como bem destacou Andréa Cristina de Jesus, mesma interpretação deve ser aplicada ao profissional que contrate segundo cláusula de desempenho ou que receba qualquer sorte prêmio ou bonificação a título de honorários de êxito.[564]

Questão fundamental às regulamentações contemporâneas de lobby diz respeito à prática de porta-giratória (*revolving door*), situação em que um antigo agente decisor, já sem vínculo jurídico com a Administração Pública, passa a atuar como lobista nos mesmos gabinetes em que desempenhava a função pública. Para mitigar a influência decorrente do histórico profissional, tanto a mais recente alteração estadunidense, introduzida pelo HLOGA de 2007,[565] quanto o PL n. 11.025/2018[566] estabeleceram o prazo de impedimento de 24 meses, contados da data do desligamento do agente decisor na Administração.

Nesse sentido, nota-se o valor de estabelecer um período de quarenta no qual qualquer indivíduo que tenha ocupado cargo eletivo, efetivo ou em comissão, emprego permanente, no âmbito dos Poderes, suas autarquias, fundações, empresas públicas e sociedade

---

563 Conforme art. 34, IV, da Lei n. 8.906/1994.

564 OLIVEIRA, Andréa Cristina de Jesus. *Lobby e representação de interesses*: lobistas e seu impacto sobre a representação de interesses no Brasil. Instituto de Filosofia e Ciências Humanas. Campinas: Universidade Estadual de Campinas, 2004, p. 183. (Tese de Doutorado).

565 CAIN, Bruce E.; DRUTMAN, Lee. "Congressional Staff and the Revolving Door: the impact of regulatory change". *Election Law Journal*: rules, politics, and policy, vol. 13, nº 1, mar. 2014, p. 32.

566 Conforme art. 11, §2º, do PL n. 11.025/2018, *supra*.

de economia mista ou função dirigente em entidade paraestatal ficaria impedido de exercer a atividade lobista.

Com a infração da norma, espera-se a aplicação da sanção correspondente. Contudo, diferentemente das tentativas de regulamentação, advogo por enquadrar as violações de lobistas como improbidade administrativa, com o acionamento do aparato punitivo previsto na Lei n. 8.429/1992, tanto no que se refere à condenação quanto ao processo sancionador.

Fora desse escopo, as penas previstas na legislação autônoma do lobby devem se limitar à advertência, à suspensão do registro por curto prazo, ou à inabilitação para o exercício da atividade de lobby por prazo longo e determinado. A título de exemplo, a omissão, a falsidade ou a recusa na prestação das informações requisitadas nos relatórios anuais poderá ensejar o descredenciamento do lobista, ou a sua não renovação, sem prejuízo do acionamento do sistema punitivo criminal e administrativo.[567]

Os projetos de autoria de Walter Pinheiro e de Jaime Martins previram, ainda, a imposição de multa pecuniária acompanhada da apuração de improbidade administrativa. No entanto, considerando que a própria Lei n. 8.429/1992 já positivou a sanção de multa, em seu artigo 12, entendo ser desnecessária a reprodução da pena ou a fixação de novos parâmetros para sua dosimetria. Além de incorrer em eventual incompatibilidade entre as normas, seria possível interpretar que a dupla previsão estaria a violar o princípio do *ne bis in idem* – aplicável ao Direito Administrativo[568] – bem como que a dilatação dos limites de dosagem transbordasse

---

567 A mesma organização foi adotada nos projetos anteriores, conforme art. 7º, § 5º, do PL n. 1.202/2007; art. 9º, § 7º, do PLS n. 336/2015; e art. 12, §5º, do PL n. 11.025/2018.

568 Para Alejandro Nieto, a duplicidade normativa sancionadora é justamente a consequência de uma incoerência ou falta de coordenação da legislação (NIETO, Alejandro. *Derecho administrativo sancionador*. Madri: Tecnos, 2012, p. 442).

a legalidade e a tipicidade.[569] Seja como for, é preciso razoabilidade na interpretação das obrigações e a aplicação das sanções, para que cumpram à estrita finalidade de desestimular a prática de condutas vedadas e constranger a realização das obrigações.[570]

Por fim, entende-se por bem conferir ao órgão fiscalizador (a Controladoria-Geral da União, como ora proposto) a prerrogativa de convocação das pessoas físicas e jurídicas disciplinadas pela norma, a fim de que prestem esclarecimentos sobre sua atuação ou os meios empregados no desempenho das atividades. Os projetos do ex-deputado Carlos Zarattini (PL n. 1.202/2007) e do ex-senador Walter Pinheiro (PLS n. 336/2015) já contavam com dispositivo nesse sentido, mas foram ignorados quando da nova proposição em 2018. A omissão foi um erro, na medida que o próprio *Center for Public Integrity* recomenda que as autoridades encarregadas tenham poder de auditoria sobre os agentes de lobby.[571]

9.6 Obrigações do agente decisor

Em que pese a *Ley de Lobby* tenha ficado aquém dos padrões regulatórios internacionais, haja vista que delegou poucas tarefas ao sujeito privado, seu grande mérito foi concentrar esforços em criar mecanismos de transparência voltados à Administração Pública, em

---

569 DEZAN, Sandro Lúcio; HERKENHOFF, Henrique Geaquinto. "A concepção funcional de bens jurídicos para a unificação dos efeitos do princípio ne bis in idem na seara extrapenal sancionadora disciplinar". *A&C – Revista de Direito Administrativo & Constitucional*, Belo Horizonte, ano 19, nº 76, abr./jun. 2019, p. 139.

570 Conforme BANDEIRA DE MELLO, Celso Antônio. *Curso de Direito Administrativo*. 32ª ed. São Paulo: Malheiros, 2015, pp. 872/873.

571 Conforme item 39 da metodologia do *Center for Public Integrity*, apresentada no capítulo VIII (vide: THE CENTER FOR PUBLIC INTEGRITY. *Hired guns*: methodology. Washington D.C., 2003. Disponível em: https://publicintegrity.org/politics/state-politics/influence/hired-guns/methodology-5/. Acessado em: 15.05.2023).

especial os registros de agenda pública.[572] Desse modo, serve, em larga medida, como inspiração para a formulação de um sistema de obrigações do agente público nacional.

A primeira obrigação em análise se refere, justamente, aos registros de agenda pública. Encarada como um largo avanço em prol da transparência e moralidade administrativas, cumpriria ao agente decisor o cadastramento da agenda logo após a posse do cargo, mandato, emprego ou função pública, junto ao sistema eletrônico do órgão fiscalizador.

O lapso temporal para o registro pode ser livremente fixado, mas a excessiva celeridade não é necessariamente positiva. Deve-se tomar em consideração a curva de aprendizado existente em todo início de posição política, de modo a não onerar sobremaneira o decisor, em especial nos pequenos municípios, onde a falta de estrutura tecnológica dificulta a eficácia das obrigações.[573]

De modo análogo à *Ley* n. 20.730/2014,[574] as agendas públicas devem informar (i) as audiências ou reuniões realizadas com

---

572 DRAGO, Marcelo. "Prólogo". *In*: DRAGO, Marcelo; SAHD, Jorge (Coord.). *Perfeccionamientos a la ley de lobby*. Santiago: Orjikh, 2019, p. 12.

573 BATISTA, Mariana. *A difusão da Lei de Acesso à Informação nos pequenos municípios brasileiros*: fatores internos e externos. Brasília: Enap, 2017, pp. 55-60.

574 *Ley* n. 20.730/2014. "Artículo 8º. – Los registros de agenda pública establecidos en el artículo anterior deberán consignar: 1) Las audiencias y reuniones sostenidas y que tengan por objeto el lobby o la gestión de intereses particulares respecto de las decisiones que se señalan en el artículo 5º. En dichos registros se deberá indicar, en particular, la persona, organización o entidad con quien se sostuvo la audiencia o reunión, a nombre de quién se gestionan dichos intereses particulares, la individualización de los asistentes o personas presentes en la respectiva audiencia o reunión, si se percibe una remuneración por dichas gestiones, el lugar y fecha de su realización y la materia específica tratada. El que, al solicitar reunión o audiencia, omitiere inexcusablemente la información señalada en el inciso anterior o indicare a sabiendas información inexacta o falsa sobre tales materias, será sancionado con multa de diez a cincuenta unidades tributarias mensuales, sin perjuicio

a interseção de lobistas, incluindo o tema tratado, a data e o local do evento; (ii) a indicação do lobista e das pessoas ou entidades em nome do qual se realizou a reunião; (iii) a indicação dos assessores, secretários e demais presentes que acompanharam o ato; (iv) os convites percebidos para a participação em conferências, encontros, congressos ou outros eventos, com o objetivo de homenagear ou prestigiar o próprio ou outros decisores, incluindo eventual pagamento de despesas de viagem e hospedagem; bem como (v) a individualização de eventuais brindes percebidos em razão da qualidade de agente decisor, com ou sem valor econômico.

A iniciativa cumpre aquilo que Alberto Bitonti designou como o primeiro vértice do triângulo regulatório ideal. Busca-se conferir publicidade aos encontros entre agentes privados e os representantes da sociedade: constrangê-los, pela pressão social, a agir com idoneidade, mas sobretudo para garantir paridade da participação no processo decisório. Como destaca Bitonti, se, ao final do período de um ano, tem-se que um ministro se reuniu centenas de vezes com um lobista e apenas dez vezes com outro competidor, então é possível avaliar o impacto dessa relação. Assim, ao passo em que o sistema atinge predicados de transparência e controle social, também produz informações úteis no nível agregado.[575]

---

de las otras penas que pudieren corresponderle. 2) Los viajes realizados por alguno de los sujetos pasivos establecidos en esta ley, en el ejercicio de sus funciones. Deberá publicarse en dicho registro el destino del viaje, su objeto, el costo total y la persona jurídica o natural que lo financió. 3) Los donativos oficiales y protocolares, y aquellos que autoriza la costumbre como manifestaciones de cortesía y buena educación, que reciban los sujetos pasivos establecidos en esta ley, con ocasión del ejercicio de sus funciones. En dichos registros deberá singularizarse el regalo o donativo recibido, la fecha y ocasión de su recepción y la individualización de la persona natural o jurídica de la cual procede" (CHILE. *Ley n. 20.730*, de 3 mar. 2014. Disponível em: https://www.bcn.cl/leychile/navegar?idNorma=1060115. Acessado em: 14.05.2023).

575 BITONTI, Alberto. "Definición y discusión del tema del lobby". *In*: DRAGO, Marcelo; SAHD, Jorge (Coord.). *Perfeccionamientos a la ley de lobby*. Santiago: Orjikh, 2019, p. 41.

Na esteira da publicidade administrativa, todos os dados veiculados por ocasião das agendas públicas deverão se manter atualizados e publicados em sítio eletrônico, a encargo do agente decisor.[576] As qualidades de acessibilidade e facilidade na obtenção de informações devem ser igualmente respeitadas, em conformidade com a legislação de transparência – notadamente a Lei n. 12.527/2011.

Em segundo lugar, para que o sujeito ativo possa agir adequadamente no cumprimento das obrigações, é necessário que o sujeito passivo haja de forma colaborativa. Assim, entende-se que o agente decisor deve se identificar como tal no encontro com o lobista, revelando a função ou cargo que ocupa sempre no início de cada reunião. Cuida-se de medida niveladora das relações entre agentes privados e autoridades: ambos devem declarar sua exposição à norma. Ademais, a obrigação auxiliaria na cognição das partes quanto à relação estabelecida, de modo que – no caso de constatação de ilícito – reste vencida a alegação relativa ao elemento subjetivo do tipo. Afinal, aquele que deixou de cumprir com o dever de informar – seja o lobista, seja o agente decisor – não pode ser beneficiado pela dúvida sobre a existência de lobby.

A terceira obrigação relativa ao agente decisor – talvez a mais essencial – cuida da igualdade de tratamento entre lobistas. Para a OCDE, um dos objetivos curiais na regulamentação do lobby é garantir igualdade de condições aos diferentes *stakeholders* da

---

576 O dever de atualização periódica foi reproduzido no *Artículo* 9º da *Ley de Lobby* (Ley n. 20.730/2014 – Chile): "La información contenida en los registros a que se refiere el artículo 7º será publicada y actualizada, al menos una vez al mes, en los sitios electrónicos a que hace referencia el artículo 7º de la *Ley* n. 20.285, sobre acceso a la información pública. Respecto de los sujetos pasivos indicados en los numerales 2), 3), 5), 6) y 8) del artículo 4º, dicha información se publicará en el sitio electrónico establecido en las normas de transparencia activa que los rijan" (CHILE. *Ley n. 20.730*, de 3 mar. 2014. Disponível em: https://www.bcn.cl/leychile/navegar?idNorma=1060115. Acessado em: 14.05.2023).

disputa política (*to level the playing field*). A fim de tornar isso possível, é necessário justiça, abertura e inclusão entre os diferentes grupos de pressão.[577]

Daí porque muitos projetos de lei positivaram o dever de tratamento equânime entre os interessados,[578] em que pese o princípio da impessoalidade administrativa – disposta no *caput* do artigo 37 da Constituição Federal – seja bastante para atingir o mesmo resultado. Com efeito, a determinação legal complementa a disposição constitucional e lhe confere mais clareza e precisão semântica.[579]

Quando da regulamentação nacional, o referido dever poderia ser espelhado no caso chileno.[580] Nesse sentido, os agentes decisores devem a igualdade de tratamento perante os lobistas

---

577 ORGANIZATION FOR ECONOMIC COOPERATION AND DEVELOPMENT. *Lobbyists, governments and public trust*: implementing the OECD principles for transparency and integrity in lobbying. Paris: OECD Publishing, 2014, p. 26.

578 Conforme art. 2º, V, do PLS n. 336/2015: "Art. 2º. O exercício das atividades disciplinadas nesta Lei orientar-se-á pelos seguintes princípios: V – garantia de tratamento isonômico aos diferentes grupos e opiniões". Redação idêntica está presente no art. 2º, IV, do PL n. 11025/2018 (BRASIL. Senado Federal. *Projeto de Lei do Senado n. 336*, de 2015. Disponível em: https://www25.senado.leg.br/web/atividade/materias/-/materia/121578. Acessado em: 14.05.2023).

579 "Ou seja, em grande medida, todos os direitos fundamentais, sejam de liberdade ou sociais, estão dependentes de alguma conformação legal, sem a qual têm uma efectividade mais débil. No mínimo, o grau de certeza de qualquer direito fundamental aumenta através de lei ordinária conformadora e aumentam, consequentemente, as respectivas justiciabilidade e efectividade" (NOVAIS, Jorge Reis. *Direitos sociais*: teoria jurídica dos direitos sociais enquanto direitos fundamentais. Coimbra: Coimbra Editora, 2010, pp. 161/162).

580 Conforme *Ley* n. 20.730/2014 do Chile: "Artículo 11.- Las autoridades y funcionarios señalados en los artículos 3º y 4º deberán mantener igualdad de trato respecto de las personas, organizaciones y entidades que soliciten audiencias sobre una misma materia" (CHILE. *Ley n. 20.730*, de 3 mar. 2014. Disponível em: https://www.bcn.cl/leychile/navegar?idNorma=1060115. Acessado em: 14.05.2023).

que requeiram ou solicitem reuniões ou encontros sobre o mesmo assunto ou tema.

Para assegurar seu cumprimento, as consultas devem ocorrer, preferencialmente, em audiências conjuntas. Quando isso não for possível, o sujeito passivo, uma vez tendo atendido ou consultado a qualquer pessoa credenciada para a representação de interesses privados, deve propiciar igual oportunidade de manifestação a, ao menos, uma parte contrária ao interesse atendido.

9.7 Aplicabilidade da regulamentação

Para garantir bons parâmetros de aplicabilidade (*enforcement*) normativa, é curial estabelecer as atribuições do órgão fiscalizador, conforme o exemplo comparado do *Lobbying Disclosure Act*.[581]

Dessa forma, deve-se conferir ao agente de polícia designado a competência de revisar e avaliar a integridade, a veracidade, a tempestividade, a precisão e a atualidade das informações prestadas nos três veículos de transparência (agendas públicas, credenciamento e relatórios anuais), acionando o responsável caso seja constatada alguma desconformidade, para prestar esclarecimentos.

---

581 "(a) IN GENERAL. –The Secretary of the Senate and the Clerk of the House of Representatives shall – (2) review, and, where necessary, verify and inquire to ensure the accuracy, completeness, and timeliness of registration and reports; (3) develop filing, coding, and cross-indexing systems to carry out the purpose of this Act, including – (A) a publicly available list of all registered lobbyists, lobbying firms, and their clients; and (B) computerized systems designed to minimize the burden of filing and maximize public access to materials filed under this Act; (7) notify any lobbyist or lobbying firm in writing that may be in noncompliance with this Act; (8) notify the United States Attorney for the District of Columbia that a lobbyist or lobbying firm may be in noncompliance with this Act, if the registrant has been notified in writing and has failed to provide an appropriate response within 60 days after notice was given under paragraph (7)" (UNITED STATES OF AMERICA. Senate. *Lobbying Disclosure Act*, 1995. Disponível em: https://www.senate.gov/legislative/Lobbying/Lobby_Disclosure_Act/3_Definitions.htm. Acessado em: 19.05.2023).

Igualmente, deve o órgão desenvolver sistemas operacionais, plataformas ou quaisquer outros meios que facultem, com transparência e eficiência, o protocolo eletrônico e divulgação pública das referidas informações. Em terceiro lugar, constatada a ocorrência de ilícitos administrativos previstos na lei, deve reportar à autoridade máxima de cada órgão ou entidade dos Poderes Executivo e Legislativo, respeitados os respectivos regulamentos e procedimentos internos.

Em busca da eficiência administrativa, toda fiscalização deve conjugar as noções de governo eletrônico com o aprimoramento da transparência.[582] Assim foi feito no PL 11.025/2018, em que se delegou a atividade de divulgação de informações ao Portal do Governo Eletrônico do Poder Executivo.[583]

Contudo, desde a promulgação do Decreto n. 8.777/2016, a gestão da Política de Dados Abertos do Poder Executivo federal é coordenada pela Controladoria-Geral da União, por meio da Infraestrutura Nacional de Dados Abertos – INDA.[584] Outra razão pela qual entendo adequada a reunião de competências sob a alçada da CGU.

Quanto aos requisitos para publicidade das informações exigidos pelo parágrafo 3º, artigo 8º, da Lei de Acesso à Informação, os dados veiculados pelo fiscal devem alçar o cidadão a uma posição ativa, além da mera leitura disponibilizada pelo órgão público.[585]

---

582 Por "governo eletrônico" entende-se a utilização das tecnologias de informação e comunicação (TIC) para o aprimoramento da estrutura organizacional e funções de governo (TWIZEYIMANA, Jean Damascene; ANDERSSON, Annika. "The public value of E-Government – a literature review". *Government information quarterly*, vol. 36, nº 2, abr. 2019, p. 167).

583 Conforme art. 7º do PL n. 11.025/2018.

584 Conforme art. 5º do Decreto n. 8.777/2016.

585 SALGADO, Eneida Desiree. *Lei de Acesso à Informação*: Lei 12.527/2011. São Paulo: Thomson Reuters Brasil, 2019, p. 129.

Assim, as informações relativas à atividade de lobby devem: (i) conter ferramenta de pesquisa de conteúdo que permita o acesso de maneira objetiva, clara e em linguagem de fácil compreensão; (ii) possibilitar gravação de relatórios em diversos formatos eletrônicos, inclusive abertos e não proprietários,[586] como planilhas e texto; (iii) tornar plausível o acesso automatizado por sistemas externos em formados abertos, estruturados e legíveis por máquina; (iv) divulgar a metodologia utilizada para estruturação da informação; (v) garantir autenticidade e integridade das informações disponíveis para acesso; (vi) indicar instruções que permitam ao requerente se comunicar com o órgão ou entidade; e (vii) garantir a acessibilidade de conteúdo para pessoas com deficiência.[587]

Ademais, em atenção ao recomendado pelo *Center for Public Integrity*,[588] essencial a elaboração de guias de orientação para o adequado registro de credenciamento e das agendas públicas, bem como para auxiliar na apresentação dos relatórios anuais. O próprio *Lobbying Disclosure Act* contém dispositivo semelhante, revelando que a intenção do legislador não está na cruzada ou no caça às bruxas contra agentes desviantes,[589] mas que, ao contrá-

---

586 Dados abertos são dados que podem ser livremente utilizados, reutilizados e redistribuídos por qualquer um, ainda que sujeitos à autorização para compartilhamento (OPEN KNOWLEDGE FOUNDATION. *Open data handbook*. Londres, 2010. Disponível em: http://opendatahandbook.org/guide/en/what-is-open-data/. Acessado em: 15.05.2023).

587 Conforme art. 7º do PL n. 11.025/2018.

588 Conforme item 30 da metodologia do *Center for Public Integrity*, apresentada no capítulo VIII (vide: THE CENTER FOR PUBLIC INTEGRITY. *Hired guns*: methodology. Washington D.C., 2003. Disponível em: https://publicintegrity.org/politics/state-politics/influence/hired-guns/methodology-5/. Acessado em: 15.05.2023).

589 Acerca da perseguição infundada – e, muitas vezes, violadora de direitos fundamentais –, contra agentes públicos suspeitos de corrupção, vide VASCONCELOS, Maria Teresa. *Corrupção, crimes de colarinho branco e o Direito Penal do Inimigo*: o corrupto é o inimigo da vez? Curitiba: Juruá, 2019.

rio, busca a facilidade no cumprimento da norma e a redução nos custos de transação para estar em conformidade.[590]

Por fim, importa dizer que os eventuais dispositivos da norma regulamentadora não deverão excluir as competências do Conselho Administrativo de Defesa Econômica (CADE) e do Conselho de Controle de Atividades Financeiras (COAF) para processar e julgar fato que constitua infração à ordem econômica ou atividade financeira ilícita, respeitando-se a divisão administrativa funcional dos órgãos de polícia.[591] Há plena possibilidade de cumulação das sanções acerca do lobby com aquelas decorrentes do Sistema Brasileiro de Defesa da Concorrência, mesmo quando as mesmas condutas praticadas no plano dos fatos configurem ilícito sob duas legislações administrativas. Essa compatibilidade é adequada pois, como salienta Aloísio Zimmer, cada pena protegeria um bem jurídico distinto, sem ofensa ao princípio do *ne bis in idem*.[592]

Como se demonstrou, uma regulamentação contemporânea e eficiente deve se basear em inúmeras fontes: recomendações de organismos internacionais, conclusões doutrinárias, comparações com o estrangeiro e aprendizados com o histórico nacional. Tais inspirações, porém, não devem transformá-la em uma concha de retalhos.

---

590 *Lobbying Disclosure Act*. "Sec. 6. [2 U.S.C. 1605] DISCLOSURE AND ENFORCEMENT. (a) IN GENERAL – The Secretary of the Senate and the Clerk of the House of Representatives shall – (1) provide guidance and assistance on the registration and reporting requirements of this Act and develop common standards, rules, and procedures for compliance with this Act" (UNITED STATES OF AMERICA. Senate. *Lobbying Disclosure Act*, 1995, sec. 6. Disponível em: https://www.senate.gov/legislative/Lobbying/Lobby_Disclosure_Act/3_Definitions.htm. Acessado em: 19.05.2023).

591 Tal cautela também consta no art. 9º, da Lei n. 12.846/2013 (Lei Anticorrupção): O disposto nessa lei não exclui as competências do Conselho Administrativo de Defesa Econômica, do Ministério da Justiça e do Ministério da Fazenda para processar e julgar fato que constitua infração à ordem econômica.

592 ZIMMER, Aloísio. *Lei Anticorrupção*: Lei 12.846/2013. São Paulo: Thomson Reuters Brasil, 2019, p. 396.

Em vista disso, as sugestões apresentadas ao longo deste capítulo foram adequadas com uma sistemática destinada a conferir uma regulamentação autorizativa do lobby, mas sempre em respeito aos mandamentos nucleares do Direito Administrativo.

Busquei delinear uma moldura normativa que, de um lado, conferisse ao agente decisor as vantagens da livre competição de ideias; de outro, garantisse a transparência necessária para operar o controle social e mitigar os riscos de captura do Estado por interesses privados. O resultado seria uma disciplina uniforme, atenta aos perigos do relacionamento público-privado, mas que ainda o celebra como virtude democrática. Não por menos, ao compará-las com os demais intentos nacionais – através da metodologia desenvolvida pelo *Center for Public Integrity* – as proposições aqui defendidas atingem, pela primeira vez no Brasil, uma regulamentação eficaz para o lobby.

CONSIDERAÇÕES FINAIS

A teoria de grupos, inaugurada por Arthur Bentley, considera os grupos como a unidade mínima de estudo da Ciência Política e um dado natural de todas as sociedades modernas. Longe de denotar um sentido negativo para a disputa de interesses sociais, a visão contemporânea da teoria defende o pluralismo político como essencial para realizar a poliarquia – regime maximizado da democracia.

Em que pese existam diversas classificações para os agrupamentos humanos, filia-se à corrente dicotômica ou comportamental. Assim, os grupos de interesses se diferenciam de mobilizações sociais esporádicas por terem, simultaneamente, uma existência institucional, uma vontade deliberada de influenciar decisões políticas, bem como autonomia diante do governo e dos partidos políticos.

Por sua vez, conceitua-se lobby como a atividade de influenciar os processos decisórios políticos dos Poderes do Estado, em benefício de interesses privados. No Poder Legislativo, as comissões mistas e temáticas envolvidas no processo legislativo se apresentam como alvo prioritários, considerando a facilidade em sustentar posições técnicas. No Poder Executivo, o lobby ocorre sobretudo em face das autarquias e agências reguladoras. No Poder Judiciário, a defesa de interesses privados se dá através do ajuizamento ou financiamento de ações de importância sistêmica, por meio da atuação como *amici curiae*, bem como na escolha dos membros integrantes da administração da Justiça.

Além do lobby em sentido objetivo (atividade), há o lobby em sentido subjetivo, sinônimo de grupo de interesse, usualmente utilizado para designar setores produtivos específicos, objetivos determinados, ou a qualidade dos agentes envolvidos. Nessa acepção, identificaram-se quatro espécies de lobby: o público, o classista, o privado e o institucional.

No Brasil, a participação popular – elemento habilitador do lobby – foi positivada como direito fundamental, através da cláusula de abertura material do artigo 5º, parágrafo 2º, da Constituição Federal. A fim de demarcar a ruptura com o Estado Ditatorial pré-1988, o constituinte disciplinou uma série de instituições participativas que convocam o cidadão a decidir sobre os rumos da política. É o caso do plebiscito, do referendo, da lei de iniciativa popular e das audiências públicas.

Enquanto direito fundamental, a participação popular é dotada de multifuncionalidade, ou seja, possui diversas dimensões que variam de conteúdo no caso concreto. Desse modo, a norma habilitadora de intervenção popular pode ser encontrada nos enunciados relativos à liberdade de expressão e de comunicação, ao direito de petição, de associação, bem como de acesso à informação.

Porque opostas ao período autoritário, as instituições participativas são traduzidas na doutrina brasileira com um certo otimismo inconsequente, como sendo inerentemente positivas ao interesse público. Porém, a inclusão de uma pluralidade de agentes na esfera política vem acompanhada de uma série de conflitos sociais. Por um lado, a abertura democrática franqueia um maior controle sobre os desvios da Administração Pública; por outro, pode contribuir para a corrupção do regime republicano. Essa dualidade fica em evidência quando se compara o ganho de qualidade de informação com o risco de captura das políticas públicas.

Quanto ao aspecto vantajoso, sob a ótica do interesse público, ressalta-se a teoria da racionalidade limitada dos agentes econômicos. Herbert Simon compreendeu que o tomador de decisões econômicas faria escolhas não-ideias por estar diante de informação incompleta, urgência e ausência de capacidade humana para processar todas as informações relevantes em cada cenário. Em oposição ao *homem econômico*, Herbert Simon chamou o sujeito da racionalidade limitada de "homem administrativo". Enquanto o primeiro tomaria apenas decisões ideais, que lhe trouxessem as maiores vantagens, o segundo tentaria se aproximar da escolha mais satisfatória possível.

O raciocínio desenvolvido por Herbert Simon permanece válido tanto para os agentes de mercado como para os operadores do setor público. Na Administração Pública, o caráter normativo do princípio da eficiência impõe ao tomador de decisão atuar tendo como parâmetro o ideal, porém, o nível ótimo deve ser contextualizado dentro das limitações da decisão satisfatória, em especial a escassez de informação qualificada.

Em um modelo inclusivo, em que todas as partes possam contribuir com paridade ao decisor público, o lobby se apresenta como um facilitador da decisão pública satisfatória. Isso se dá porque os lobistas vão captar e fornecer informações qualificadas ao mandatário público, o qual passa a decidir amparado por dados técnicos, mais completos e mais precisos. Assim, é possível concluir que, nos cenários com igualdade de participação, a presença de lobby é mais vantajosa que sua ausência.

Por outro lado, quando exercida com hegemonia de determinados grupos de interesses, de maneira não regulada e sem a transparência adequada para o controle social, a atividade de lobby pode colaborar com a captura das políticas públicas. Por captura das políticas públicas, entende-se o processo de consistente ou repetidamente direcionar decisões de políticas públicas em favor de interesses específicos de pessoas ou grupos, afastando-as do interesse público.

Sublinha-se que o conceito de interesse público ora utilizado decorre de sua acepção pré-jurídica, ou metassociológica, correspondente ao sistema de valores e objetivos de determinada sociedade. No caso do Brasil, o signo presuntivo do interesse público pode ser extraído da Constituição Federal, sobretudo dos artigos 1º e 3º.

Desse modo, haverá captura do Estado sempre que uma decisão política violar a dignidade humana, ou desprestigiar os objetivos nacionais de desenvolvimento e da erradicação da marginalização social, em benefício de um pequeno grupo de indivíduos e de seus interesses.

A fim de impedir o enraizamento da captura no seio social, destaca-se a importância no nivelamento do processo participativo (*to level the playing field*). Para isso, é preciso que os processos de participação popular sejam simplificados e de baixo custo aos atores envolvidos; que sejam reduzidas as desigualdades políticas entre os grupos de interesses; as decisões sejam fundamentadas e tomadas a partir de evidências; bem como que o lobby seja regulamentado de modo claro e transparente.

Existem quatro ilícitos comum e equivocadamente identificados com o lobby – a corrupção ativa, o tráfico de influência, a exploração de prestígio e a advocacia administrativa. O lobby não se confunde com a corrupção ativa, pois, diferentemente do que ocorre com o lícito penal, o lobista não oferta ou promete vantagem indevida a funcionário público. Na realidade, a atividade de influência se dá no ambiente do convencimento racional, e as únicas trocas são aquelas relativas a informações qualificadas e legítimas, transmitidas através dos disponíveis para participação popular.

Igualmente, não há similitude entre o tráfico de influência e o lobby. Conforme exegese da Convenção de Mérida de 2003, o comércio de fumaça ocorre somente se o particular utilizar de sua influência para obter benefício indevido por parte da Administração. No caso do lobby, busca-se convencer o administrador, no campo da hermenêutica e da discricionariedade, a tomar a decisão lícita que melhor satisfaça o interesse privado em jogo.

Em que pese o fato de algumas correntes doutrinárias defenderem que a posição de poder ou vínculo inerente ao *intraneus* configure elemento objetivo do tipo penal, entende-se que o grau da influência, seja razoável ou abusiva, em nada interfere para a consumação do delito. Assim, o elemento de discrímen entre o tráfico de influência e o lobby estaria na tentativa de obter ato ilícito da administração.

O raciocínio desenvolvido acerca do tráfico de influência se aplica integralmente à exploração de prestígio, tipo penal que varia apenas quanto ao sujeito passivo do crime, especificamente a Administração da Justiça.

Observa-se a advocacia administrativa quando o funcionário público se vale de suas prerrogativas funcionais para obter pretensões privadas. Diferentemente dos demais delitos tratados, o tipo previsto no artigo 321 do Código Penal possui sujeito ativo específico, o funcionário público. Contudo, não merece ser confundido com o *lobby público*, correspondente à atuação de entes e órgãos da administração que, valendo-se das mesmas estratégias de influência que os demais agentes privados, buscam benefícios corporativos.

Os Estados Unidos foram o primeiro país a regulamentar a atividade de lobby. As normativas sobre a atividade sofreram diversas alterações desde a primeira positivação em 1876 – em 1935, em 1946 (RLA), em 1995 (LDA) e em 2007 (HLOGA) –, motivadas por escândalos políticos e desconfiança institucional.

Atualmente, *o Lobbying Disclosure Act* (LDA), atualizado pelo *Honest Leadership and Open Government Act* (HLOGA), conta com definições precisas dos conceitos-chave da atividade de lobby; afasta expressamente a incidência da norma em hipóteses de aplicação dos direitos fundamentais; determina obrigações aos lobistas, sobretudo a de registrar-se e reportar atividades trimestralmente; bem como impõe sanções administrativas e criminais pela violação da norma.

Em que pesem as diversas alterações legislativas, alguns aspectos da LDA têm fragilidades e merecem ser criticados. Nesse sentido, os relatórios trimestrais, que deveriam colaborar com a transparência do lobby, fornecem pouca informação útil ao público. Com efeito, o volume de informação é tão elevado que apenas beneficiou as grandes bancas de lobistas, as quais conseguem estruturar os dados prestados e produzir inferências sobre como seus competidores estão agindo.

Igualmente, a despeito de que o Poder Executivo esteja abarcado pela lei de lobby desde 1995, a reticência do Capitólio em abrir mão da função de controle sobre as atividades lobistas, somada à inexperiência do legislativo em investigar e fiscalizar, faz com que violações discretas e de menor relevância social passem despercebidas do radar disciplinar.

Por sua vez, o Chile foi o primeiro país latino-americano a dar materialidade para a regulação do lobby. O processo de elaboração da lei chilena durou mais de uma década e foi marcado por um movimento pendular, que ora visava abarcar todos os grupos de interesses, ora apenas aqueles com pretensões econômicas. Assim, a promulgação da *Ley* n. 20.730/2014 foi fruto de um acordo repleto de renúncias.

A particularidade da regulamentação chilena está na separação deontológica entre lobista e *gestor de interés particular*, baseada na remuneração, ou não, pelo desempenho das atividades, respectivamente. Não obstante a divisão conceitual, ambas as figuras estão submetidas ao mesmo regime jurídico.

Avanço sensível da *Ley de Lobby* se deu com a criação de um portal de transparência específico, atualizado mensalmente de modo a veicular as práticas de lobby para informação pública. Através da plataforma *Info Lobby*, é possível reconhecer informações referentes às matérias mais registradas nas audiências de lobby, destinos mais visitados por parlamentares por ocasião de viagens pagas por agentes privados, bem como os principais brindes ofertados às autoridades públicas.

A principal crítica atribuída à lei chilena está no desequilíbrio de obrigações compartilhadas entre os sujeitos da relação de lobby. Isso se dá porque grande parte dos deveres estatuídos pela *Ley* n. 20.730 recaíram sobre as autoridades públicas, tornando-as exclusivamente responsáveis por registrar e reportar os contatos de influência privada. Dessa forma, por ser considerado um regime bastante generoso com os agentes privados, foi considerado ineficiente para fins de desestimular a atuação irregular do convencimento governamental. Menos que uma lei acerca do lobby, o que se percebe no Chile é uma tentativa de ampliar a transparência política, apenas.

As tentativas de regulamentação no Brasil se deram através de cinco proposições legislativas independentes – desconsideradas as propostas de alteração de regimento interno: o PLS n. 203/1989; o PL n. 1.202/2007; o PLS n. 336/2015; a PEC n. 47/2016 e o PL n. 11.025/2018. A fim de analisar cada uma das propostas com isonomia, aplicou-se a metodologia desenvolvida pelo *Center for Public Integrity* (CPI).

A iniciativa primitiva de Marco Maciel é comumente aplaudida por seu ineditismo, mas não chega a atingir parâmetros mínimos que lhe conferissem eventual grau de efetividade. Parte disso decorre, naturalmente, do momento em que foi apresentada, cenário ainda carente de tecnologias de informação, o que mitigou o acesso às bases de dados geradas e obstou a realização de um procedimento digital para cumprimento das obrigações. Apesar disso, a proposta foi arquivada por inconstitucionalidade formal.

O PL n. 1.207/2007, único projeto que segue com tramitação legislativa favorável, obteve pontuação irrisória no índice do CPI, razão pela qual se conclui que, se aprovado, será de todo inócuo. O projeto deixou de se preocupar com a divulgação do contratante das atividades de lobby, não apresentou mecanismos de procedimento digital, desprivilegiou o aceso à informação e trouxe poucas exigências para registro da atividade.

Por sua vez, o PLS n. 336/2015 avançou nos tópicos relativos à transparência dos dados coletados e à divulgação das despesas empregadas por lobistas e empresas no desenvolvimento de suas estratégias de influência política. Contudo, não se identificou o uso de procedimentos digitais para o adimplemento das obrigações, o que é essencial para a redução de custos de transação e universalização da prestação de lobby, mesmo para setores hipossuficientes.

A PEC n. 47/2016 buscava acrescentar o artigo 38-A na Constituição Federal, a fim de positivar o direito subjetivo à representação de interesses. Dessa forma, apresentou um rol exemplificativo de prerrogativas que poderiam ser conferidas aos representantes de interesses, tais como o direito à voz nas comissões legislativas, o direito à apresentação de emendas e proposições legais, bem como o direito de juntar memoriais ao processo legislativo ou administrativo de seu interesse.

O PL n. 11.025/2018, do Deputado Jaime Martins, é o que mais se aproxima dos parâmetros ideais, conforme o índice do CPI. Com efeito, possui obrigações mais incisivas quanto ao registro de lobistas e divulgação de despesas dos agentes privados que interagem com o Poder Público. Igualmente, identificou a necessidade de dar publicidade aos dados colhidos e positivou a necessidade do procedimento digital. O demérito do projeto, contudo, está na falta de cotejo com as formulações anteriores, ao ignorar os avanços feitos na seara da aplicabilidade e da fiscalização normativa.

Para contribuir com uma regulamentação brasileira do lobby, foram considerados o índice do *Center for Public Integrity*; os princípios para transparência e integridade na atividade de lobby, estruturado pela OCDE; o triângulo das boas regulações de lobby, desenhado por Alberto Bitonti; além dos sete elementos presentes nas legislações adequadas de lobby, selecionados por Wagner Pralon Mancuso e Andréa Cristina Oliveira Gozetto.

As diferenças marcantes entre as sugestões apresentadas e as iniciativas parlamentares são, em suma: (i) a existência de cláusula de limitação normativa, expressamente afastando a qualificação de lobby às atividades desenvolvidas no seio democrático que não podem sofrer limitação; (ii) a atribuição centralizada da CGU para gerenciar os credenciamentos e os relatórios anuais enviados pelos lobistas, reduzindo custos de transação e evitando a disputa de competências com o Congresso Nacional; (iii) o enquadramento das violações normativas como improbidade administrativa; (iv) a criação de um registro de agenda pública para atividades de lobby; (v) a garantia de igualdade de tratamento, pelo administrador, diante de grupos com interesses conflitantes; e a previsão de guias de orientação, produzidos pelo órgão de controle, para contribuir com o adimplemento simplificado da norma.

A reunião das orientações doutrinárias e das contribuições realizadas pelo Poder Legislativo possibilita uma normativa robusta, que atinge os parâmetros desejados pela comunidade global, ao passo em que reconhece os perigos e as virtudes do relacionamento público-privado.

REFERÊNCIAS BIBLIOGRÁFICAS

55th CONGRESS OF THE UNITED STATES OF AMERICA. *House Report of Representatives* (H.R. Rep.) n. 65, Washington D.C., 1897.

ABELSON, Donald E. *Do think tanks matter?* Assessing the impact of public policy institutes. Montreal: McGuill-Queen's University Press, 2018.

ABRAMOFF, Jack. *Capitol punishment*: the hard truth about Washington corruption from America's most notorious lobbyist. Washington: WND Books, 2011.

ABU-EL-HAJ, Jawdat. "Robert Dahl e o dilema da igualdade na democracia moderna". *Análise social*, vol. 43, nº 1, 2008.

ACHEN, Cristopher H.; BARTELS, Larry M. *Democracy for realists*: why elections do not produce responsive government. Princeton: Princeton University Press, 2016.

ALBUQUERQUE, Paulo Pinto de. *Comentário do Código Penal à luz da Constituição da República e da Convenção Europeia dos Direitos do Homem*. 2ª ed. Lisboa: Universidade Católica Editora, 2010.

ALEMANNO, Alberto. *Lobbying for change*: find your voice to create a better society. Londres: Icon Books Ltd., 2017.

ALEXY, Robert. *Teoria dos direitos fundamentais*. 2ª ed. Trad. Virgílio Afonso da Silva. São Paulo: Malheiros, 2014.

ALLEN, Abigail; PETACCHI, Reining. "Lobbying behavior of governmental entities: evidence from public pension accounting rules". *Harvard Business School Working Paper*, nº 15-043, 2014. Disponível em: http://nrs.harvard.edu/urn-3:HUL.InstRepos:13479073. Acessado em: 14.05.2023.

ALMEIDA, Alfredo Wagner Berno de. "Novos colonialismos: diálogos evanescentes numa fronteira em movimento". *In*: GEDIEL, José Antônio Peres *et al.* (Coord.). *Direitos em conflito*: movimentos sociais, resistência e casos judicializados. Curitiba: Kairós, 2015.

AMANN, Edmund; BAER, Werner. "From the developmental to the regulatory state: the transformation of the government's impact on the Brazilian economy". *Revista Direito GV*, vol. 1, nº 2, especial nov. 2005.

ANDRADE, Oswald. "Manifesto Antropófago". *Revista de Antropofagia*, São Paulo, ano 1, vol. 1, mai. 1928. Disponível em: https://digital.bbm.usp.br/view/?45000033273&bbm/7064#page/2/mode/2up. Acessado em: 17.05.2023.

ARAGÃO, Alexandre Santos de. *Agências reguladoras e a evolução do Direito Administrativo Econômico*. Rio de Janeiro: Forense, 2005.

ASHIN, Mark. "The Argument of Madison's 'Federalist' nº 10". *College English*, vol. 15, nº 1, out. 1953. Disponível em: http://www.jstor.org/stable/371602. Acessado em: 14.05.2023.

AUAD, Denise *et al.* "Mecanismos de participação popular no Brasil: plebiscito, referendo e iniciativa popular". *Revista Brasileira de Direito Constitucional*, nº 3, jan./jun. 2004.

AUSTEN-SMITH, David; WRIGHT, John R. "Competitive lobbying for a legislator's vote". *Social Choice Welfare*, vol. 9, nº 3, jul. 1992.

AVRITZER, Leonardo. "Instituições participativas e desenho institucional: algumas considerações sobre a variação da participação no Brasil democrático". *In*: PEREIRA, Flávio Henrique Unes; DIAS, Maria Tereza Fonseca (Coord.). *Cidadania e inclusão social*: estudos em homenagem à professora Miracy Barbosa de Sousa Gustin. Belo Horizonte: Fórum, 2008.

BANDEIRA DE MELLO, Celso Antônio. *Curso de Direito Administrativo*. 32ª ed. São Paulo: Malheiros, 2015.

BARBOSA FILHO, Claudio Roberto; MÜLLER, Vitor André Brandão. "Como regular o lobby no Brasil? Fundamentos e projetos legislativos". *In*: SALGADO, Eneida Desiree (Coord.). *Direito, política e democracia*: reflexões sobre a reforma do sistema político. Curitiba: Íthala, 2015.

BARCELLOS, Ana Paula de. "Acesso à informação, os princípios da Lei n. 12.527/2011". *Quaestio Juris*, vol. 8, nº 3, 2015.

______. *Curso de Direito Constitucional*. Rio de Janeiro: Forense, 2018.

______. *Direitos fundamentais e direito à justificativa*: devido procedimento na elaboração normativa. Belo Horizonte: Fórum, 2016.

BARONI, Laura *et al*. "Defining and classifying interest groups". *Interest groups & Advocacy*, vol. 3, nº 2, 2014.

BASSO, Leonardo Fernando Cruz; SILVA, Marcelo Roque da. "Reflexões sobre a regulamentação". *RAC – Revista da Administração Contemporânea*, vol. 4, nº 2, maio/ago. 2000.

BATISTA, Mariana. *A difusão da Lei de Acesso à Informação nos pequenos municípios brasileiros*: fatores internos e externos. Brasília: Enap, 2017.

BATISTA JÚNIOR, Onofre Alves. *Transações administrativas*: um contributo ao estudo do contrato administrativo como mecanismo de prevenção e terminação de litígios e como alternativa à atuação administrativa autoritária, no contesto de uma Administração Pública mais democrática. São Paulo: Quartier Latin, 2007.

BAUMGARTNER, Frank R. *Lobbying and policy change*: who wins, who loses, and why. Chicago: The University of Chicago Press, 2009.

BAUMGARTNER, Frank R.; LEECH, Beth L. *Basic interests*: the importance of groups in politics and in political science. Princeton: Princeton University Press, 1998.

BAUMGARTNER, Frank R; LEECH, Beth L; MAHONEY, Christine. "The co-evolution of groups and government". *Annual Meeting of the American Political Science Association*. Filadélfia, 2003. Disponível em: http://fbaum.unc.edu/papers/Baumgartner-et-al-2003.pdf. Acessado em: 21.05.2023.

BELLO, Enzo; BERCOVICI, Gilberto; LIMA, Martonio Mont'Alverne Barreto. "O fim das ilusões constitucionais de 1988?" *Revista Direito e Práxis*, Rio de Janeiro, vol. 10, nº 03, 2019.

BELO, Manoel Alexandre C. "Grupos de pressão e influência política". *Verba Juris*, ano 2, nº 2, jan./ dez. 2003.

BELLUZZO, Luiz Gonzaga; GALÍPOLO, Gabriel. *Manda quem pode, obedece quem tem prejuízo*. São Paulo: Contracorrente, 2017.

BENTLEY, Arthur F. *The process of government*: a study of social pressures. Chicago: University of Chicago Press, 1908.

BERNARDES, Cristiane. "Referendo sobre comércio de armas confunde eleitores". *Agência Câmara*, 20 out. 2005. Disponível em: https://www.camara.leg.br/noticias/74523-referendo-sobre-comercio-de-armas-confunde-eleitores/. Acessado em: 14.05.2023.

BERRY, Jeffrey M. *The interest group society*. Boston: Scott Foresman, 1989.

BITENCOURT, Cezar Roberto. "Advocacia administrativa nos crimes licitatórios". *Revista Justiça e Sistema Criminal*, Curitiba, vol. 4, nº 6, jan./jun. 2012.

BITONTI, Alberto. "Definición y discusión del tema del lobby". *In*: DRAGO, Marcelo; SAHD, Jorge (Coord.). *Perfeccionamientos a la ley de lobby*. Santiago: Orjikh, 2019.

BLANCHET, Luiz Alberto; SANTANO, Ana Claudia; MIRANDA NETTO, Fernando Gama de. "O tabu da relação do lobby e políticas públicas no Brasil". *Revista de Direito Econômico e Socioambiental*, vol. 7, 2016.

BLAUG, Mark. *Metodologia e Economia ou como os economistas explicam*. Edusp: São Paulo, 1999.

BOUWEN, Pieter. "The European Commission". *In*: COEN, David; RICHARDSON, Jeremy (Coord.). *Lobbying in the European Union*. Nova York: Oxford University Press, 2009.

BRAGA, Thais Luciana Correa; COSTA, Alda Cristina Silva da; RODARTE, Lídia Karolina de Sousa. "Tempo e Narrativa na Amazônia Paraense: o plebiscito no Pará pela perspectiva do 'Espaço do Leitor'". *Contracampo*, Niterói, vol. 37, nº 1, abr./jul. 2018.

BRANDÃO, Rodrigo. "São os direitos sociais cláusulas pétreas? Em que medida?" *In*: SOUZA NETO, Cláudio Pereira de; SARMENTO, Daniel (Coord.). *Direitos sociais*: fundamentos, judicialização e direitos sociais em espécie. Rio de Janeiro: Lumen Juris, 2008.

BRASIL 247. "Lobista José Amaro Pinto Ramos foi citado em delação premiada como operador de propinas de Serra". *Brasil 247*, Cotia, 3 jul. 2020. Disponível em: https://www.brasil247.com/regionais/sudeste/lobista-jose-amaro-pinto-ramos-foi-citado-em-delacao-premiada-como-operador-de-propinas-de-serra. Acessado em: 15.05.2023.

BRASIL. Câmara dos Deputados. *Projeto de Lei n. 1.202*, de 2007. Disponível em: https://www.camara.leg.br/proposicoesWeb/fichadetramitacao?idProposicao=353631. Acessado em: 14.05.2023.

______. Câmara dos Deputados. *Projeto de Lei n. 6.132-A*, de 1990. Disponível em: https://www.camara.leg.br/proposicoesWeb/prop_mostrarintegra?codteor=982371&filename=Dossie+-PL+6132/1990. Acessado em: 14.05.2023.

______. Câmara dos Deputados. *Projeto de Lei n. 11.025*, de 2018. Disponível em: https://www.camara.leg.br/proposicoesWeb/fichadetramitacao?idProposicao=2187188. Acessado em: 14.05.2023.

______. *Constituição da República Federativa do Brasil*, de 5 de outubro de 1988. Disponível em: https://www.planalto.gov.br/ccivil_03/constituicao/constituicao.htm. Acessado em: 16.05.2023.

______. *Decreto n. 5.687*, de 31 de janeiro de 2006. Disponível em https://www.planalto.gov.br/ccivil_03/_ato2004-2006/2006/decreto/d5687.htm. Acessado em: 14.05.2023.

______. *Decreto n. 8.777*, de 11 de maio de 2016. Disponível em: https://www.planalto.gov.br/ccivil_03/_ato2015-2018/2016/decreto/d8777.htm. Acessado em: 21.05.2023.

______. *Decreto-Lei n 2.848*, de 7 de dezembro de 1940. Código Penal. Disponível em: https://www.planalto.gov.br/ccivil_03/decreto-lei/del2848compilado.htm. Acessado em: 19.05.2023.

______. *Lei n. 8.137*, de 27 de dezembro de 1990. Disponível em: https://www.planalto.gov.br/ccivil_03/leis/l8137.htm. Acessado em: 19.05.2023.

______. *Lei n. 8.906*, de 4 de julho de 1994. Disponível em: https://www.planalto.gov.br/ccivil_03/leis/l8906.htm. Acessado em: 21.05.2023.

______. *Lei n. 9.709*, de 18 de novembro de 1998. Disponível em: https://www.planalto.gov.br/ccivil_03/leis/l9709.htm. Acessado em: 14.05.2023.

______. *Lei n. 12.846*, de 1° de agosto de 2013. Disponível em: https://www.planalto.gov.br/ccivil_03/_ato2011-2014/2013/lei/l12846.htm. Acessado em: 21.05.2023.

_____. *Lei n. 13.844*, de 18 de junho de 2019. Disponível em: https://www.planalto.gov.br/ccivil_03/_ato2019-2022/2019/lei/L13844.htm. Acessado em: 21.05.2023.

_____. Presidência da República. *Manual de redação da Presidência da República*. Brasília: Governo do Brasil, 1991.

_____. Presidência da República. *Resolução n. 3*, de 23 novembro de 2000. Disponível em: http://www.planalto.gov.br/ccivil_03/codigos/codi_Conduta/resolucao3.htm. Acessado em: 14.05.2023.

_____. *Resolução n. 17*, de 21 de setembro 1989. Disponível em: http://www.camara.gov.br/internet/legislacao/regimento_interno/RIpdf/RegInterno.pdf Acessado em: 14.05.2023.

_____. Senado Federal. *Projeto de Emenda Constitucional n. 47*, de 2016. Disponível em https://www25.senado.leg.br/web/atividade/materias/-/materia/126981. Acessado em: 14.05.2023.

_____. Senado Federal. *Projeto de Lei do Senado n. 336*, de 2015. Disponível em: https://www25.senado.leg.br/web/atividade/materias/-/materia/121578. Acessado em: 14.05.2023.

_____. Tribunal Superior Eleitoral. *Estatísticas Eleitorais*. Disponível em: https://www.tse.jus.br/eleicoes/estatisticas/estatisticas-eleitorais. Acessado em: 15.05.2023.

_____. Supremo Tribunal Federal. *Inquérito n. 4259/DF*. Relator: Min. Edson Fachin. Brasília, DF, 18.12.2017.

_____. Tribunal de Contas da União. *Processo TCU/CONJUR: TC-012.028/2018-5*. Disponível em: https://cdn.oantagonista.net/uploads/2018/04/PL-7448-2017-Inteiro-teor-Altera-LINDB-Parecer-Conjur-2018-04-20.pdf. Acessado em: 14.05.2023.

_____. Receita Federal. *Valor da UFIR*. Disponível em: https://receita.economia.gov.br/orientacao/tributaria/pagamentos-e-parcelamentos/valor-da-ufir. Acessado em: 14.05.2023.

BREPOHL, Marion; GONÇALVES, Marcos; GABARDO, Emerson. "As violências do estado de exceção e a defesa da memória contra a invisibilidade dos grupos vulneráveis". *Revista Brasileira de Estudos Políticos*, Belo Horizonte, nº 117, jul./dez. 2018.

BROWN, Jeffrey R.; HUANG, Jiekun. "All the president's friends: Political access and firm value". *Journal of Financial Economics*, vol. 138, nº 2, 2020.

BUHMANN, Karin. "Collaborative Regulation: Preventing regulatory capture in multi-stakeholder processes for developing norms for sustainability conduct". *In*: MAUERHOFER, V.; RUPO, D. TARQUINIO, L. (Coord.). *Sustainability and Law*. Cham: Springer, 2020.

CABRAL, Flávio Garcia. "O Tribunal de Contas da União é um órgão político?" *Revista de Investigações Constitucionais*, Curitiba, vol. 7, nº 1, jan./abr. 2020.

CAIN, Bruce E.; DRUTMAN, Lee. "Congressional Staff and the Revolving Door: the impact of regulatory change". *Election Law Journal*: rules, politics, and policy, vol. 13, nº 1, mar. 2014.

CALADO, Sofia Sobreira. *O crime de tráfico de influência*: a questão da influência suposta. Lisboa: Universidade Católica Portuguesa, 2016. (Dissertação de Mestrado).

CAMUS, Albert. *A peste*. Trad. Valerie Rumjanek. São Paulo: Record, 2017.

CARAZZA, Bruno. *Dinheiro, eleições e poder*: as engrenagens do sistema político brasileiro. São Paulo: Companhia das Letras, 2018.

CARPENTER, Daniel; MOSS, David. A. *Preventing regulatory capture*: Special interest influence and how to limit it. Cambridge: Cambridge University Press, 2014.

CARVALHAES, Rafael Bitencourt; SILVA, Fernando Pereira da. "Democracia, cidadania e mecanismos de participação popular". *Revista de Teorias da Democracia e Direitos Políticos*, Maranhão, vol. 3, nº 2, jul./dez. 2017.

CASIMIRO, Ligia Maria Silva Melo de; MORAES, Filomeno. "Planejamento social na Administração Pública: um instrumento essencial na promoção dos direitos fundamentais sociais". *Revista de Direito Econômico e Socioambiental*, Curitiba, vol. 8, nº 2, nov. 2017.

CESÁRIO, Pablo Silva. "Redes de influência no Congresso Nacional: como se articulam os principais grupos de interesse". *Revista de Sociologia e Política*, vol. 24, nº 59, set. 2016.

CHARI, Raj; MURPHY, Gary; HOGAN, John. "Regulating Lobbyists: a Comparative Analysis of the USA, Canada, Germany and the European Union". *The Political Quarterly*, vol. 78, nº 3, 2007.

CHILE. *Ley n. 20.730*, de 3 mar. 2014. Disponível em: https://www.bcn.cl/leychile/navegar?idNorma=1060115. Acessado em: 14.05.2023.

CLÈVE, Clèmerson Merlin; FRANZONI, Júlia Ávila. "Administração Pública e a nova Lei de Acesso à Informação". *Interesse Público*, Belo Horizonte, ano 15, nº 79, mai./jun. 2013.

CLÈVE, Clèmerson Merlin; LORENZETTO, Bruno Meneses. "Diálogos institucionais: estrutura e legitimidade". *Revista de Investigações Constitucionais*, Curitiba, vol. 2, nº 3, set./dez. 2015.

COALIZAÇÃO BRASIL, CLIMA, FLORESTAS E AGRICULTURA. *Ações para queda rápida do desmatamento*, 16 set. 2020. Disponível em: http://www.coalizaobr.com.br/home/phocadownload/documentos/Acoes_para_a_Queda_Rapida_do_Desmatamento.pdf. Acessado em: 14.05.2023.

COELHO, Margarete de Castro. *A democracia na encruzilhada*: reflexões acerca da legitimidade democrática da justiça eleitoral brasileira para a cassação de mandatos eletivos. Belo Horizontal: Fórum, 2015.

COLM, Gerhard. "O interesse público: chave essencial da política pública". *In*: FRIEDRICH, Carl J. *O interesse público*. Trad. Edilson Alkmin Cunha. Rio de Janeiro: O Cruzeiro, 1967.

CONLLEDO, Miguel Díaz y García. "La responsabilidad política ni implica ni presupone ni excluye la responsabilidad penal". *In*: LEITE, Alaor; TEIXEIRA, Adriano. *Crime e política*: corrupção, financiamento irregular de partidos políticos, caixa dois eleitoral e enriquecimento ilícito. Rio de Janeiro: FGV Editora, 2017.

CONSEJO DIRECTIVO DEL CONSEJO PARA LA TRANSPARENCIA. "Documento de trabajo hacia una ley de lobby 2.0". *In*: DRAGO, Marcelo; SAHD, Jorge (Coord.). *Perfeccionamientos a la ley de lobby*. Santiago: Orjikh, 2019.

COSTA, Álvaro Mayrink da. "Criminalidade na Administração Pública: peculato, corrupção, tráfico de influência e exploração de prestígio". *Revista da EMERJ*, vol. 13, nº 52, 2010.

COSTA, Pietro. *Poucos, muitos, todos*: lições de história da democracia. Curitiba: Editora UFPR, 2012.

COUNCIL OF EUROPE. "Explanatory Report to the Criminal Law Convention on Corruption". *European Treaty Series*, nº 173,

Estrasburgo, 1999. Disponível em: https://www.coe.int/en/web/conventions/full-list/-/conventions/treaty/173. Acessado em: 15.05.2023.

DAHL, Robert A. *A preface to democratic theory*. Chicago: University of Chicago Press, 2006.

______. *Poliarquia*: participação e oposição. São Paulo: Editora da Universidade de São Paulo, 2005.

DE BRUYCKER, Iskander; BERKHOUT, Joost; HANEGRAAFF, Marcel. "The paradox of collective action: Linking interest aggregation and interest articulation in EU legislative lobbying". *Governance*, vol. 32, nº 2, 2019.

DERRIDA, Jacques. *Força de lei*: o "fundamento místico da autoridade". Trad. Leyla Perrone-Moisés. São Paulo: Martins Fontes, 2010.

DEZAN, Sandro Lúcio; HERKENHOFF, Henrique Geaquinto. "A concepção funcional de bens jurídicos para a unificação dos efeitos do princípio ne bis in idem na seara extrapenal sancionadora disciplinar". *A&C – Revista de Direito Administrativo & Constitucional*, Belo Horizonte, ano 19, nº 76, abr./jun. 2019.

DIAS, Maria Tereza Fonseca. "Rumo ao Direito Administrativo da cidadania e da inclusão social". *In*: PEREIRA, Flávio Henrique Unes; DIAS, Maria Tereza Fonseca (Coord.). *Cidadania e inclusão social*: estudos em homenagem à professora Miracy Barbosa de Sousa Gustin. Belo Horizonte: Fórum, 2008.

DOTTA, Alexandre Godoy. "Public policies for the assessment of quality of the Brazilian higher education system". *Revista de Investigações Constitucionais*, Curitiba, vol. 3, nº 3, set./dez. 2016.

DOWNS, Anthony. *An economic theory of democracy*. Nova York: Harper & Row, 1957.

DRAGO, Marcelo. "Prólogo". *In*: DRAGO, Marcelo; SAHD, Jorge (Coord.). *Perfeccionamientos a la ley de lobby*. Santiago: Orjikh, 2019.

DUVERGER, M. *Os partidos políticos*. São Paulo: Zahar, 1951.

ELIAS, Norbert. *O processo civilizador*: formação do Estado e civilização. Trad. Ruy Jungmann. Rio de Janeiro: Zahar, 2017.

ESTADÃO. "Procuradoria e PF descobrem empresas usadas por lobista para lavagem e ocultação de provas de desvio de R$ 87 mi do Postalis". *O Estado de São Paulo*, São Paulo, 19 out. 2020. Disponível em: https://politica.estadao.com.br/blogs/fausto-macedo/procuradoria-e-pf-descobrem-empresas-usadas-para-lavagem-e-ocultacao-provas-de-desvio-de-r-87-mi-do-postalis/. Acessado em: 15.05.2023.

FARHAT, Said. *Lobby, o que é, como se faz*: ética e transparência na representação junto a governos. São Paulo: Aberje, 2007.

FARIA, José Eduardo. *Corrupção, justiça e moralidade pública*. São Paulo: Perspectiva, 2019.

FERRER, Walkiria Martinez Heinrich; CARDOSO, Gleissa Mendonça Faria. "A reforma política brasileira à luz dos institutos plebiscito e referendo: mais uma proposta à democracia". *Revista Direitos Fundamentais & Democracia*, vol. 23, nº 1, 2018.

FIGUEIREDO, Carlota Rocha. *Tráfico de influência*: análise crítica da incriminação. Lisboa: Universidade Católica Portuguesa, 2012. (Dissertação de Mestrado).

FREEMAN, Patricia K; NOWES, Anthony J. "Intergovernmental lobbying in the Statesb". *Southeastern Political Review*, vol. 27, nº 4, dez. 1999.

FREITAS JUNIOR, Renato Almeida de. *Prisões e quebradas*: o campo em evidência. Curso de Direito, Universidade Federal do Paraná, Curitiba, 2017. (Dissertação de Mestrado).

FREITAS, Juarez. "Direito Administrativo não adversarial: a prioritária solução consensual de conflitos". *Revista de Direito Administrativo*, vol. 276, set./dez., 2017.

______. *Discricionariedade administrativa e o Direito Fundamental à boa Administração Pública*. São Paulo: Malheiros, 2009.

FUKUYAMA, Francis. *Ordem e decadência política*: da Revolução Industrial à globalização da democracia. Trad. Nivaldo Montingelli Jr. Rio de Janeiro: Rocco, 2018.

GABARDO, Emerson. "A eficiência no desenvolvimento do Estado Brasileiro: uma questão política e administrativa". *In*: MARRARA, Thiago (Coord.). *Princípios de Direito Administrativo*. São Paulo: Atlas, 2012.

______. "A felicidade como fundamento teórico do desenvolvimento em um Estado Social". *Revista Digital de Direito Administrativo*, vol. 5, nº 1, 2018.

______. "Estado Social e Estado subsidiário: modelos distintos de desenvolvimento". *Revista de Direito Administrativo e Infraestrutura*, Belo Horizonte, vol. 11, nº 3, 2019.

______. *Interesse público e subsidiariedade*: o Estado e a sociedade civil para além do bem e do mal. Belo Horizonte: Fórum, 2009.

______. "La inexistência de um critério constitucional de subsidiariedade em la definición de potestades federativas en Brasil". *Estudios constitucionales*, Santiago, vol. 13, nº 1, 2015. Disponível em: https://www.scielo.cl/pdf/estconst/v13n1/art04.pdf. Acessado em: 15.05.2023.

______. "O Princípio da Supremacia do Interesse Público sobre o Interesse Privado como fundamento do Direito Administrativo social". *Revista de Investigações Constitucionais*, Curitiba, vol. 4, nº 2, maio/ago. 2017.

______. *Princípio constitucional da eficiência administrativa*. São Paulo: Dialética, 2002.

______. "Princípio da eficiência". *In*: NUNES JR., Vidal S., ZOCKUN, Maurício; ZOCKUN, Carolina Z.; FREIRE, André L. (Coord.). *Enciclopédia Jurídica da PUCSP*. Tomo: Direito Administrativo e Constitucional. São Paulo: PUC/SP, 2017.

GABARDO, Emerson; CASIMIRO, Ligia Maria Melo de. "Uma análise econômica do direito à moradia". *Revista Internacional de Direito Ambiental*, vol. IV, 2015.

GABARDO, Emerson; GRANER, Mateus Domingues. "A importância da participação popular na análise de impacto regulatório pelas agências reguladoras federais brasileiras". *Revista de Direito Administrativo*, Rio de Janeiro, vol. 279, nº 3, set./dez. 2020.

GABARDO, Emerson; SALGADO, Eneida Desiree. "O princípio da publicidade e os abusos de poder político e econômico na democracia contemporânea". *In*: GABARDO, Emerson; AFFORNALLI, Maria Cecília N. Munhoz. *Direito, informação e cultura*. Belo Horizonte: Fórum, 2012.

GABARDO, Emerson; SOUZA, Pablo Ademir de. "O consequencialismo e a LINDB: a cientificidade das previsões quanto às consequências práticas das decisões". *A&C – Revista de Direito Administrativo & Constitucional*, Belo Horizonte, ano 20, nº 81, jul./set. 2020.

GALAN, Gilberto. *Relações governamentais e lobby*: aprendendo a fazer. São Paulo: Aberje, 2012.

GALER, Nicolás Fernando Rodríguez. *Regulación de lobby en el Perú*: trayectoria pendular hacia una ley de gestión de intereses de segunda generación. Curso de Magíster En Gestión Pública. Lima: Universidad del Pacífico, 2016. (Dissertação de Mestrado). Disponível em: https://repositorio.up.edu.pe/bitstream/handle/11354/1155/Nicol%C3%A1s_Tesis_maestria_2016.pdf?sequence=1. Acessado em: 15.05.2023.

GARCIA, Basileu. "Dos crimes contra a Administração Pública". *Revista de Direito Administrativo*, vol. 8, 1947.

GAZOTTO, Gustavo Martinelli Tanganelli. *O lobby e a sua regulamentação no Brasil*: entre influência privada e interesse público. Curitiba: PUC/PR, 2021. (Dissertação de Mestrado).

GIBSON, James L. "The Political Consequences of Intolerance: Cultural Conformity and Political Freedom". *The American Political Science Review*, vol. 86, nº 2, 1992.

GOMES, Ciro. *Projeto nacional*: o dever da esperança. São Paulo: LeYa, 2020.

GOMES, Conceição; LOPES, José Mouraz. "As recentes transformações no Código Penal Português: a tensão entre garantias e a resposta à criminalidade". *Sistema Penal & Violência*, Porto Alegre, vol. 1, nº 1, jul.- dez. 2009.

GONTIJO, Conrado Almeida Corrêa. *Lobby*: estudo de Direito Comparado e necessidade de regulamentação do instituto no ordenamento jurídico brasileiro. São Paulo: Marcial Pons, 2020.

GONZÁLEZ, Renato Garin. *The Chilean Lobbying Act*: legal analysis and criticism. Magister Juris. Oxford: University of Oxford, 2015. (Dissertação de Mestrado). Disponível em: https://www.u-cursos.cl/inap/2016/1/ELE661/1/material_docente/bajar?id_material=1291791. Acessado em: 15.05.2023.

GOZETTO, Andréa Cristina Oliveira. "Movimentos sociais e grupos de pressão: duas formas de ação coletiva". *Cenários da Comunicação*, São Paulo, vol. 7, nº 1, 2008.

GRANT, Wyn. *David B. Truman, the governmental process*: political interests and public opinion. Oxford: Oxford University Press, 2018.

GRAY, Virginia; LOWERY, David; FELLOWES, Matthew; ANDERSON, Jennifer L. "Legislative Agendas and Interest Advocacy". *American Politics Research*, vol. 33, nº 3, mai. 2005.

GRECO, Luís; TEIXEIRA, Adriano. "Aproximação a uma teoria da corrupção". *In*: LEITE, Alaor; TEIXEIRA, Adriano. *Crime e política*:

corrupção, financiamento irregular de partidos políticos, caixa dois eleitoral e enriquecimento ilícito. Rio de Janeiro: FGV Editora, 2017.

GREENWOOD, Justin; THOMAS, Clive S. "Regulating lobbying in the western world". *Parliamentary affairs*: a journal of representative politics, vol. 51, nº 4, 1998. Disponível em: https://dialnet.unirioja.es/servlet/articulo?codigo=452258. Acessado em: 15.05.2023.

GUERRA, Sérgio. *Discricionariedade, regulação e reflexividade*: uma nova teoria sobre as escolhas administrativas. 4ª ed. revista e atualizada. Belo Horizonte: Fórum, 2017.

GUIMARÃES, Lívia Gil. "Participação Social no STF: repensando o papel das audiências públicas". *Revista Direito e Práxis*, vol. 11, nº 1, 2020.

GUNNELL, John G. "The genealogy of American pluralism: from Madison to behavioralism". *International Political Science Review*, vol. 17, nº 3, 1996.

HABERMAS, Jürgen. *Between facts and norms*: Contributions to a discourse theory of law and democracy. Cambridge: Polity Press, 1996.

HACHEM, Daniel Wunder. "A dupla titularidade (individual e transindividual) dos direitos fundamentais econômicos, sociais, culturais e ambientais". *Revista Direitos Fundamentais & Democracia* (UniBrasil), vol. 14, nº 14.1, Curitiba, UniBrasil, ago./dez. 2013.

______. *Tutela administrativa efetiva dos direitos fundamentais sociais*: por uma implementação espontânea, integral e igualitária. Programa de Pós-Graduação em Direito. Curitiba: Universidade Federal do Paraná, 2014. (Tese de Doutorado).

HALEGOUA, Germaine R. *Smart Cities*. Cambridge: MIT Press, 2020.

HAMM, Mark S. "From Wedtech and Iran-Contra to the riots at Oakdale and Atlanta: on the ethics and public performance of Edwin Meese III". *Journal of crime and justice*, vol. 12, nº 2, 1991. Disponível em: http://dx.doi.org/10.1080/0735648X.1991.9721441. Acessado em: 15.05.2023.

HAUCK, Juliana Cristina Rosa. "What are 'Think Tanks'? Revisiting the dilemma of the definition". *Brazilian Political Science Review*, vol. 2, nº 11, 2017.

HOLLANDA, Cristina Buarque de. *Teoria das elites*. Rio de Janeiro: Zahar, 2011.

HOLMAN, Craig. "The tension between lobbying and campaign finance laws: rolling back gains made under the Honest Leadership and Open Government Act of 2007". *Election Law Journal*, vol. 13, nº 1, 2014.

______."Origins, evolution and structure of the Lobbying Disclosure Act". *Public Citizen*, vol. 11, 2006. Disponível em: https://www.lobbycontrol.de/wp-content/uploads/download/OriginsofLDA.pdf. Acessado em: 15.05.2023.

IANONI, Marcus. "Interesses financeiros e captura do Estado no Brasil". *Revista de Economia Política*, vol. 37, nº 2, abr./jun. 2017.

INSTITUTO DE RELAÇÕES GOVERNAMENTAIS. *Guia de melhores práticas da atividade de relações governamentais*. São Paulo, 2019. Disponível em: https://www.irelgov.com.br/guia-de-melhores-praticas-da-atividade-de-relacoes-governamentais/. Acessado em: 15.05.2023.

INSTITUTO LULA. *Missão*, 2020. Disponível em: https://institutolula.org/missao. Acessado em: 15.05.2023.

INSTITUTO PALAVRA ABERTA. *Quem somos*, 2020. Disponível em: https://www.palavraaberta.org.br/sobre-o-instituto. Acessado em: 15.05.2023.

JARAQUEMADA, María. "Breve história de una ley de lobby". *In*: DRAGO, Marcelo; SAHD, Jorge (Coord.). *Perfeccionamientos a la ley de lobby*. Santiago: Orjikh, 2019.

JESUS, Damásio de. *Crimes de corrupção ativa e tráfico de influência nas transações comerciais internacionais*. São Paulo: Saraiva, 2003.

JORDAN, Grant. "The process of government and the governmental process". *Political Studies*, vol. 48, 2000.

JORDÃO, Eduardo. "The three dimensions of administrative law". *A&C – Revista de Direito Administrativo & Constitucional*, Belo Horizonte, ano 19, nº 75, jan./mar. 2019.

KUNTZ, Rolf. "O lobby da morte na incursão ao Supremo". *O Estado de São Paulo*, São Paulo, 10 mai. 2020. Disponível em: https://opiniao.estadao.com.br/noticias/espaco-aberto,o-lobby-da-morte-na-incursao-ao-supremo,70003298027. Acessado em: 15.05.2023.

KWAK, James. "Cultural capture and the financial crisis". *In*: CARPENTER, Daniel; MOSS, David. A. *Preventing regulatory capture*: Special interest influence and how to limit it. Cambridge: Cambridge University Press, 2014.

LAGOS, Adolfo Lapostol Dettori Mauricio Lopez. *Ley de lobby en Chile*: antecedentes y análisis de la ley 20.730. Curso de Ciências Jurídicas. Santiago: Universidad Finis Terrae, 2016. (Trabalho de conclusão de curso).

KANE, Jenna Becker. "Lobbying justice(s)? Exploring the nature of amici influence in state Supreme Court decision making". *State Politics & Policy Quarterly*, vol. 17, nº 3, set. 2017.

LAPIRA, Timothy M.; THOMAS, Herschel F. "Revolving door lobbyists and interest representation". *Interest Groups & Advocacy*, vol. 3, 2014.

______. "The lobbying disclosure act at 25: challenges and opportunities for analysis". *Interest groups & Advocacy*, vol. 9, nº 3, 2020. Disponível em: https://doi.org/10.1057/s41309-020-00101-0. Acessado em: 15.05.2023.

LASSWELL, Harold D. "O interesse público: sugestões de princípios de conteúdo e de método". *In*: FRIEDRICH, Carl J. *O interesse público*. Trad. Edilson Alkmin Cunha. Rio de Janeiro: O Cruzeiro, 1967.

LASKI, Harold. *The foundations of sovereignty*. New Heaven: Yale University Press, 1921.

LAVAQUE-MANTY, Mika. "Bentley, Truman, and the study of groups". *Annual review of political science*, vol. 9, 2006.

LAZZARINI, Sérgio G. *Capitalismo de laços*: os donos do Brasil e suas conexões. Rio de Janeiro: Elsevier, 2011.

LAZZARINI, Sérgio G.; MUSACCHIO, Aldo. "O Leviatã nos negócios no Brasil". *In*: SELIGMAN, Milton; MELLO, Fernando. *Lobby desvendado*: democracia, políticas públicas e corrupção no Brasil contemporâneo. Rio de Janeiro: Record, 2018.

LEECH, Beth L. *et al.* "Drawing lobbyists to Washington: Government activity and the Demand for advocacy". *Political Research Quarterly*, vol. 58, nº 1, mar. 2005.

LÉVY, Pierre. *O que é o virtual?* Trad. Paulo Neves. São Paulo: Editora 34, 2014.

LINHARES, Paulo Afonso. *Cidadania interativa*: plebiscito, referendo e iniciativa popular na Constituição de 1988 e os impactos da revolução tecnológica da informação e comunicação na democracia brasileira. Curso de Programa de Pós-Graduação em Direito, Centro de Ciências Jurídicas. Recife: Universidade Federal de Pernambuco, 2010. (Tese de Doutorado).

Disponível em: https://repositorio.ufpe.br/bitstream/123456789/3763/1/arquivo366_1.pdf. Acessado em: 15.05.2023.

LUNEBURG, William V. "The evolution of federal lobbying regulation: where we are now and where we should be going". *McGeorge Law Review*, vol. 41, nº 1, 2009.

MADISON, James. "Federalist nº 10". *In*: HAMILTON, Alexander; MADISON, James; JAY, John. *The Federalist Papers*. Nova York: Oxford University Press, 2008.

MAICAN, Ovidiu-Horia. "Legal regime of lobby activities: a comparative view". *Juridical Tribune*, vol. 4, nº 2, dez. 2014.

MANCUSO, Wagner Pralon. "O lobby da indústria no Congresso Nacional: empresariado e política no Brasil contemporâneo". *Dados – Revista de Ciências Sociais*, Rio de Janeiro, vol. 47, nº 3, 2004.

MANCUSO, Wagner Pralon; GOZETTO, Andrea Cristina Oliveira. *Lobby e políticas públicas*. Rio de Janeiro: FGV Editora, 2018.

MARTINS, Ricardo Marcondes. "'Políticas públicas' e Judiciário: uma abordagem neoconstitucional". *A&C – Revista de Direito Administrativo & Constitucional*, Belo Horizonte, ano 18, nº 71, jan./mar. 2018.

______. *Regulação administrativa à luz da Constituição Federal*. São Paulo: Malheiros, 2011.

MASKELL, Jack H. "Lobbying regulations on non-profit organizations". *Congressional Research Service*, vol. 806, 1996.

MATHIOWETZ, Dean. "'Interest' is a verb: Arthur Bentley and the language of interest". *Political Research Quarterly*, vol. 61, nº 4, dez. 2008.

MELLO, Sebástian Borges de Albuquerque. "O sujeito ativo do tráfico de influência e o anteprojeto do novo Código Penal". *Revista Brasileira de Ciências Criminais*, vol. 110, set.-out. 2014.

MELO, Juliana Gonçalves. "Regulação do lobby no Brasil: Reflexões a partir da Teoria dos Grupos de Mancur Olson e da Teoria Processual Administrativa da Regulação". *Revista de Direito Setorial e Regulatório*, Brasília, vol. 6, nº 1, mai. 2020.

MELO, Tatiana Massoroli; FUCIDJI, José Ricardo. "Racionalidade limitada e tomada de decisão em sistemas complexos". *Revista de Economia Política*, vol. 36, nº 3 (144), jul./set., 2016.

MIHUT, Liliana. "Lobbying in the United states and the European Union". *Romanian Journal of European Affairs*, vol. 8, nº 4, nov. 2008.

MISES BRASIL. *Quem somos*, 2020. Disponível em: https://www.mises.org.br/About.aspx. Acessado em: 15.05.2023.

MURILLOS, C. G. P. "La politica del interés: el Lobby y el estudio de la influencia politica". *Revista Parlamentaria*, nº 1, 2005.

NASSAR, Paulo; PARENTE, Carlos. *Lobby e comunicação*: a integração da narrativa como via de transformação. São Paulo: Aberje, 2020.

NEWMAN, Benjamin J.; HARTMAN, Todd K. "Mass Shootings and Public Support for Gun Control". *British Journal of Political Science*, vol. 49, nº 4, out. 2017.

NIETO, Alejandro. *Derecho administrativo sancionador*. Madri: Tecnos, 2012.

NOVAIS, Jorge Reis. *Direitos sociais*: teoria jurídica dos direitos sociais enquanto direitos fundamentais. Coimbra: Coimbra Editora, 2010.

NOVAK, William J. "A revisionist history of regulatory capture". *In*: CARPENTER, Daniel; MOSS, David. A. *Preventing regulatory capture*: Special interest influence and how to limit it. Cambridge: Cambridge University Press, 2014.

NYHAN, Brendan. "Scandal Potential: How Political Context and News Congestion Affect the President's Vulnerability to Media Scandal". *British Journal of Political Science*, Cambridge, vol. 45, nº 2, 2014.

O'CONNOR, Karen; EPSTEIN, Lee. "Beyond legislative lobbying: women's rights groups and the Supreme Court". *Judicature*, vol. 67, nº 3, set. 1983.

OLIVEIRA, Andréa Cristina de Jesus. *Lobby e representação de interesses*: lobistas e seu impacto sobre a representação de interesses no Brasil. Instituto de Filosofia e Ciências Humanas. Campinas: Universidade Estadual de Campinas, 2004. (Tese de Doutorado).

______. "O lobbying institucional no Brasil: canal de comunicação entre Estado e sociedade civil?" *Cenários da comunicação*, São Paulo, vol. 6, nº 1, 2007.

OLIVEIRA, Breno Alexei Rodrigues de. "A responsabilidade penal do 'beneficiário' no crime de tráfico de influência". *FIDES – Revista de Filosofia do Direito, do Estado e da Sociedade*, Natal, vol. 8, nº 2, jul./dez. 2016.

OLIVEIRA, José Carlos de; AGAPITO, Leonardo Simões; MIRANDA, Matheus de Alencar e. "O modelo de 'autorregulação regulada' e a teoria da captura: obstáculos à efetividade no combate à lavagem de dinheiro no Brasil". *Revista Quaestio Iuris*, vol. 10, nº 1, 2017.

OLIVEIRA, José Carlos de; PEREZ FILHO, Augusto M.; WOOD, Stephen Q. "Agências reguladoras e o fenômeno da captura". *Revista Pensar*, Fortaleza, vol. 17, nº 1, jan./jun. 2012.

OLIVEIRA, Kamila Pagel de; PAULA, Ana Paula Paes de. "Herbert Simon e os limites do critério de eficiência na nova Administração Pública". *Cadernos de gestão pública e cidadania*, São Paulo, vol. 19, nº 64, jan./jul., 2014.

OLSON, Mancur. *The logic of collective action*: public goods and the theory of groups. Cambridge: Harvard Economic Studies, 2003.

OPEN KNOWLEDGE FOUNDATION. *Open data handbook*. Londres, 2010. Disponível em: http://opendatahandbook.org/guide/en/what-is-open-data/. Acessado em: 15.05.2023.

ORGANIZAÇÃO DOS ESTADOS AMERICANOS. *Carta Democrática Interamericana*. Lima, 2001. Disponível em: http://www.oas.org/OASpage/port/Documents/Democractic_Charter.htm. Acessado em: 15.05.2023.

ORGANIZATION FOR ECONOMIC COOPERATION AND DEVELOPMENT. *Lobbyists, governments and public trust*: implementing the OECD principles for transparency and integrity in lobbying. Paris: OECD Publishing, 2014.

______. *Preventing Policy Capture*: Integrity in Public Decision Making. Paris: OECD Publishing, 2017.

______. *The 10 principles for transparency and integrity in lobbying*. Paris: OECD Publishing, 2013. Disponível em: https://www.oecd.org/gov/ethics/Lobbying-Brochure.pdf. Acessado em: 15.05.2023.

PATRI, Eduardo Carlos Ricardo da. "Relações governamentais, lobby e advocacy no contexto de public affairs". *Revista brasileira de comunicação organizacional e relações públicas* (Organicom), São Paulo, vol. 8, nº 14, 2011.

PEDRA, Adriano Sant'Ana. "Participação popular no processo legislativo". *A&C – Revista de Direito Administrativo e Constitucional*, Belo Horizonte, ano 7, nº 27, jan./mar. 2007.

PELTZMAN, Sam. "George Stigler's contribution to the economic analysis of regulation". *Journal of Political Economy*, Chicago, vol. 101, nº 5, 1993.

PENNOCK, J. Roland. "A unidade e a multiplicidade: uma observação sobre o conceito". *In*: FRIEDRICH, Carl J. *O interesse público*. Trad. Edilson Alkmin Cunha. Rio de Janeiro: O Cruzeiro, 1967.

PEREIRA, Antonio Kevan Brandão. *Teoria democrática contemporânea*: o conceito de poliarquia na obra de Robert Dahl. Curso de Pós-Graduação em Sociologia. Fortaleza: Universidade Federal do Ceará, 2013. (Dissertação de Mestrado).

PEREIRA, Paulo Cyrillo. "Funcionário público: titularidade passiva nos crimes contra a Administração Pública". *Justitia*, São Paulo, vol. 53, nº 153, jan./mar. 1991.

PERISSINOTTO, Renato; COSTA, Luiz Domingos. "O perfil dos parlamentares paranaenses: gênero, religião e classe (1995-2002)". *In*: PERISSINOTTO, Renato; CODATO, Adriano; FUKS, Mario; BRAGA, Sérgio (Coord.). *Quem governa*: um estudo das elites políticas do Paraná. Curitiba: Editora UFPR, 2007.

PERUZZO, Cicilia M. Krohling. "Movimentos sociais, redes virtuais e mídia alternativa no junho em que 'o gigante acordou'". *Revista Matrizes*, ano 7, nº 2, jul./dez. 2013.

PETRILLO, Pier Luigi. *Teorie e tecniche del lobbying*: regole, casi, procedure. Bolonha: Il Mulino, 2019.

______. *Teorias e técnicas do lobbying*. 1ª ed. Trad. Antonio Araldo Ferraz Dal Pozzo e Augusto Neves Dal Pozzo. São Paulo: Contracorrente, 2022.

PINTO E NETTO, Luísa Cristina. *Os direitos sociais como limites materiais à revisão constitucional*. Salvador: Juspodivm, 2009.

POSNER, Richard A. "The concept of regulatory capture". *In*: CARPENTER, Daniel; MOSS, David A. *Preventing regulatory capture*: Special interest influence and how to limit it. Cambridge: Cambridge University Press, 2014.

QUANDT, Gustavo de Oliveira. "O crime de corrupção e a compra de boas relações". *In*: LEITE, Alaor; TEIXEIRA, Adriano. *Crime e política*: corrupção, financiamento irregular de partidos políticos, caixa dois eleitoral e enriquecimento ilícito. Rio de Janeiro: FGV Editora, 2017.

RAMOS, Liza Valença. "Advocacy". *In*: MARINS, James; ANASTACIO, Mari Regina; CRUZ FILHO, Paulo R. A. (Coord.). *Empreendedorismo social e inovação social no contexto brasileiro*. Curitiba: PUCPRESS, 2018.

RAUEN, André Tortato; MONTIBELLER-FILHO, Gilberto. "Eficiência coletiva em clusters industriais: análise do setor químico da Microrregião de Criciúma em SC". *Ensaios FEE*, vol. 29, nº 1, 2008.

REVISTA FÓRUM. "Bolsonaro e Wassef viram alvos da PGR por tráfico de influência e corrupção, diz revista". *Revista Fórum*, Santos, 25 set. 2020. Disponível em: https://revistaforum.com.br/politica/governo-bolsonaro/2020/9/25/bolsonaro-wassef-viram-alvos-da-pgr-por-trafico-de-influncia-corrupo-diz-revista-83141.html. Acessado em: 15.05.2023.

RIBEIRO, Márcia Carla Pereira; KLEIN, Vinicius (Coord.). *O que é análise econômica do Direito*: uma introdução. Belo Horizonte: Fórum, 2011.

RIZZO, Alana; VELASCO, Joel. "As empresas conseguem migar do *crony capitalism* para práticas íntegras de relação com o governo?" *In*: SELIGMAN, Milton; MELLO, Fernando. *Lobby desvendado*: democracia, políticas públicas e corrupção no Brasil contemporâneo. Rio de Janeiro: Record, 2018.

ROBINS, Rand. "Why the Honest Leadership and Open Government Act of 2007 Falls Short, and How It Could Be Improved". *Legislation and Policy Brief*, vol. 2, nº 2, 2010. Disponível em: http://digitalcommons.wcl.american.edu/lpb/vol2/iss2/4. Acessado em: 15.05.2023.

RODRIGUES, Randolfe. "As provas são claras: o Governo praticou advocacia administrativa, em outras palavras: LOBBY! Isso é CRIME de acordo com o Artigo 321 do CP. Enquanto ignorava 81 e-mails da Pfizer oferecendo vacina, o Governo negociava remédios sem eficácia para o povo!" 10 jun. 2021. Twitter: @randolfeap. Disponível em: https://twitter.com/randolfeap/status/1402969268619251713?s=20. Acessado em: 15.05.2023.

RODRIGUES, Ricardo José Pereira. "A regulamentação do lobby no Brasil: leitura crítica de um projeto de lei". *Revista de Administração Pública*, vol. 30, nº 1, 1996.

______. "Mudança e continuidade na regulamentação do lobby nos Estados Unidos". *Revista de Informação Legislativa*, Brasília, ano 49, nº 196, out./dez. 2012.

SAAVEDRA, Medaly Abad. "Nuevo Reglamento de la Ley que regula la gestión de intereses en la administración pública". *Taller de Investigación En Derecho Administrativo*, Lima, 15 jul. 2019.

SALGADO, Eneida Desiree. *Constituição e democracia* - tijolo por tijolo num desenho (quase) lógico: vinte anos de construção do projeto democrático brasileiro. Belo Horizonte: Fórum, 2007.

______. "Iniciativa popular de leis: as propostas, o positivado e o possível". *Revista Senado*, Brasília, ano 43, vol. 169, 2006.

______. *Lei de Acesso à Informação (LAI)*: comentários à Lei n. 12.527/2011 e ao Decreto n. 7.724/2012. São Paulo: Atlas, 2015.

______. *Lei de Acesso à Informação*: Lei 12.527/2011. São Paulo: Thomson Reuters Brasil, 2019.

SANSON, Alexandre. *Dos grupos de pressão na democracia representativa*: os limites jurídicos. Programa de Pós-graduação em Direito. São Paulo: Faculdade de Direito da Universidade de São Paulo, 2013. (Tese de Doutorado).

SANTANO, Ana Claudia. "La captura de políticas públicas como obstáculo a la buena administración en Brasil". *In*: CARBALLAL, Almudena Fernández; MORANDINI, Federico; MALDONADO, Marco Aurelio González (Coord.). *La buena administración y la ética pública en el derecho administrativo*. Bogotá: Ibáñez, 2020.

______. "La captura del estado como obstáculo para la participación ciudadana en la administración pública del siglo XXI". *In*: GABARDO, Emerson *et al.* (Coord.). *A existência digna e a Administração Pública do século XXI*. Curitiba: Íthala, 2019.

SANTOS, Luasses Gonçalves dos. *O interesse público sob a crítica da teoria crítica*. São Paulo: Contracorrente, 2021.

SCHIER, Adriana da Costa Ricardo. *Fomento*: Administração Pública, direitos fundamentais e desenvolvimento. Curitiba: Íthala, 2019.

SCHIER, Adriana da Costa Ricardo; MELO, Juliane Andrea de Mendes Hey. "O direito à participação popular como expressão do Estado Social e Democrático de Direito". *A&C – Revista de Direito Administrativo & Constitucional*, Belo Horizonte, ano 17, nº 69, jul./set., 2017.

SELIGMAN, Milton. "Manual de melhores práticas em relações institucionais". *In*: SELIGMAN, Milton; MELLO, Fernando (Coord.).

Lobby desvendado: democracia, políticas públicas e corrupção no Brasil contemporâneo. Rio de Janeiro: Record, 2018.

SIMON, Herbert A. *Comportamento administrativo*: estudo dos processos decisórios nas organizações administrativas. 2ª ed. Rio de Janeiro: Fundação Getúlio Vargas, 1970.

SIQUEIRA, Dirceu Pereira; RAMIRO, Marcus Geandré Nakano; CASTRO, Lorenna Roberta Barbosa. "Lobby em audiência pública no Supremo Tribunal Federal: instrumentos democráticos para efetivação dos direitos da personalidade feminina". *Revista Direitos Culturais*, vol. 15, nº 37, set./dez. 2020.

SMITH, Stuart. "Theorising Gun Control: the development of regulation and shooting sports in Britain". *The Sociological Review*, vol. 54, nº 4, nov. 2006.

SOLOWIEJ, Lisa; COLLINS JR., Paul M. "Counteractive Lobbying in the U.S. Supreme Court". *American Politics Research*, vol. 37, nº 4, jul. 2009.

SOUZA, Celina. "Políticas públicas: uma revisão de literatura". *Sociologias*, Porto Alegre, ano 8, nº 16, jul./dez. 2016.

SOUZA, Luciano Anderson de. *Crimes contra a Administração Pública*. São Paulo: Thomson Reuters, 2018.

STEINGRABER, Ronivaldo; FERNANDEZ, Ramon Garcia. "A racionalidade limitada de Herbert Simon na microeconomia". *Revista da Sociedade Brasileira de Economia Política*, nº 34, fev. 2013.

STIGLER, George J. "The theory of economic regulation". *The Bell Journal of Economics and Management Science*, vol. 2, nº 1, 1971.

STIGLER, George J.; FRIEDLAND, Clair. "What can regulators regulate? the case of electricity". *Journal of Law and Economics*, Chicago, vol. 5, out. 1962.

STRAUS, Jacob B. *Lobbying Disclosure Act at 20*: analysis and issues for congress. Columbia: CRS Report, 2015. Disponível em: https://campaignlegal.org/sites/default/files/CRS%20report%20on%20LDA%20at%2020.pdf. Acessado em: 15.05.2023.

STROPPA, Christianne de Carvalho; BORDIN, Newton Antônio Pinto. "Considerações a respeito do controle dos Procedimentos de Manifestação de Interesse (PMI), pelos Tribunais de Contas". *In*: GABARDO, Emerson; MOTTA, Fabrício (Coord.). *Limites do controle da Administração Pública no Estado de Direito*. Curitiba: Íthala, 2019.

TAYLOR, Matthew M. *Judging policy*: courts and policy reform in democratic Brazil. California: Stanford University, 2008.

TEIXEIRA, Tatiana. *Os think tanks e a sua influência na política externa dos EUA*: a arte de pensar o impensável. Rio de Janeiro: Revan, 2007.

THALER, Richard H.; SUSTEIN, Cass R. *Nudge*: o empurrão para a escolha certa – aprimore suas decisões sobre saúde, riqueza e felicidade. Trad. Marcello Lino. Rio de Janeiro: Elsevier, 2009.

THE CENTER FOR PUBLIC INTEGRITY. *Hired guns*: methodology. Washington D.C., 2003. Disponível em: https://publicintegrity.org/politics/state-politics/influence/hired-guns/methodology-5/. Acessado em: 15.05.2023.

TOLSTÓI, Liev. *O diabo e outras histórias*. São Paulo: Cosac Naify, 2015.

TORO, Nicolás Sanhueza. *Informe sobre Políticas Públicas*: Ley de Lobby. Curso de Políticas Públicas. Santiago: Universidad Adolfo Ibáñez, 2016. (Monografia – Especialização). Disponível em: https://www.academia.edu/32889929/Informe_sobre_Pol%C3%ADticas_P%C3%BAblicas_Ley_de_Lobby. Acessado em: 15.05.2023.

TRUMAN, David Bicknell. *The Governmental Process*: political interests and public opinion. Nova York: Alfred A. Knopf, 1960.

TURTELLI, Camila; FRAZÃO, Felipe. "Ernesto Araújo acusa Kátia Abreu de lobby em favor do 5G da China". *O Estado de São Paulo*, São Paulo, 28 mar. 2021. Disponível em: https://www.terra.com.br/noticias/brasil/politica/ernesto-acusa-katia-abreu-de-lobby-em-favor-do-5g-da-china,4b616c755a20af7184ac5d0d2dcbc14ag06f48by.html. Acessado em: 15.05.2023.

TWIZEYIMANA, Jean Damascene; ANDERSSON, Annika. "The public value of E-Government – a literature review". *Government information quarterly*, vol. 36, nº 2, abr. 2019.

UNDURRAGA, Cristóbal Lamas; MARTINA, Tomás Restrepo. *Análisis de la ley de lobby (ley 20.730), a 3 años de su entrada en vigencia.* Ciências Jurídicas y Sociales. Santiago: Universidad de Chile, 2018. (Monografia – Especialização).

UNIÃO EUROPEIA. *Tratado Multilateral n. 173*, de 27 de janeiro de 1999. Convenção Penal Sobre a Corrupção. Estrasburgo, 1999. Disponível em: https://www.ministeriopublico.pt/instrumento/convencao-penal-sobre-corrupcao-do-conselho-da-europa-19. Acessado em: 15.05.2023.

UNITED STATES OF AMERICA. House of Representatives. *Lobbying Disclosure Act Guidance*. Columbia, 2017. Disponível em: https://lobbyingdisclosure.house.gov/amended_lda_guide.html. Acessado em: 15.05.2023.

______. Senate. *Lobbying Disclosure Act*, 1995. Disponível em: https://www.senate.gov/legislative/Lobbying/Lobby_Disclosure_Act/TOC.htm. Acessado em: 19.05.2023.

______. US Supreme Court. *Appeal nº 347*, U.S. 612 (United States v. Harriss). Columbia, 1954. Disponível em: https://supreme.justia.com/cases/federal/us/347/612/. Acessado em: 15.05.2023.

VASCONCELOS, Maria Teresa. *Corrupção, crimes de colarinho branco e o Direito Penal do Inimigo*: o corrupto é o inimigo da vez? Curitiba: Juruá, 2019.

VITA, Raoni Lacerda. *Democracia participativa no Brasil*: à luz da Carta Democrática Interamericana. São Paulo: Lualri, 2018.

WEIMANN, Joachim *et al.* "Public good provision by large groups: the logic of collective action revisited". *European Economic Review*, vol. 118, 2019.

WENMAN, Mark. "William E. Connolly: resuming the pluralist tradition in American Political Science". *Political Theory*, vol. 43, nº 1, 2015.

WILSON, Graham K. *Interest Groups*. Cambridge: Basil Blackwell, 1990.

YOHO, James. "Madison on the beneficial effects of interest groups: what was left unsaid in 'Federalist' 10?" *Polity*, vol. 27, nº 4, 1995.

ZANIN, Cristiano Martins; ZANIN, Valeska Teixeira Martins; VALIM, Rafael. *Lawfare*: uma introdução. São Paulo: Contracorrente, 2019.

ZETTER, Lionel. *The art of political persuasion*. Petersfield: Harriman-House, 2008.

ZIMMER, Aloísio. *Lei Anticorrupção*: Lei 12.846/2013. São Paulo: Thomson Reuters Brasil, 2019.

ZINGALES, Luigi. *Capitalismo para o povo*: reencontrando a chave para a prosperidade americana. São Paulo: BEI Comunicação, 2015.

______. "Donald Trump, crony capitalista". *The New York Times*, 23 fev. 2016. Disponível em: https://www.nytimes.com/2016/02/23/opinion/campaign-stops/donald-trump-crony-capitalist.html. Acessado em: 15.05.2023.

LISTA DE ABREVIATURAS E SIGLAS

ADI	Ação Declaratória de Inconstitucionalidade
AJUFE	Associação Brasileira dos Juízes Federais
ANEEL	Agência Nacional de Energia Elétrica
art.	Artigo
BNDES	Banco Nacional de Desenvolvimento Econômico e Social
BTN	Bônus do Tesouro Nacional
CGU	Controladoria-Geral da União
CNI	Confederação Nacional das Indústrias

CONAMP	Associação Nacional dos Membros do Ministério Público
CONJUR	Consultoria Jurídica
Coord.	Coordenador
CPI	*Center for Public Integrity*
CRFB	Constituição da República Federativa do Brasil
D.C.	*District of Columbia*
DEM	Democratas
ed.	Edição
EUA	Estados Unidos da América
f.	Folha
GRECO	Grupo de Estudos Contra a Corrupção
H.R.	*House of Representatives*
HLOGA	*Honest Leadership and Open Government Act*
ISBN	*International Standard Book Number*
LAI	Lei de Acesso à Informação

LDA	*Lobbying Disclosure Act*
LINDB	Lei de Introdução às Normas do Direito Brasileiro
MDB	Movimento Democrático Brasileiro
n.	Número
OCDE	Organização para a Cooperação e Desenvolvimento Econômico
OEA	Organização dos Estados Americanos
p./pp.	Página(s)
PEC	Proposta de Emenda à Constituição
PL	Projeto de Lei
PLS	Projeto de Lei do Senado
PMI	Procedimento de Manifestação de Interesse
PROS	Partido Republicano da Ordem Social
PT	Partido dos Trabalhadores
PUCPR	Pontifícia Universidade Católica do Paraná
RI	Relações com Investidores

RLA	*Federal Regulation of Lobbying Act*
TCU	Tribunal de Contas da União
Trad.	Tradutor
UFIR	Unidade de Referência Fiscal
vol.	Volume

NOTAS

A Editora Contracorrente se preocupa com todos os detalhes de suas obras! Aos curiosos, informamos que este livro foi impresso no mês de junho de 2023, em papel Pólen Natural 80g, pela Gráfica Copiart.